中国石窟简史

常青——著

A BRIEF HISTORY OF CHINESE GROTTOES

Chang Qing

浙江古籍出版社

图书在版编目(CIP)数据

中国石窟简史 / 常青著. —杭州:浙江古籍出版社, 2021.12(2024.5重印)
ISBN 978-7-5540-2136-1

Ⅰ. ①中… Ⅱ. ①常… Ⅲ. ①石窟-研究-中国
Ⅳ. ①K879.204

中国版本图书馆CIP数据核字(2021)第218410号

中国石窟简史

常 青 著

出版发行 浙江古籍出版社
(杭州市环城北路177号)
策　　划 翁宇翔　潘高升
责任编辑 徐晓玲
责任校对 吴颖胤
美术编辑 奚　静
责任印务 楼浩凯
照　　排 杭州兴邦电子印务有限公司
印　　刷 浙江新华印刷技术有限公司
开　　本 710 mm×1000 mm　1/16
印　　张 21
插　　页 1
字　　数 310千
版　　次 2021年12月第1版
印　　次 2024年5月第4次印刷
书　　号 ISBN 978-7-5540-2136-1
定　　价 138.00元

目 录

引言

石窟寺，指在河畔山崖间开凿出来的佛教寺庙（图1）。对于一些石窟寺洞窟比较密集的地方，人们又习惯称之为“千佛洞”。石窟既属于佛寺的性质，自然也是为宣扬佛教的教义服务的。

世界三大宗教之一的佛教起源于印度。其创始人悉达多，族姓乔达摩，佛教徒尊称他为释迦牟尼，意思是“释迦族的圣人”。相传他是释迦族净饭王的太子，生于今尼泊尔境内的迦毗罗卫（今尼、印交界之罗泊提河东北部）。关于他的生卒年代，一般认为是公元前565—前486年，大约与中国的

图1　敦煌莫高窟北区洞窟外景（2019年拍摄）

孔子同时。他29岁出家，35岁时独立完成了自己的学说体系，创立佛教。此后他一直在印度恒河流域进行传教活动，历时45年，逐渐得到了上层统治者的支持，也拥有越来越多的信徒。

佛教理论的核心内容是宣扬世界是“苦”的，只有信仰佛教才能找到摆脱“苦”的道路。佛教认为，现实世界中的生活就是个痛苦的过程，即所谓“苦海无边”。人生的痛苦是由无明（即愚昧无知）引起的，只有消除了无明，才能获得解脱；只有信仰佛教去修行，才能消除无明。

佛教还主张“因果报应”“生死轮回”和过去、现在、未来的“三世”

说，宣称一切生物包括人类在内都在不断的轮回中生活。轮回有六条道路：天、人、阿修罗（魔）、地狱、饿鬼、畜生。一个人如果在生时多行善事，遵照佛教制定的行为规范办事，来世就可以转生天界；相反，如果在生时常做坏事，下辈子就要变成饿鬼、畜生，甚或堕入地狱。

佛教为了把人们的思想行动纳入自己的轨道，还指出了种种解脱轮回之苦的道路。它认为世界上一切现象都不是永恒的，而是生灭变化的，就如同人离不开生老病死一样。“涅槃”是人们生活追求的最终目的，也是佛教全部修习所要达到的最高理想，它是摆脱了生死轮回后获得的一种绝对安静、神秘的精神境界。在这个与现实世界相对立的涅槃世界里，既摆脱了外在事物，也摆脱了人世间一切的痛苦与烦恼。只要累世不断地按照佛教的教义去修行，就可以在这个彼岸世界中找到最终的归宿，获得极大的快乐。这就是佛教的基本思想。

数不清的善男信女，为了追求这个虚幻之中的彼岸世界，忍辱负重，施舍行善，甚至将自己的一生寄托在青灯古佛旁，去身体力行佛教规定的种种清规戒律。千百年来，寺院一直是信徒们认为可以实现佛教最高理想、到达彼岸世界的基地。在寺院中，出家人可以拜佛修行，在家的信徒可以来这里领悟佛法的真谛，为自己和亲人们祈福消灾。佛寺里的偶像，即佛、菩萨、罗汉、护法等已被赋予了佛教全部的思想和灵光。在这里，通过僧侣们的引导，人们就可以同佛或菩萨进行精神上的接触。

石窟寺就是提供给僧侣们修行，以达到人与佛之间进行灵魂交流的重要所在。中国石窟寺的开凿，是向印度学习的。石窟寺分布的地理位置，一般是在既远离尘世间的干扰、环境优美、便于僧侣们静心修行，又接近交通要道、生活方便、便于香客们虔心朝拜的地区。

中国石窟寺的类型颇多，概括起来可归纳为以下几类（图2）：

1. 窟内立着中心塔柱的塔庙窟，供僧侣做礼拜的，盛行于十六国与北朝时期，直到唐代仍有开凿。

2. 没有中心塔柱的佛殿窟，顶部一般为覆斗形或穹隆形，是礼拜与讲经的地方，盛行于北朝晚期与隋唐时期。

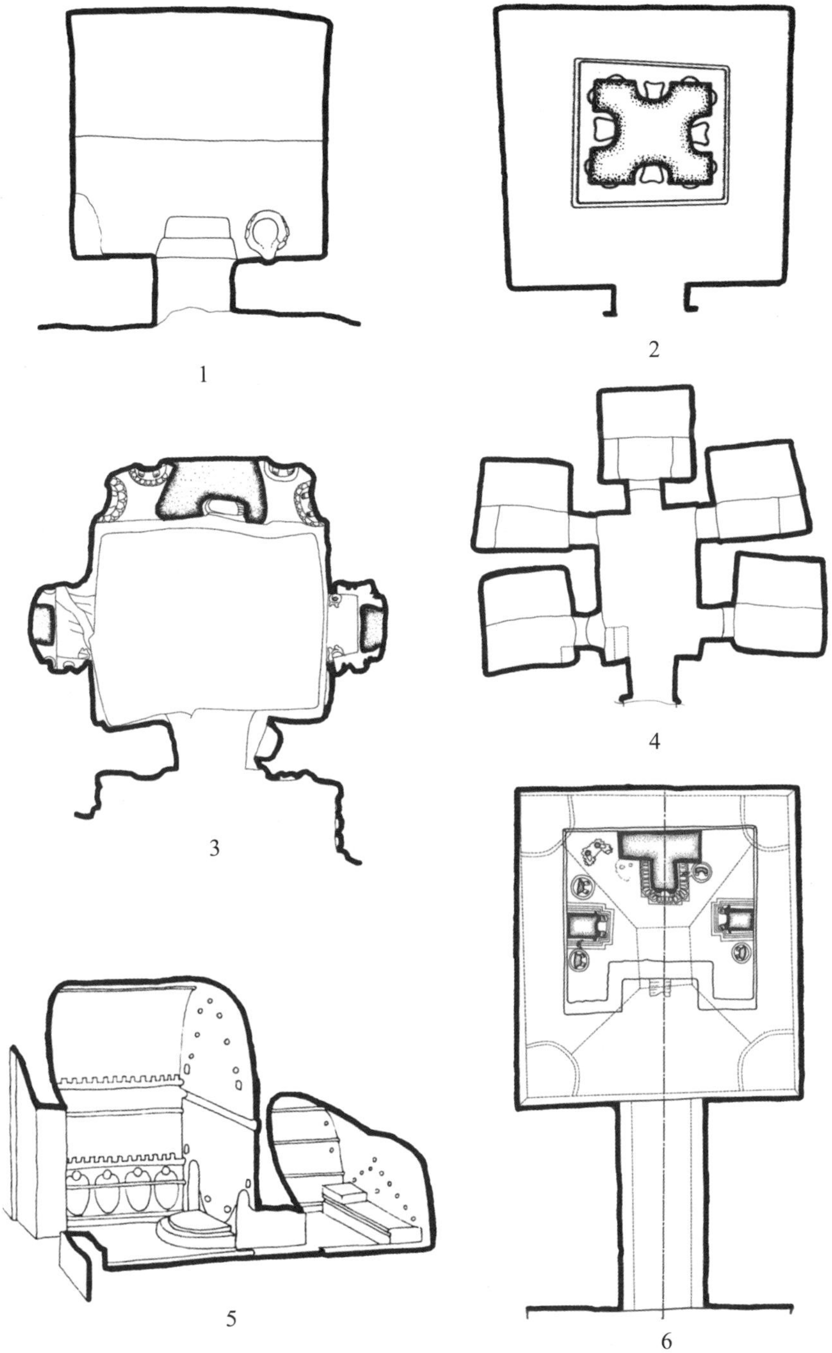

图2　石窟寺部分类型平面与剖视图

1. 僧房窟（敦煌莫高窟北区第211窟）；2. 中心柱窟（酒泉文殊山千佛洞）；3. 佛殿窟（洛阳龙门石窟普泰洞）；4. 多室禅窟（敦煌莫高窟北区B113窟）；5. 大像窟（拜城克孜尔石窟）；6. 佛坛窟（敦煌莫高窟第55窟）

3. 主要为僧人生活起居和坐禅用的僧房窟，多见于十六国与北朝时期。

4. 塔庙窟和佛殿窟中雕塑大型佛像的大像窟，主要为礼拜佛像，自十六国至隋唐时期都有发现。

5. 佛殿窟内设坛放置佛像的佛坛窟，一般见于盛唐至明代。

6. 专为僧人坐禅修行用的小型禅窟（罗汉窟），一般是一个大室带几间小室，也有单座禅窟以及由小型禅窟组成的禅窟群。

7. 没有特定洞窟形制的石窟寺。此类石窟有的利用天然洞穴，有的开凿成露天摩崖龛的形式，有的根据崖面走向进行统一布局与特殊处理，以达到与自然山体的有机结合。后一种多见于唐代以后。还有一些石窟，如专门埋葬死者的瘗窟、用于存放物品的储藏窟等，也没有特定的形制。

中国石窟寺的开凿多为就地选材、因地制宜。例如，洛阳龙门石窟建在质地坚硬的寒武、奥陶纪石灰岩上，在它的表面可以雕刻出很精细的纹饰与形象；大同云冈石窟建在较为松散的侏罗纪砂岩上，雕凿起来较石灰岩省力得多，因此较容易开出一系列宏伟的大型洞窟，但对于具体的形象却无法像龙门石窟那样精雕细刻；敦煌莫高窟所在的鸣沙山，是由第四纪初期的沉积物酒泉砾石层组成的大小不等的鹅卵石和沙土的混凝物，石子虽然坚硬，但彼此间的黏力不大，虽可凿窟，但在上面雕刻就不行了，于是莫高窟只能在砾岩上抹泥层，再制作泥塑像或绘壁画。各种各样的石窟寺，在最先设计的时候，一般都修建有木结构的窟檐以保护石窟，有的还在窟前加盖了木结构的佛殿，石窟是木结构佛寺的重要组成部分。随着岁月的流逝，木质的建筑早已不存在，今天人们所能看到的，就只有裸露在断崖间的一个个洞窟了。

如今，保存在中国大地上数不清的石窟寺，留给人们的已不仅仅是佛家思想的启迪，更重要的是，它们已成为一份珍贵的文化遗产。石窟艺术来自现实生活，在众多的石窟寺中，包含着许多中国古代珍贵的建筑、雕塑、绘画珍品，包含着取之不尽的研究古代宗教、哲学、艺术及风俗的资料。同时，不少石窟寺今天已开发成为风景名胜区，游览石窟，可以使人们的心灵得到净化，让自己与宁静而辽阔的大自然融为一体。

让我们追溯石窟寺的源头，沿着历史的足迹，去一步步探寻其中的奥秘吧！

第一章 石窟艺术的源头

1. 佛教与希腊文化的撞击

释迦牟尼涅槃约150年后，世界文化发生了巨大变化，这就是希腊文化的东来。

公元前4世纪中叶，马其顿人统治了位于欧洲地中海之滨的希腊，马其顿国家在亚历山大大帝（前356—前323）时成为强大的帝国。亚历山大是一位传奇式的人物，他的导师是极有声望的希腊哲学家亚里士多德（前384—前322）。亚历山大仰慕希腊文化，他不但梦想征服世界，还梦想把世界希腊化。此后十多年间，亚历山大相继征服了小亚细亚、叙利亚、埃及、波斯，并且占领了印度的西北部。他的足迹所到之处，便建立起一系列的希腊化城市，从而使他的梦想变成了现实。亚历山大死后，印度建立起强大的孔雀王朝（约前324—约前185）。尽管他们驱逐了马其顿人，结束了其统治，统一了全印度，但印度的西北地区却深深地烙上了希腊文明的印迹。

孔雀王朝的第三代国王——阿育王统治时期（前268—前232），定佛教为国教，大量的佛教徒被派往印度各地及印度周围的国家去传教。直至公元前230年娑多婆诃那王朝（225年灭亡）兴起于德干高原西部，佛教受到历朝统治者的保护。在这段时期的印度佛教美术中，是不出现佛的形象的，只是以象征物来表现佛，如用菩提树表示佛的成道，用法轮表示佛的第一次说法，用佛座表示佛正在说法，用佛的脚印代表佛，用佛塔表示佛的涅槃，或者在表现佛的故事情节中不出现佛的形象（图3），等等。因为原始佛教与部派佛教认为释迦牟尼是脱离了轮回的超人间的特殊存在，是不能用真实的形象表现的。

图3 印度阿玛拉瓦拉大塔雕刻残件“出游四门”（前1世纪—1世纪。大英博物馆藏）

随着佛教教义的不断发展变化，到公元1世纪前后，大乘佛教在印度兴起。他们把前期的原始佛教与部派佛教贬称为小乘。乘是“乘载”或“道路”的意思，顾名思义，就是宣扬大乘的佛法带你到极乐世界更为方便。大乘佛教主张佛不仅只有释迦一人，三世十方都有无数的佛，如阿弥陀佛、弥勒佛、卢舍那佛、药师佛等，这些佛是各方世界和极乐国土的主宰者。大乘佛教认为，只要经过累世修行，每个人都可以成为佛，上升到佛国世界。此时，佛已不像小乘所宣扬的那样可望而不可即了。这就需要在感官上变佛的抽象为具体形象。

这时，希腊人统治过的印度西北部犍陀罗地区（以今巴基斯坦的白沙瓦为中心），是贵霜王朝（30—375）统治的中心区域。贵霜人的祖先就是西汉时期居住在甘肃西部一带的大月氏。后来，大月氏被匈奴人击败，于公元前170年左右开始西逃，多年以后到达阿姆河流域，逐渐征服当地人，最后以西北印度为中心，建立起强大的国家，并且迅速接受了希腊与印度文化，在公元1世纪初期开始信仰佛教。犍陀罗地区富有希腊文化传统，希腊的雕刻艺术在那里久负盛名。于是，大乘佛教的思想首先在那里与希腊的艺术发生碰撞，催生了夺目的艺术之花。

佛究竟是什么形象？恐怕当时的人也无法说清。于是，人们就借用希腊艺术中阿波罗神（Apollo）的形象来表现释迦牟尼。也许在当时人的眼里，佛也具有这位希腊神祇的特点。这种佛像在体型和面相上完全是希腊式的，仅在身体的某些部位表现出佛经上说的佛的一些超人特征，如头上刻出肉髻、眉间有白毫、长臂过膝等。佛的服装有两种，一种穿着长长的通肩（圆领包双肩）大衣，很像一位古希腊时代的智者（图4）；一种穿袒裸右肩的大衣，具有印度亚热带地区服饰的特点。衣服虽然都是紧贴着身体，衬托出优美的体态，但质地厚重，突出地表现着写实的排列有序的衣纹。由于这种最早的

图4　犍陀罗石雕立佛像（3世纪。美国纽约大都会艺术博物馆藏，编号67.154.5）

图5　笈多朝石雕立佛像（5世纪。印度瓦拉纳西萨尔纳特博物馆藏，编号248）

佛像多发现于犍陀罗地区，以后人们习惯地称这种希腊与印度文化相结合的雕刻艺术为犍陀罗艺术。

不久，在印度恒河中游西北部的秣菟罗地区，人们接受了犍陀罗的造像思想，又兴起一种新的佛像艺术，并且在以后的笈多王朝（约320—约550）发展壮大，取代了犍陀罗式的希腊风格并日臻完善。这里的佛像具有浑圆的面相与健壮的身体，体型写实，但衣质轻薄，衣纹为抽象的阴刻线或突棱线，显得大衣更加紧贴着身体，如出水一般，有的在衣服表面很少刻衣纹或不刻衣纹（图5）。秣菟罗风格造像对印度、中国以及东南亚各地都产生了强烈影响，代表了真正印度本民族的艺术形式，或许这正是它的生命力所在。

公元1世纪末叶开始有佛像时，石窟早已在印度产生，但并没有迅速地把佛像迎入它的殿堂。多年以后，等到人们能够在石窟寺中礼拜佛的尊容时，所能见到的已是印度式的秣菟罗造像艺术了。

2. 印度——石窟寺的诞生地

印度最古老的石窟位于比哈尔邦的加雅城，都是“邪命外道”的修行窟。

所谓“邪命外道”，是指与释迦牟尼同时代的、有代表性的六位思想家（六师）之一末伽黎·拘舍罗（Makkhali Gosala）所创立的生活派。生活派被佛教视为邪说，因而被贬称为“邪命外道”。拘舍罗宣传的是一种宿命论学说，认为世界上的一切事物都是受命运支配的。在命运的锁链下，任何人的意志都是无能为力的，伦理道德也是没有意义的。以后，生活派有了自己的寺院和教团组织，过着严格的戒律支配下的苦行生活。在孔雀王朝，生活派受到阿育王的保护，有了较大的发展，为他们提供苦行场所的石窟寺就开凿在这个时代。

位于加雅城北25公里处的巴拉巴尔山（Barabar Hills）石窟群中，就有几所重要的外道窟。代表性的如苏达玛（Sudama）窟，内部刻有阿育王12年的题记，上面讲这所石窟是奉献给裸形外道的行乞者的。可以想象，生活派教徒在苦行时常常连衣服都不穿。苏达玛窟分内外两室，外室呈长方形，长10米、宽6米、高4米左右，纵券顶；内室平面近圆形，长6米、宽5.8米左右，穹隆（半球形）顶，中部有一座敦实的塔（图6）。在内外室交接的部位，像茅屋顶那样伸出成檐。这就是典型的外道窟，也是石窟中最古老的样式，它标志着石窟寺在印度的诞生。

佛教虽然在教义的基本理论上排斥其他宗教团体，但对于其他宗教思想甚至神灵，则往往采取借鉴与吸收的态度。

大约在公元前2世纪，佛教徒就接受了生活派在山中开石窟寺供礼拜修

图6　印度巴拉巴尔山苏达玛窟内景（前3世纪）

行的做法。最初的佛教石窟几乎是机械性地模仿草庵茅舍，如位于安德拉邦的贡塔帕里石窟中的一所洞窟，其主室呈圆形，中间有一座塔，主室外部有长方形的门厅。但是很快，佛教徒就对这种原始形制做了改进。其改进形式大量地出现于高止山脉的西部和孟买地区。这种新型的供佛教徒礼拜用的石窟，在平面布局上有一定的共性：长长的马蹄形平面，最里面做成半圆形，中间是一座覆钵形（半球形顶）塔，环绕着塔的内侧以及侧壁的旁边都布置廊柱，以供信徒们从廊柱的外侧绕塔礼拜。这就是石窟寺发展史上一种最重要的类型——塔堂窟，音译也叫支提窟（Chaitya）。其中卡尔拉（Karle）的塔堂窟是最大最完美的一所。它纵深38米，宽14米，既庄严又宏伟，并具有完美的采光方式（图7）。这批早期的塔堂窟约建于公元前2世纪到公元2世纪的娑多婆诃那王朝。

为什么要在石窟中建佛塔供环绕礼拜呢？原来，在古代印度，塔就是坟冢的意思。相传释迦牟尼死后，他的遗体被弟子们火化，结晶成舍利子。按照印度古老的习惯，弟子们建塔埋葬保存了这些舍利子。在佛教中，舍利子

图7　印度卡尔拉石窟的塔堂窟（约前2世纪）

是一种至高无上的神圣物品，是佛教徒顶礼膜拜的对象。为了表示对佛的虔诚和信仰，信徒们都争着迎请舍利，建塔供奉。这种塔在印度称作“窣堵坡”，在中国还有一种称呼叫“浮屠”。同时，塔也就成了佛的象征物。石窟中凿的佛塔不是埋葬舍利的，只是象征着佛的存在，这种没有舍利的塔一般称作“支提”。根据佛教经典《菩萨本行经》所说，如果人们能够经常环绕着佛或象征佛的塔做礼拜，就可以获得无上的福报与功德。这就是塔堂窟所能体现出的价值。不过，在公元2世纪以前的塔堂窟中还没有使用过佛像。在石窟中直接对佛像做礼拜，是5世纪以后的事。

印度佛教石窟的另一种重要类型是僧房窟，它的音译是毗诃罗窟（Vihara）。它的一般形制是：开出一间平面近似方形的大厅，环绕着大厅再开出一系列方形小室。大厅是供僧人生活起居的，小室是供僧人坐禅修行的。位于孟买东部巴雅（Bhaja）石窟群中的僧房窟，可以作为其中的代表（图8）。印度的这种僧房窟数量要远远多于塔堂窟，一般是很多僧房窟围绕着一所塔堂窟，由此组成印度的石窟寺院。僧侣们平时在自己的僧房中生活修行，到了集体诵经礼拜的时间，再集中到塔堂窟里。其实今天中国佛寺中僧侣们的修习与生活方式，又何尝不是这样呢？他们只是用地面上的寺院来取代山中的石窟而已。

在古代中国，这种在山中开窟修行的思想一旦被佛教徒所接受，就显示出了强大的宗教与艺术感染力。

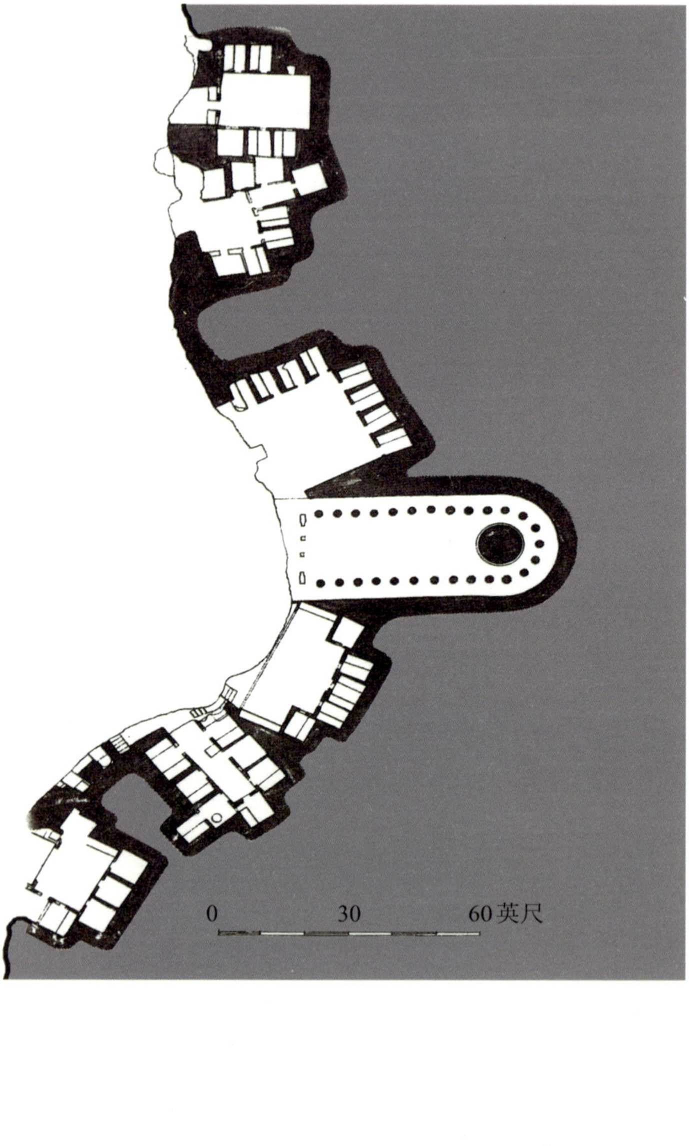

图8　印度巴雅石窟群连续平面图（约前2世纪）

第二章

沙漠绿洲中的佛国妙境

——西域早期石窟寺

1. 葱岭以东的佛光初照

公元前138年，汉武帝（前141—前87年在位）为了击败雄踞北方的强敌匈奴，听说从敦煌祁连山一带西迁的大月氏原来是匈奴的死敌，因此募人出使大月氏，约大月氏共同夹击匈奴。历史上著名的大探险家张骞（？—前114）光荣地承担了这项使命，于是一条横贯亚洲内陆的东西交通要道被张骞凿通了。这条路从西汉的首都长安（今陕西西安）出发，经过甘肃的河西走廊，出敦煌城后，一支沿天山山脉南麓，一支沿昆仑山山脉北麓西进，绕过两大山脉之间的塔克拉玛干大沙漠，汇合于疏勒（今新疆喀什），然后翻越葱岭，又分道扬镳：北道向西北伸延，南道向西南行进直达印度。这条路向西直达地中海的东岸。两千年来，中国以丝绸为主的物产由这条路源源不断地运往西方各国，因此人们习惯地称之为“丝绸之路”。

有趣的是，中国的丝绸开始运向西方100多年以后，经由这条著名的通商要道，又为中国人迎来了西方佛祖。

相传公元64年，东汉明帝刘庄（57—75年在位）在他的寝宫中做了一个奇怪的梦，梦见一个神人，金黄色的身体有两丈多高，头顶闪着太阳般的光芒。第二天，他让大臣们都来解这个梦。很有学问的傅毅（约42—约90）说：我听说在天竺（印度）有一位得道的人，人们都叫他“佛”，能在天空中飞行，通身可以放射日光，陛下梦见的大概就是这位神吧！汉明帝相信他梦见的就是佛了，于是派遣郎中蔡愔前往天竺，去看看到底是怎么回事。蔡愔等人在西域遇见了印度高僧摄摩腾、竺法兰二人，用白马驮载着佛经和佛像，正好要去中国传播佛教。公元67年，汉朝使者和印度高僧一起回到洛阳。汉明帝专门为印度僧人建造了佛寺，这就是中国的第一座佛寺——白马寺，印度僧人在那里译出了《四十二章经》。这个故事显然包含着佛教徒们夸张的成分。从历史资料来看，最初从印度传入的佛教，并没有得到广泛传播，也没有在那时确立佛教的信仰。

2世纪上半叶，贵霜王朝的第三代国王迦腻色迦（约127—约151年在位）即位，大力提倡佛教，国家的势力也进入了鼎盛时期。它的国土北起阿姆河，南至印度河，西邻咸海，东接葱岭，并且虎视着葱岭以东的新疆地区。在塔里木盆地南缘的和田、民丰等地区，考古学者曾发现许多用西北印度的一种俗语——佉卢文字写的文书和钱币，时代属于2世纪下半叶至4世纪，有力地说明了贵霜人曾经活动在这些地区。中国内地的佛教，是在东汉末年的桓帝（146—167年在位）与灵帝（167—189年在位）之时，由来自安息、贵霜、天竺、康居等葱岭西部国家的高僧们传来的。此后，一部部佛经在东汉的首都洛阳翻译出来，佛教，这个外来的宗教，开始立足于中华大地。

图9 1942年四川彭山崖墓出土的陶质摇钱树座（东汉末年。南京博物院藏）

印度的佛教艺术也是在东汉末年引进中国的。考古学者在四川乐山东汉晚期的崖墓中，曾发现一尊高37厘米的石刻坐佛像，具有浓郁的犍陀罗艺术的风格。1942年，在四川彭山东汉末年的崖墓中出土一件陶质摇钱树座，表面也有一尊带有犍陀罗风格的佛像（图9）。江苏连云港的孔望山摩崖造像是国内现存最早的具有较

图10　江苏连云港孔望山摩崖造像X2立佛与X65供养人像（东汉，2世纪下半叶）

多佛教内容的石刻，其中的X2、X61、X71立佛像，X4—X42涅槃卧佛与众弟子的举哀像，X76的坐佛像，以及X65的持莲花供养人像，可以确定属于佛教内容（图10）。所谓供养人，就是出钱雕刻佛像的主人自己的象征或摹刻像。他们把自己的形象刻在佛像之侧，目的是要使自己的造像功德流芳百世。

孔望山的这几尊佛像都穿着通肩大衣，头顶有明显的肉髻，立佛的双脚都呈八字形分开，显然含有印度某些造像的风格。但是它们的面相已具有东方色彩，雕刻手法也很接近于汉代流行的画像石艺术。因此，孔望山的佛教石刻，应该是受到了贵霜佛教艺术熏陶的中国艺术家创作的。由此也可以看到，中国人最初接受印度佛教艺术时，就不是机械地模仿，而是采取了同中国固有的传统艺术相结合的方式。

但是，东汉以及三国、西晋时期的佛教艺术作品保存至今的极少，若论佛教的发达与艺术的繁荣，这段时间还应首推西域，即中国的新疆地区。

2. 沙漠南沿的湮废佛寺

西域，在汉代指的是玉门以西、葱岭以东的新疆天山以南广大地区。从广义上讲，西域的范围还要包括葱岭以西的中亚地区。从地理位置上看，塔里木盆地正在亚洲中部，所以英国人斯坦因（Marc Aurel Stein，1862—1943）在新疆探险时，把它叫作“亚洲腹地”。在世界文明发展史上，西域由于丝绸之路的繁荣，据有得天独厚的地位。欧洲的希腊文化、中亚的波斯文化、印度的佛教文化以及中国的古代文化，都在这里得到了融合、吸收、消化，形成了独特的西域文明。

东汉、三国与两晋时代，葱岭以东、塔里木盆地的南缘兴起鄯善、于阗两大强国。鄯善的国土包括今天的民丰县至罗布泊的北部，以若羌为中心；于阗国则从民丰以西到今天的喀什市，以和田为中心。佛教最初翻越葱岭进入新疆的时候，就是由这两个国家弘扬起来的。

一千多年以后，昔日矗立在鄯善、于阗辉煌的佛教殿堂，早已被流沙吞没，成为历史的陈迹。20世纪初，英国的斯坦因探险来到这里，从此，一幅幅绚丽的画卷又重见天日，同时也给人们带来了一个个不解之谜。

在若羌县的米兰，斯坦因发现了一处倒塌的佛寺遗址，他们清除了下层堆积的废物以后，发现它是带有犍陀罗风格的佛塔遗址。在塔的基部装饰着很像希腊神庙风格的廊柱，在环绕佛塔的外墙正对廊柱的地方，还有并排的6尊无头坐佛像。斯坦因把这个寺院称作2号遗址。以后的时间里，他们相继在米兰发现了14处寺院，年代都可以定在4世纪以前。其中3号和5号遗址的发现，更能使人们领略鄯善国的佛教艺术成就。

图11　新疆若羌米兰3号遗址出土的有翼天使壁画（约4世纪。印度国家博物馆藏）

3号遗址是一处外方内圆的建筑。中间是一座用土坯砌造的佛塔，直径2.7米，四周有方形围墙，边长9米。佛塔周围有1.2米宽的回廊，绕回廊行走就可以礼拜佛塔。发掘到回廊的中腰部位时，斯坦因大吃一惊：在这亚洲腹部荒凉寂寞的沙地中，居然见到了带有欧洲古典风格的天使画像（图11）。怀着无比兴奋的心情，斯坦因用手把这些画在回廊上的天使一个个仔细地清理出来，一共7个。这些天使都睁着灵活的大眼睛，眉毛扬起，向前注视的眼神与绕塔礼佛的信徒们的目光恰好相对。这都是经过精心设计的，他们使斯坦因想到了希腊少女美丽的面容。当然，斯坦因也明白，在这所佛寺里，他们并不是代表着基督教的天使，而是佛教中的乾达婆，是香音神。根据佛经的说法，他们的身上常常散发着一种香气，又能以音乐和舞蹈来传达佛法的微妙境界。他们在以后的佛画中会更多地出现，中国人还送了乾达婆一个形象的名字——飞天。米兰天使的原型，无疑是希腊罗马神话中的爱神，当他们追随亚历山大的足迹来到东方时，这种天使就自然地飞进了佛教的殿堂，变成了佛教中的乾达婆神。

3号遗址的残存壁画，还有一幅佛和6位弟子的画像。佛在画面的左侧，头后有圆形的光环，穿着通肩大衣，右手扬起；6位弟子分上下两层整齐地排列着。无论是佛还是弟子，都睁着大眼睛，再加上突起的眉骨与高高的鼻梁，很容易使人们联想到今天印度人的面相。这幅画里可能还包含着一段我们尚不知晓的佛教故事。

与3号遗址有着同样建筑方式的5号遗址，回廊中有两幅优美的壁画：一幅画着一位古代印度王子模样的青年人牵着一头大白象，可能讲的是一段佛教神话故事。另一幅画着一排男女青年抬着一条粗壮的波浪形花缆，有的手里拿着瓶、盘、琴等，他们有的像天使，有的像王子，还有美丽的少女，所有人的面部都有着西方人的特征。这里表现的可能是向佛祖奉献的行列（图12）。

前文已提到，2—4世纪的鄯善国流行的文字是佉卢文，来源于印度西北部的贵霜王国。在3号和5号寺院遗址中，斯坦因就曾发现用这种文字写成的文书以及题记，说明这些寺院的建造者是相当熟悉这种文字的。在罗布泊旁边的楼兰古城中，也发现了与米兰佛寺相类似的遗址和壁画，说明当时的鄯善国内普遍流行着来自贵霜王国的艺术形式。当然，这种艺术不是犍陀罗艺术的简单翻版，而是利用犍陀罗艺术的表现方式，并很可能有贵霜移民艺术家参与的一种新创作。

唐代高僧玄奘（602—664）口述、辩机编辑的《大唐西域记》卷十二记载了这样一个故事。从前，于阗国空旷无人，被佛教奉为四大天王之一的毗沙门天王曾经在这里居住。印度阿育王的太子遭人陷害，在呾叉始罗国（今巴基斯坦）被挖去了双眼。阿育王怒不可遏，流放了身边的许多大臣，并把呾叉始罗国的许多豪门大族迁徙到雪山以北。他们逐水草而居，来到了于阗的西界。不久，东土的一位皇子获罪被流放至于阗的东界。东西界交战，东土皇子取得了胜利，开始在于阗建城立国。这位第一代于阗国王到了七八十岁高龄的时候，仍然没有后嗣。他害怕宗绪断绝，便前往毗沙门天王所在之处祈请赐予后嗣，并从天王像的前额剖出一个婴孩。但这个婴孩不吃人奶，国王只好再去请天王相助。这时神祠前边的土地忽然隆起，形状就像乳房，婴孩靠吸吮这里的乳汁，终于长大成人。此后，于阗的国王都很敬重佛法，自称是毗沙门天王的后裔。

有关于阗国最初信仰佛法并建造寺院、供奉佛像的经过，《大唐西域记》还记载了一段神话。当初，于阗国还没有受到佛法的教化，有位名叫毗卢折那的阿罗汉从迦湿弥罗国（今克什米尔）来到这里，用佛法的真理感动了国王，于是国王下令建造起第一座寺庙，全国居民不分远近，全都聚集到这里。国王对罗汉说："寺庙已经建成了，佛在什么地方呢？"罗汉说："君王至诚奉佛，圣灵的昭示就不会很远了。"国王于是尽礼请佛，忽然看见佛像从天而降，把叩击、招集僧侣诵经的键椎授给国王。从此，佛教在于阗被大肆弘扬。

图12　新疆若羌米兰5号遗址出土的奉献花缆壁画（约4世纪。印度国家博物馆藏）

这两个神话传说，似乎说明了于阗国的居民中有来自贵霜的移民成分——今天的巴基斯坦和克什米尔，在2世纪时都是贵霜帝国的领土。因此，于阗的佛教与艺术也应该和西北印度有着密切的关系。

在和田县东北约40公里处的玉龙喀什河对岸，斯坦因发现了拉瓦克寺院遗址。它的平面接近正方形，寺院中间有一座三层佛塔，周围环绕着长50米、宽约43米的边墙，在南墙和西墙边发掘出了八九十躯佛像（图13）。这些佛像都是靠墙而立的浮塑，明显有着犍陀罗式和公元5世纪在中印度兴起的笈多式风格。后一种风格的佛像也穿通肩式大衣，衣纹密密地排列成U形，与犍陀罗佛像衣纹从左肩处向下呈放射状有所不同。另外，笈多式佛像的身体重心放在两腿之间，不像犍陀罗佛像多将重心偏于一侧。这所寺院的年代可能在五六世纪之交。

此外，斯坦因还发掘了和田东北沙漠中的丹丹乌里克的一些寺院。它们的形制也是先用木骨泥墙围成一个方形的小院落，中心设立带有方形基座的佛塔或佛像，形成一个右旋礼拜的回廊，有的在寺院外墙壁上绘着排列齐整的小坐佛像，称为千佛（图14）。它们的年代大约也在5世纪。虽然年代晚一些，但这两处寺院的设置方法却是和鄯善国早期流行的传统相一致，说明佛教最初传入于阗时，这种绕塔礼佛的思想一并传入。

在清理丹丹乌里克寺院遗址时，斯坦因发掘出了许多描绘着动人传说和故事的壁画和木质画板，其中一幅画板在讲述着蚕丝生产是怎样从中原传到于阗的。

这幅画板的中间画着一位贵妇，梳着高高的发髻，并装饰着花蔓。她的左边为一青年女子，正扬起左手指着贵妇的头髻。二人之间放着满满的一篮

图13　1907年斯坦因在新疆和田县发现的拉瓦克寺院遗址

图14　1907年斯坦因在新疆和田丹丹乌里克发现的2号寺院遗址

子蚕茧（图15）。传说，从前于阗国不知道如何种桑养蚕，听说东方国家有桑蚕，国王便令使者求取。东方的国君保守蚕桑秘密，不送给使者。于是于阗国王就谦恭和气地向东方国君求婚。在求婚被接受之后，他命令去迎亲的使者："你去告诉公主，我们国家向来没有丝绵、桑蚕的种子，她可以带一些来为自己做衣服穿。"公主便暗地里搜求桑蚕的种子，然后把这些种子放在帽子的棉絮中。到达边关的时候，守边将士进行了严格的搜查，唯独公主的帽子没敢翻检。桑蚕种植就这样被引进了于阗。这块画板是用中国传统的线描法画成的，人物面相也有着强烈的东方人特点，表明位于丝路要冲的于阗国，也同中原地区保持着密切的关系。

19世纪末至20世纪初，西方学者曾在和田一带发现了许多钱币，它的一面有佉卢文字，意思是"大王""王中之王""伟大者"等，另一面用汉文篆字标志币值，其时代大约在公元2世纪下半叶，即佛教初传南疆之时。有意思的是，在公元前后，西北印度一带也流行过希腊文和佉卢文合璧的钱币，上面也有"大王""王中之王""伟大者"的称号。因此，于阗的佉卢文钱币，应该是从西北印度钱币上模仿来的。同时，我们也可以肯定，于阗国在风俗习惯、宗教信仰上，都与贵霜有渊源。当然，他们也在吸收汉文化的营养。

鄯善、于阗从贵霜、印度学来了绕塔礼佛的思想和艺术表现手法，在以后的发展中，对玉门关以东地区产生了强烈的冲击。

图15　丹丹乌里克寺址出土的"蚕种西来"传说绘板（大英博物馆藏）

3. 龟兹古国峭壁间的天宫楼阁

塔克拉玛干大沙漠北缘的库车与拜城一带，是古代龟兹国的中心地区。它的北边靠着天山山脉，领土南北窄，东西长，与沙漠南侧的于阗国遥遥相望。龟兹是丝绸之路沙漠北道上的一个大国，在古代中西文化交流史上起着重要的作用。

龟兹国究竟从什么时候开始有佛教的，至今还不十分清楚。但在公元4世纪时，龟兹的佛教已经相当盛行。当时有僧侣一万多人，仅都城一带的佛寺、佛塔就有一千多座。据佛教文献记载，龟兹以及沙漠北道的疏勒、焉耆等国家，最先接受的是小乘佛教的思想。小乘佛教很重视信徒们的个人修行，他们主张要断除烦恼，远离社会，出家过禁欲的生活，来争取得到个人的彻底解脱。这与大乘佛教提倡传教以拯救众生的思想是截然不同的。为了适应这种个人修习的思想要求，僧侣们就要去深山中寻找幽静的山洞，以躲避喧嚣的尘世，于是石窟寺就在龟兹国建造发展起来了。不过，龟兹的佛教徒学习的也不全是小乘的思想，其中也有大乘佛教的传播，否则就无法解释石窟中的大乘佛像，更无法说明以后对中原的大乘佛教所产生的影响。不过，从龟兹石窟的内容来看，这里主要是依据小乘佛教的经典教义。

在龟兹国狭长的地域内散落着不少石窟群，宛如一串耀眼的明珠，放射着佛教文化的异彩。它们的名称是：克孜尔、台台尔、温巴什、库木吐喇、克孜尔尕哈、玛扎巴哈、森木赛姆等。这些由一个个石窟组成的石窟群带，都集中在龟兹的中心地区库车和拜城两地，在陡峭的崖壁间形成了壮丽的佛教世界的天堂宫阙。克孜尔石窟可以作为它们的代表作。

图16　新疆拜城克孜尔石窟外景（黄智青拍摄）

克孜尔石窟位于今拜城县克孜尔镇东南、木扎特河谷北岸的悬崖上，共有石窟236个（图16）。目前窟形保存完整的有135个，其中有90个供僧侣礼拜的中心塔柱窟和讲经说法用的讲堂窟、45个供僧侣居住与修行用的僧房窟。这些不同类型和用途的洞窟，有规律地修建在礼拜堂和讲堂的旁边，一般都附属一些僧房窟和禅窟，组成一个寺院的群体。克孜尔石窟是新疆地区规模最大的石窟群，也是龟兹地区现存规模最大、时间跨度最长的石窟群。这些石窟中，年代最早的为4世纪，最晚的属于8世纪。克孜尔石窟最繁荣的艺术在四五世纪，正当东晋与十六国战乱的年代。这些石窟中，最能表现出龟兹地区文化与艺术风貌的，应首推用于礼拜的中心塔柱窟。

克孜尔的中心塔柱窟，代表着龟兹地区独特的民族佛教艺术风格。这种洞窟多半是一个长方形平面的直洞，正壁左右两边各开出一个拱形门，并分别向内凿成一个可以连通起来的甬道，这样就可以沿着甬道环绕一圈做礼拜，被环绕的中间部分就成为一个象征性的中心塔柱。整个洞窟被隔成前后两室，前室的顶部多做纵向的券顶，在中心柱的正壁开凿一个佛龛，安放彩塑佛像（图17）；后室仅仅是一个低矮的纵券顶甬道。这种中心柱窟的使用功能与总体的设计思想，与西印度流行的塔堂窟相同；但在空间的安排上，却凝结着龟兹艺人们巧妙独特的手法与智慧。比起鄯善、于阗的塔院，龟兹的石窟已经向前迈出了关键性的一步，把外来的佛教思想融入了本民族的艺术之中。

如果再仔细看看这些礼拜窟中的壁画，就会更令人感叹龟兹佛教艺术的卓越成就。前室佛龛上部半圆形的壁面，双腿交叉而坐（交脚坐）的菩萨正在说法，身边有众多恭听的菩萨，还有手持乐器在天空中飞舞的飞天；前室的两侧壁分别绘着方形的佛传故事画面，中间是释迦牟尼正在说法，旁边的人物表现着各种各样的情节；纵券顶的顶部正中，画着由日神、月神、风神、飞行的立佛与长着双头的金翅鸟组成的天象图（图18）。这只金翅鸟是佛的护法神，能唱出一种和雅的音乐来帮助佛教化众生。天象图的两侧用山林组成了许多菱形格，画释迦牟尼前生的故事。后室甬道的内壁画一尊睡佛及举哀的菩萨与弟子，表示已经涅槃的释迦；甬道的前壁画弟子们正在焚烧释迦的棺材；甬道的左右两壁各画几座已经埋葬着释迦舍利的宝塔（图19）。从壁画的这种布局结构不难看出，在明亮宽敞的前室描绘释迦牟尼的前生与在世时的故事和形象，在阴暗、低窄的后室则画释迦涅槃和涅槃后的情景。洞窟中最主要的崇拜对象就是正壁中心龛里的释迦牟尼塑像，壁画只是起陪衬和烘托的作用。这是根据洞窟建筑的前后、高低、明暗、曲折等变化特点来进行总体设计的。

为什么要在洞窟中描绘出这么多有关佛的图像呢？因为僧侣们为了使自己得到彻底的解脱，要作身体力行的修行，坐禅就是其中一项重要内容。所谓禅，指的是“思维修”和“静虑”，就是排除一切杂念，把思想集中在佛的身上，最后达到与佛的合二为一，升华到一种更高的思想境界，得到真正的解脱。按佛教的规定，坐禅的第一步是“观佛”，即观看想象佛身上的一切好处，无限美化佛的形象。按照《观佛三昧海经》等经典的规定：观想佛像，必须先进入佛塔，烧香散花来供养佛像；要观想佛在世时的生平事迹，了解释迦前生所行的善事。于是克孜尔的中心塔柱窟就为僧侣们的观想提供

图17　新疆拜城克孜尔石窟第38窟主室（3—4世纪）

图18　新疆拜城克孜尔石窟第38号窟主室券顶天象图局部（3—4世纪）

图19　新疆拜城克孜尔石窟第171窟后室东壁树下立佛与舍利塔（4—5世纪）

了所需要的一切内容：进入洞窟做右旋礼拜时所环绕的是佛塔的象征；首先观看的是正壁龛中的主尊塑像；绕塔右旋，继续观看佛的一生业绩；略微抬头，可看到佛在前生种种舍身助人的故事。下来是独处禅室之中，苦思冥想，用释迦心灵的伟大去不断地净化自己，在精神恍惚之中就可以见到佛正在伴随着自己。观想的时间长了，看到一位如花似玉的女子，他的脑际出现的却可能是一具骷髅。达到这种出世的思想境界，就为彻底解脱铺平了道路。

克孜尔石窟群中有众多的僧房窟，大都很矮小、简单。有的僧房还附带着小室，专供僧侣们独自起居与坐禅用。

与中心塔柱窟的功能相同的，还有一种大像窟。其基本形制相差不大，只是在前室的正壁塑一尊身高在10米以上的大立佛像，立佛的下侧两边也向后室开出了环形甬道，同样可以绕佛礼拜（图2:5）。这种洞窟在克孜尔有7处。在葱岭以西、阿富汗的巴米扬石窟群中，就有两所异常醒目的大像窟，大立佛的高度分别是38米和53米，建造时间估计在4—6世纪间。葱岭东西两地大佛像的建立，相互间应该存在着文化影响关系。

在礼拜窟前室两侧的上部，画出排列有序的菱形山峦，是龟兹佛教艺术最突出的特征。这些具有鲜明个性的画面，是以菱形方格为基本单元四方连续的图案化结构。这儿的菱形不是直接用斜线，而是用起伏变化的山形曲线组成的，显得十分活泼，加之配备了石青、石绿、黑、白这些对比强烈、排列有序的色彩，使人们在视觉上产生了欢快的节奏感，同时也加深了人们内心对洞窟空间深度和广度的印象。克孜尔石窟中的佛本生故事画，都是以这种菱形方格的形式表现的。每一个方格中，只描绘本生故事中的一个或两个最主要的情节，以此来概括故事的全部内容（图20）。每个方格的山峦中，还衬托着各种奇花异木、飞禽走兽，使整体画面显得更加离奇变幻、绚丽繁华，充满浪漫神奇的色彩。

佛本生故事，就是释迦牟尼前生的故事。按照佛教灵魂转世的说法，释迦也是经过累世不断的修行才成佛的，僧徒们采纳了许多印度的民间故事，创造了释迦前生的种种神话故事，这就叫做“本生”。《六度集经》和《贤愚经》就是收集本生故事较多的佛教经典。其中，释迦的前生有时是国王，有

图20　新疆拜城克孜尔石窟第8窟主室券顶东侧壁菱形格因缘及本生画（6—7世纪）

图21　新疆拜城克孜尔石窟第38窟主室券顶东侧壁菱形格须陀素弥王本生（3—4世纪）

时是普通人，有时又是某种禽兽，但都贯穿着舍己救人、大慈大悲的事迹，是信徒们修身养性的典范与导师。克孜尔石窟的本生故事，在全中国也是最早和最多的。

第38窟的前室券顶东侧壁上的一幅菱格画中，绘一有翼飞人横抱一人从空中掠过，下方有一浴池，池中一位裸体女子正惊慌地看着上方（图21）。这里讲的是须陀素弥王本生。据说释迦前生曾是一位叫须陀素弥的国王。当时，另外一国的国王叫驳足，特别喜欢吃人肉，常常飞行在山林之间，抓取行人充当美餐。人们只要一见到飞行的驳足王，就会惊恐地到处躲避。后来，许多罗刹鬼聚集到驳足王的身边，充当他的爪牙，危害越来越大。一天，罗刹鬼们对驳足王说："我们愿意去抓获一千个国王，为大王开一个盛大的宴会，来报答大王的恩典。"驳足王大喜。最后抓到了999位国王，只差德高望重的须陀素弥王了。驳足王于是亲自去抓。这天，须陀素弥正带着彩女们准备去池中洗浴，在城门口碰见一位婆罗门教徒正在乞讨，须陀素弥答应洗完浴后布施他。正在洗浴时，驳足王突然从空中飞来，须陀素弥被掠到了山中。须陀素弥根本没有顾及自己的安危，只是哭着请求驳足王先放他回去，等他施舍了那位婆罗门后，一定按时赶回来让驳足王食用。驳足王不相信他的话，但转念一想，也不妨一试："你就是不回来，我也有办法再抓你回来。"于是就放了须陀素弥。须陀素弥回去供养了那位婆罗门后，就让太子代自己执政，自己信守诺言，如期返回了驳足王的领地。他的智勇与献身精神，终于感动了驳足王，驳足王放了诸国王，并发誓以后再也不做害人之事了。

第17窟前室有一幅菱格画，一条大鱼卧在地上，有两个人正手持刀斧斫取鱼肉充饥。相传从前发生过大旱灾，因饥饿而死的人民越来越多。当时的设头罗犍宁王是佛的前身，为了拯救众生，他舍身化作大鱼供人们食用。凡是吃了该鱼之肉的人，不但能保住生命，内心还可生发慈悲，死后都升到天界。

第17窟前室的另一幅菱格画中，画一只猴子在河上用自己的身体当桥，另两只猴子正踩着它的身体过河。这是在讲释迦前世曾经是猴王，一次猴群遭到了梵德王的追捕，前有深涧阻挡，猴王于是横跨在涧上，让同伴踩着它越涧逃生，自己却堕入涧中身亡（图22）。

第14窟前室的一幅菱格画，画面左侧，一只猴子正双膝下跪，双手合十，求助右侧的一头蹲狮。狮子抬头仰视，一只老鹰自空中俯冲而来。这里讲的是释迦前生曾是狮王，与一猕猴友善，猕猴把两只幼猴托付给狮王照料。山中有一老鹰乘狮王熟睡之际，抓走了小猴子，狮王醒后前去恳求老鹰，终于救回了小猴。

图22　新疆拜城克孜尔石窟第17窟主室券顶东侧壁菱形格猴王本生（4—5世纪）

这些释迦前生舍己救人、普渡众生的感人故事，给石窟自身所在的宁静山林带来了非凡的力量，因为它们将世代带给僧侣们强烈的心灵震撼！

克孜尔石窟壁画中的人物，画法主要有两种。一种是先勾线描，然后在面部与身体肌肉处从四周开始用土红色由深到浅作多次晕染，将中间空出，作为肌肉的高光部分，这样就可以显示出肌肉结构的立体感（图23）。中国古代把这种方法叫作“凹凸画法”，因为它远看凹凸起伏，近看却是

图23　新疆拜城克孜尔石窟供养菩萨或天人壁画（德国柏林亚洲艺术博物馆藏）

平的。这种绘画技法是从印度传来的，在印度著名的阿旃陀（Ajanta）石窟中，还可以见到四五世纪时用这种技法画成的优美壁画（图24）。以后，凹凸画法还流行于中国内地。另一种是充分发挥线描的功能，来表现肉体的质感。这种技法是中原地区所常见的。由此不难看出龟兹文化与东西方文化之间的相互关系。

龟兹佛教艺术在建筑样式、绘画技法、内容题材等方面，对东西方（特别是印度）文化兼容并蓄与消化利用的做法，最直观地体现在部分壁画人物的面相上：圆圆的头，粗粗的颈，五官在面部占的比例小且集中，腮部胖大，前额大而圆。这是东西方佛教艺术所不见的龟兹人的形象特点。龟兹地区石窟艺术真正的价值所在，就是这种融合了东西方文化而造就的龟兹艺术风格。

图24 印度阿旃陀石窟第1窟壁画局部（5世纪）

第三章

梵音回荡在河西走廊

——十六国时代的石窟寺

在中国历史上，三国以后的王朝是司马氏建立的西晋。到了西晋末年，掌握政权的上层统治集团已腐朽不堪，于是原来居住在北方的匈奴、鲜卑、羯、氐、羌五个游牧民族相继进入中原地区，拉开了长达300年战乱年代的序幕。317年，司马氏与汉族贵族集团退到南方，建立东晋王朝，北方地区则像走马灯一样，连续出现了五胡与汉族人建立的十六个国家，历史上把这段时期称作东晋十六国时代。

前秦是氐族人建立的国家，首都在长安。苻坚（357—385年在位）是前秦的一位英明皇帝，一度指挥他的大军统一了北方地区。苻坚本人很崇信佛法。379年，他听很多从龟兹游学归来的僧侣讲述龟兹佛教的盛况，当说到有一位青年高僧鸠摩罗什（344—413）时，众人更是交口称赞，说他富于才智，并深通大乘佛学理论。苻坚对此十分感兴趣，就于382年派遣大将吕光（338—399）出兵西域。临行时他叮嘱吕光，攻下龟兹后，立即把罗什送到长安来。384年，吕光占领龟兹国，得到了罗什。但吕光却不信佛教，他看到罗什年纪轻轻，颇不以为意，于是就像对待平常人那样对待他，甚至强迫罗什和龟兹王的女儿结婚，常常让他骑牛和劣马，以此来戏弄他。第二年，苻坚被杀害，吕光在甘肃西部建立起后凉割据政权，自称王，罗什也就跟随他到了凉州（今武威）。后来，长安的前秦被羌族姚姓的后秦所取代，它的第二代皇帝姚兴（394—416年在位）很有谋略，使后秦成为一个雄踞北方的强国。401年，姚兴出兵攻破凉州，被软禁了17年的罗什才被请到长安，这时他已经58岁。

姚兴崇信佛法，对鸠摩罗什十分敬重，尊奉他为国师，王公显贵们也尽力维护，一时间，长安成了当时北方名僧汇集、共宣佛法的圣地。从北方各地来长安聆听罗什说法的僧侣有5000多人，在罗什指导下坐禅修行的有1000多人，盛况空前。

402年，姚兴请罗什住进逍遥园西明阁，主持翻译佛经。几年以后，大量的佛典由梵文翻译成了汉文。其中，《禅法要解》是僧侣坐禅修行的必备教材；《大智度论》《阿弥陀经》《弥勒成佛经》《贤劫经》《维摩诘所说经》《妙法莲华经》等，都是大乘佛教的经典著作，是当时及其以后中国石窟造立大乘佛教图像的主要经典依据。

后秦的佛教艺术成就如何，我们今天已看不到了，但深受后秦长安影响的甘肃地区还保留着十六国时期的石窟艺术风采。

1. 祁连山下的净土——北凉石窟

出了敦煌城向东行走，经酒泉、张掖到武威，一直是一条西北—东南走向的狭长地带。其南侧是祁连山，北侧有龙首山，山峰高耸绵延，中间是低而平坦的戈壁或绿洲，这一走廊总长700多公里。由于它在黄河西部，人们习惯称它为“河西走廊”。这是古代丝绸之路往还的必经之地。

大约从西晋时期开始，河西走廊一带的佛教就逐渐兴盛起来，有很多于阗和龟兹国的和尚来这里传教译经。凉州（今甘肃武威）地区的僧侣也有不少人前往龟兹或印度求学，从而使这条丝路的咽喉要道积累起了丰厚的佛教文化。412年，匈奴族酋长沮渠蒙逊（368—433）占领姑臧（即武威），建立起北凉国。420年，他消灭了汉族人李氏在酒泉、敦煌一带建立的西凉国。至此，河西走廊上的重要城市全部归北凉国所有。沮渠蒙逊很信奉佛教，在他的提倡与弘扬下，河西与西域各国之间的佛教有了更广泛的交流。他还组织了规模盛大的佛教经典翻译工作，使北凉的首都凉州成为长安以外的又一个译经中心。

南朝萧梁时代的和尚慧皎（497—554）著有《高僧传》一书，记载了这样一个故事。沮渠蒙逊占领凉州以后，曾在州南百余里处的山崖间，为他的母亲求功德，期望其母来世升天。他造了一尊一丈六尺高的大石佛像，同时开凿了一些石窟，里面安放的石雕或泥塑佛像姿态千变万化。从此，这个石佛所在地就成了凉州佛教活动的重要场所。429年，蒙逊派他的儿子沮渠兴国（？—431）为先锋，带兵攻打东部的西秦国，结果沮渠兴国兵败被擒，后来死在乱兵的刀剑之下。这件事使蒙逊既伤心又震怒，心想：我这样信佛求佛，还不能保我的儿子，看来这佛也是个没有用的东西！于是他下令拆毁寺院，让和尚们都还俗。几位将士偷着到那尊大石佛像前去祈祷，突然看见这尊大石佛像的眼中流出了眼泪，急忙去报告蒙逊。蒙逊听后大惊失色，浑身战栗，立即叫随从扶着自己来到大石佛像面前。看见石佛眼中的泪水如泉水般涌出，蒙逊十分内疚，痛责自己冒犯神灵的过错，急忙把被赶走的僧侣请回寺院，佛教事业比以前更加兴盛。

根据这个故事，可以推测这处石窟的开凿时间应在412—429年间。直到20世纪50年代初，才明确地肯定此石窟为今武威东南90多里处的天梯山石窟（图25）。

由于历代开凿，天梯山已形成了一处石窟群。在众多石窟中，第1、4、18窟这3所中心塔柱窟是年代最早的。它们的基本形制是：平面呈方形，窟顶中部隆起，在石窟的中心位置立着一座方棱柱体，直接窟顶。方柱象征着佛塔，它的每面都划分成3层，每层每面都开着圆拱形的佛龛，龛里安置着

图25　甘肃武威天梯山石窟外景（筱溪听泉拍摄）

佛与菩萨的塑像（图26）。在窟内的墙壁上，均涂抹泥层绘制壁画。毫无疑问，这3所中心柱窟都是可以绕塔礼拜的礼拜堂。从其功能分析，它们同鄯善、于阗国的方形塔院是相同的，而在山崖间开出绕塔礼拜的殿堂，虽然与龟兹的中心柱窟有共性，但塔的后面空间同其他三面是相等的，并不是一条低矮的甬道。可以看出，凉州这种石窟的做法，显然是受到西域的影响。但这里才是真正的中心柱窟，因为它们的中间都确实立着象征佛塔的方柱。这是对礼拜窟所作的最关键的改进，它的强大生命力为后代石窟所证实。

在天梯山的2所中心柱窟（第1、4窟）中发现的最下层的壁画，与敦煌北魏壁画风格相似，应该是北凉时代的作品。其中的提瓶立菩萨、供养菩萨（图27）、供养菩萨与天王，以及莲花化生童子忍冬边饰，是保存最好的作品。提瓶立菩萨代表观世音菩萨。菩萨的意思是“使众生觉悟”，在佛教中是高级的神祇，地位高于罗汉，仅次于佛，中国

图26　甘肃武威天梯山石窟第4窟中心柱（北凉。1958年拍摄）

图27　甘肃武威天梯山石窟第1窟中心柱左面下层龛外左侧下部第1层北凉供养菩萨摹本

人还把他们称作“大士”。菩萨的职责是帮助佛解救苦海中的芸芸众生，将他们引到极乐世界中去。菩萨再向前进一步，就可以成佛了。释迦牟尼在成佛之前，就是一位菩萨。观世音菩萨是帮助西方极乐世界的教主阿弥陀佛解救世间众生的大菩萨。按佛教的说法，当一个人遇到困难时，只要叫一声观世音的名字，观世音菩萨就能立即“观其音声”，前来解救。到了唐代，为了避唐太宗李世民（626—649年在位）的名讳，略去“世”字，简称观音。据说观世音手持的净瓶中有甘露水，将此水拂洒人间，能消除众生的烦恼与垢浊。

供养菩萨在佛教中是地位较低的菩萨，在佛教美术中常常可以见到他们向佛奉献莲花等圣物。

化生童子是从莲花中出生的小孩，只有在西方极乐世界中才能见到。曹魏康僧铠译的《无量寿经》说，人们如能常做善事，一心念着阿弥陀佛，功德积累到了相当的程度，死后就可以去极乐世界，在莲花中再生。这些都是大乘佛教的思想。于阗国的佛教是以大乘为主的。

这几幅壁画的形象与技法融合了东西方色彩。几尊菩萨的画像，虽然也有一些晕染，但线描的功底很强。在头部装饰上，与克孜尔早期壁画菩萨有复杂的花冠不同，仅仅在头顶束成两朵发髻，在双肩后还出露着圆形发髻。面部并不是圆圆的，眼眉细长，嘴也比较大，五官的位置略微靠下。因此，它既有龟兹风壁画的影子，又有凉州自身的创作特点。但就大乘佛教的内容来讲，在龟兹国很难找到相似的例子，而在于阗的佛教里可以找到有关情况。

沮渠蒙逊为他母亲造的大石佛像，现在已找不到了，但推测当时的造立想法，很可能是接受了龟兹国大像窟的启发。这3所天梯山最早的石窟，虽然不能断定就是沮渠蒙逊自己造的，但它们一定是蒙逊弘扬佛教的产物，也是北凉国现存最早的石窟。众多的佛教历史资料表明，十六国时代，凉州地区与新疆的龟兹、于阗两地一直保持着密切的佛教交往关系，于阗的大乘佛法与塔院建筑思想，龟兹的小乘佛学与石窟寺的开凿，向东融会在凉州地区，再加上后秦长安的大乘思想的影响，终于造就了新的凉州石窟艺术。

在今张掖地区裕固族自治县境内，有一处开凿于祁连山北麓、大都麻河西岸红石崖壁之上的金塔寺石窟。这一地点共有东、西两个规模较大的洞窟，距地面60余米。在酒泉城南约15公里的祁连山下、文殊山山谷中有一处石窟群，其中绝大部分石窟已残破不堪，只有千佛洞和万佛洞两窟至今还保存着比较完整的造像与壁画。这4所石窟的形制，与天梯山的3所中心柱窟基本相同（图2:2）。所以，多数学者认为，这4所石窟属于北凉时代，或者是439年北魏消灭北凉以后，沿袭了凉州佛教艺术的传统而开凿出来的，是凉州佛教艺术系统中的成员。

金塔寺与文殊山中心柱窟除万佛洞（后代重新装饰过）外，其余3窟都

图28　甘肃张掖金塔寺东窟中心柱西面测图（北凉。采自甘肃省文物考古研究所《河西石窟》图4）

在中心柱的每层每面开出一个圆拱形龛，龛内塑着坐佛像，龛外两侧各立一尊菩萨像。在个别龛中塑着呈交脚坐姿的佛像或一腿下垂的思维菩萨，像是正在思考问题。有的龛两侧塑着比丘（弟子）像。中心柱各层龛沿的上部，基本都贴塑着形体较小的飞天、坐菩萨、坐佛像等，烘托出了热烈的气氛（图28）。窟内的侧壁都画着千佛坐像，窟顶画飞天、手持乐器的伎乐天或供养菩萨（图29）。文殊山千佛洞在侧壁千佛壁画的下部，还画着十身立佛，西壁中部画着西方极乐世界中的阿弥陀佛与观世音、大势至两菩萨，下部画一排供养人像。

图29　甘肃酒泉文殊山千佛洞中心柱与侧壁（北凉）

只要稍做比较就可以看出，这种内容与排列方式，已经完全不同于龟兹石窟，而更多地反映出大乘佛教思想。酒泉、敦煌、吐鲁番还出土了12座北凉的小型石刻佛塔，其中6座塔上刻着明确的年代（426—436），与金塔寺、文殊山的中心柱窟基本属同一时代。石塔上面出现了7尊坐佛与交脚坐的弥勒菩萨像（图30）。

在金塔寺与文殊山的中心柱窟中，佛的服装有两种，即袒裸右肩式与通肩式，与犍陀罗佛像的服装基本相同。唯一不同的是，袒裸右肩式的佛像右臂虽仍裸露着，但身后的大衣已把右肩部位遮盖住，这样处理也许更符合中国人的审美观。

总的来说，这些北凉系统中的佛教石窟寺艺术，虽然与新疆地区有着千丝万缕的联系，但却给人们带来了新鲜的视觉感受，呈现了不同的思想内涵。

图30　酒泉出土的北凉承玄元年（428）高善穆造石塔（甘肃省博物馆藏）

2.“鬼窟”里的仙影——西秦炳灵寺

唐朝曾流传着一个传奇故事。有一位唐朝的青年官员奉旨出行，来到了金城（今兰州）西南方的积石山中。这里千峰林立，万壑争奇，上有高耸的崖壁，下有碧绿的水潭，山水相映，风景独好。他曾听人说起过，积石山里面有一座神仙窟，很少有人去过，只有飞鸟才能到达。出于好奇，他斋戒三天，划着一叶轻舟，前去拜访神仙窟。小船飞快地漂行在水面上，一会儿工夫，来到一处长满松柏的石崖面前，崖前有清澈的涧水，岸边长着排排桃花树，香风习习。一位女子正在水边洗衣服，官员就上去向她打听神仙窟所在。女子自称五嫂，把他领到了自己的住处。在那里，他见到了一位貌美如仙的姑娘，名叫十娘。姑娘热情招待了他。晚上，他们一起欢宴赋诗，彼此倾心爱慕。在五嫂的撮合下，他们结合在了一起。第二天，官员与十娘依依惜别，驾船离开了这座“神仙窟”。

这是唐代作家张鷟（约658—约730，字文成）写的《游仙窟》小说的主要情节。这篇小说后来流传到日本，深受日本人民的喜爱。这座带着传奇色彩的“神仙窟”，指的就是甘肃省永靖县城西南35公里处的炳灵（藏语“十万弥勒洲”）寺石窟。

这里有一座27米高的唐代大弥勒佛坐像，异常醒目。大佛头顶的右上方，有一处宽广幽深、神秘莫测的自然洞穴。据北魏郦道元（约470—527）的《水经注》记载，在这座悬崖上的山洞中藏着很多古代书籍，当地人还经常发现有神人在山洞里活动（其实是一些身穿鸿衣羽裳的人在这里修行）。俗人不了解这些“神仙”，便把他们称作神鬼。在羌族的语言中，鬼叫“唐述”，所以这座山洞也叫唐述窟。

1963年，甘肃省文物工作队的队员们攀援峭壁，首次进入这个洞穴（编号第169窟。图31）。他们没有见到什么神仙，却意外地发现了保存在洞中的佛教艺术杰作。

第169窟是一处天然的大型溶洞，平面呈不规则的椭圆形，深19米，宽27米，高14米，窟口出露在高出地面30米的悬崖上。窟内保存着不同时期的塑像共七十一身，还有大面积色彩绚丽的壁画。最使人兴奋的是，在窟内东壁与北壁交接部位，发现了一方墨书题记，最后一句话是：“建弘元年岁在玄枵三月廿四日造。”建弘，是西秦国王乞伏炽磐（412—428年在位）的年号，建弘元年，也就是公元420年（图32）。迄今为止，这是全中国石窟中所能见到的最早的一件有明确年代的材料，对研究中国石窟寺的发展有着特殊的意义。

西秦国的乞伏氏，属于甘肃陇西地区的鲜卑族。385年，他们以今天的兰州一带为中心建立了西秦国。412年，西秦的第三代国王乞伏炽磐即位，把都城定在枹罕（今甘肃临夏），国势从此强盛起来。乞伏炽磐很崇尚佛教，他曾邀请并供养了许多中外名僧前来西秦传播佛教，使佛教思想在这个西北小国深入人心。炳灵寺的位置与枹罕相距不远，是当时西秦国的上层显贵与僧侣们开窟造像、举行佛教活动的重要地点之一。

根据建弘元年的题记，考古学家们进行了比较研究，确定西秦时代的作品主要位于窟内的北壁与东壁。题记所在的北壁第6号，无疑制作于420年（图32）。6号的中间塑着一尊坐佛像：双手叠放在腿上，施禅定印；身上穿着袒裸右肩式的大衣，但有衣襟包裹着右臂，内衣（僧衹支）有很多露在外面，上面描绘六边形的花纹，大衣边缘刻着一种波浪形的衣褶，衣纹是粗细相间的阴刻线。该佛的面相方圆浑厚，五官宽大，块面结构清晰。坐佛的身边各塑着一身立菩萨。保存下来的墨书题记表明，它们代表着无量寿佛、观世音、大势至菩萨。无量寿是阿弥陀佛的另外一种译名。大势至菩萨具有无穷的智慧之光，也是帮助阿弥陀佛普渡众生的大菩萨。他们三位合起来称作“西方三圣”。

图31　甘肃永靖炳灵寺石窟第169窟外观

图32　甘肃永靖炳灵寺石窟第169窟西秦建弘元年（420）题记及其周围壁画与彩塑（第6号）

图33　甘肃永靖炳灵寺石窟第169窟第7号立佛彩塑（西秦建弘元年，420年）

位于东壁的塑像与大面积的壁画，大部分属于西秦时期。第7号是两身穿着通肩式大衣的立佛像，造型和6号主佛一样，也是衣服紧贴着身体，衬托出优美而又健壮的形体，上面的衣纹也是粗细相间的阴刻线，在胸前排列成U字形。佛的双脚分开，身体直直地站立着，两臂弯曲向前伸（图33）。

6、7号的塑像服装都比较薄，从形象上已看不到犍陀罗式的希腊作风了。这种大衣贴身特别是在胸前刻出U字形衣纹的风格，与印度始于一个世纪以前的笈多式佛像很相似，与凉州系统中的佛像也有一些共同之处。这些例子似乎在说明，甘肃地区十六国时代的雕塑艺术，正引进着印度对早期秣菟罗艺术加以改进而更加完美的新造像艺术。因为这种艺术主要发展于320—650年在印度建立的笈多王朝，所以人们又习惯称之为笈多式秣菟罗造像艺术。

这充分说明，中国的佛教艺术在不断地吸取着外来文化的新鲜血液，同时又保持着自身文化的鲜明个性。

再来看看西秦壁画艺术的特点。这些西秦时代绘制的壁画，都是分块各自描绘成的，并没有进行统一的布局规划（图34）。有些壁画还同塑像背面连接起来同时制作。壁画中的佛像凡是穿着右肩袒裸式大衣的，都有衣襟包遮右肩，这都是在克孜尔石窟早期壁画中所见不到的。壁画中人物的描绘技法有两种：一是在人物的面部及身体裸露的部位象征性地做一些晕染，以表现凹凸式立体感。这虽然继承了龟兹壁画的传统，但却远不如龟兹壁画人物晕染得那样细致。二是不用晕染，直接使用中原地区传统的线描勾勒画法，天梯山第4窟中有一幅供养菩萨也是这样画成的（图27）。单从技法上看，这

图34　甘肃永靖炳灵寺第169窟壁画局部（西秦建弘元年，420年）

里的东方绘画因素远较河西走廊上的北凉石窟为多。

西秦壁画中的题材多种多样，并且都用墨书榜题写得明明白白，大部分同后秦长安地区宣扬的大乘佛教思想有密切关系。比如，这里有两幅维摩诘的故事画，一幅画维摩诘躺在病床上，身边站着一位侍女（图35）；另一幅画维摩诘站在释迦牟尼的右侧，正在听佛宣讲大法。这是根据鸠摩罗什在长安最新翻译的《维摩诘所说经》而创作的。这部经上说，维摩诘是释迦牟尼在世时印度毗耶离城的一位居士（即在家修行的佛教信徒），深通大乘佛法，很喜欢和别人一起辩论佛教的理论问题。他拥有庞大的家产与无数的金银财宝，却视如粪土；他娶了众多娇妻美妾，却又能遵照佛教的戒律，过着清净的生活。就是释迦的弟子们也深深了解他的佛学功底，对他备加崇敬。有一天，维摩诘假装生病，想诱使释迦的弟子前来与他辩论佛法。释迦洞察其意，想派一位弟子代表他前去“探病”，结果谁也不敢去，都怕败在维摩诘的手下。最后还是号称“智慧第一”的文殊菩萨承担了这项使命。两位大士在一起反复论说佛法的壮观场面，轰动全城。对于一些无法解决的问题，他

图35　甘肃永靖炳灵寺第169窟维摩诘壁画（西秦建弘元年，420年）

们又一起去向释迦牟尼求教。这两幅画所表现的就是经中的“示病”与“问法”两个情节。

维摩诘的故事在东晋与南朝流传很广。东晋著名画家顾恺之（约345—409）就曾经在首都建康（今南京）的瓦官寺内画过一幅维摩诘像，成为人们传颂的佳话。169窟的维摩诘像都穿着菩萨服装，在中国现存的同类题材作品中，年代最早。100年后，维摩诘题材的雕刻与绘画才盛行于中国北方各地。

在建弘元年（420）题记的下方，画着一排女供养人像，是当时西秦国上层社会妇女的真实写照。这些妇女的头顶梳着大型的发髻，身穿宽袖长裙，腰间的飘带迎风飘向身后。有趣的是，这种妇女服装，与顾恺之的传世作品《洛神赋图》《女史箴图》中贵族妇女的服装完全相同。如果西秦国不是在倾心学习以长安为代表的东方文化，是难以出现这种现象的。

图36　甘肃永靖炳灵寺第169窟第6号昙摩毗供养像壁画（西秦建弘元年，420年）

西秦国的佛教并不是孤立地发展起来的，而是从凉州与长安引进的。佛教史书中记载，很多高僧往来于凉州与西秦地区。凉州佛教的主要特点之一是重视坐禅修行，在169窟壁画中，还保存着当时在北凉和西秦传播修禅大法的大禅师昙摩毗（即昙无毗）的画像（图36），《高僧传》里也有这个大和尚的传记。西秦佛教艺术与北凉国佛教艺术的相似性，说明它们之间保持着一种密切关系。当然，这里主要还是西秦在向北凉学习。但在更多方面，西秦还是把眼光注视着后秦——这个当时雄踞北方的强大国家。

西秦国存在的46年（385—431）中，曾多次向后秦称臣。402年，乞伏炽磐和他的父亲乞伏乾归（？—412）亲自到长安，接受姚兴封给他们的官职。当时，正是鸠摩罗什率领数千名弟子在长安宣讲佛法、翻译佛经的时候，他们一定看到了那种弘扬佛教的空前隆重场面，感受肯定是相当深刻的。在西秦统治者的心目中，长安一直是正统的所在地。于是他们主动从长安请来新翻译出的大乘佛教经典，同时也学到了一些佛教艺术的表现手法，再参考一些北凉国的艺术形式，在自己的国家中，选择特殊的地点，创作出风格独特、各种手法兼容的佛教雕塑与绘画。这就是169窟西秦佛教石窟艺术出现的历史与文化背景。

第四章

宏伟壮观的功德画卷

——大同云冈石窟及其影响力

赫连勃勃（381—425）是匈奴族的酋长，一开始在姚兴的部下任职。407年，他自称大夏天王，建立夏国。赫连勃勃是一位极端残暴的君主，他视臣子和人民如草芥，动辄虐杀。418年，也就是东晋军队消灭后秦、占领长安的第二年，赫连勃勃率领着野蛮凶悍的将士击溃东晋守军，攻占长安城。入城以后，他不分东晋士兵还是百姓，任意屠杀，把人头堆积成一大堆，称为“骷髅台”，并为此洋洋自得。这些匈奴人的首领是不相信佛教的，他们见到和尚，不是当场杀死，就是抓起来活埋。这场浩劫，迫使鸠摩罗什当年聚集起来的高僧们不得不外出逃难：有很多人迁徙到了江南，推动了中国南方的佛教向探讨理论的方向发展；也有一些人转移到了甘肃地区的西秦与北凉国，充实了那里以修禅法为主要特征的佛教事业。只有少数人仍然留在长安，等待着再图发展的机会。这时，北方的魏国已在慢慢地崛起，给这些落难的僧侣带来了新的希望。

拓跋部是中国北部地区游牧民族鲜卑族的一支，原来居住在黑龙江上游额尔古纳河和大兴安岭北段之间。公元1世纪末，拓跋鲜卑开始由东北向西南迁移。西晋以后，在5个少数民族之间的长期割据混战中，拓跋氏的势力日益壮大，控制了黄河以北的大部分地区，建立了北魏王朝。398年，北魏道武帝拓跋珪（386—409年在位）从盛乐（今内蒙古和林格尔境内）迁都平城（今山西大同）。426年，北魏出兵夏国，攻取了长安城。439年，又出兵攻灭北凉国。黄河流域自西晋末年开始的十六国大乱，到这时候才由北魏统一。北魏的疆域向南扩展到淮河，并以此为界，与南方的朝廷相对峙。南方的东晋早在420年就已被刘裕的宋朝所取代，由此形成了长达100多年的南北方对峙局面，历史上称之为南北朝时期。

在统一的北方魏国，石窟艺术的发展由地区性迎来了遍地开花的新时代。

1. 帝王就是当今如来

北魏从道武帝拓跋珪的登国元年（386）就开始信仰佛教了。迁都平城以后，拓跋珪下诏在京城内修建佛寺、佛塔，使僧侣们有地方居住。拓跋珪听说赵郡（今河北赵县西南）有一位修养与德操都很高的和尚名叫法果，就亲自派人迎接他来到京城，拜他为道人统（佛教界的领袖），管理僧侣。他们两人的关系很亲密，经常在一起谈论佛教，拓跋珪还常派人给法果送去丰厚的物品。法果对拓跋珪这种弘扬佛教的精神非常敬佩，时常对弟子们说："圣上既聪明又爱好佛法，就是我们当今世上的如来佛啊！我们出家人应该对他行礼致敬，还要常去拜见他。"又说："只有国家的君主才能弘扬佛法！我进皇宫并不是拜见天子，而是在礼拜佛！"别的信徒也效仿他的做法，成了风行一时的社会风尚。皇帝敏锐地感到这样做对统治地位的增强是有好处的，自然十分高兴。409年，明元帝拓跋嗣（409—423年在位）即位后，仍然对法果备加崇敬，封给他很多的爵位。这是佛教传入中国以来从没有过的事。

佛教本来是一种出世的信仰与哲学，僧侣们的修行都是远离社会的。因此，在中国佛教界很早就统一了僧人不向君主行礼致敬的思想。但是，十六国时期，战乱频仍，杀戮频现，使出家人的命运变得不可捉摸，因此他们渴望出现信仰佛教的英明皇帝，给他们创造一个安定的修习环境，以保证佛教事业的顺利发展。作为国家主宰者的皇帝，也希望能把人们的思想统一到佛教的轨道上，保持国内的相对安定，以便在称霸的战争中立于不败之地。统一北方之后，北魏的皇帝更加明白这个道理。于是，中国佛教从此就与封建社会的君主政治紧密地结合在一起了。

423年，太武帝拓跋焘（423—452年在位）即位。这位领导北魏最终统一北方的皇帝，继续推行提倡佛教的政策。占领长安后，他得到了留在长安的后秦高僧惠始（？—约438），并给予他很高的礼遇。有一年的佛祖释迦牟尼诞生日（农历四月初八），佛教信徒们用车载着佛像在京城的街上游行，拓跋焘也登上门楼观看。等到车仗行至楼下时，他还亲自向下面撒花，以表示对佛的礼敬。

拓跋焘的太子拓跋晃（428—451）更是佛教的一位“保护神”。拓跋焘晚年一度不信佛教，并且下令在全国消灭佛教，是拓跋晃尽力保护佛经佛像不受更多损害，受到僧人们的普遍赞誉。可惜他没等到即位就去世了。

452年文成帝拓跋濬（452—465年在位）即位后，“帝王就是当今如来”的思想更加形象化。即位当年，拓跋濬就下令按照他的形象造了一尊石佛像，在面部和脚上还分别镶了一小块黑石，以象征他身上的黑痣。454年，他又下令在京城的五级大寺内为拓跋珪、嗣、焘、晃，连同自己在内的五位皇帝各造一尊释迦佛立像，每身高一丈六尺，用去赤金二十五万斤。这样，信徒们就可以经常去礼拜这些皇帝的化身佛像，使思想意识与统治手段得到了更完美的结合。

北魏进行统一战争的过程中，并没有改变他们游牧民族的习惯，始终伴随着对人畜的俘获、对财物的掠夺，统一后的平城聚集了大量的财富和将近100万的人口，成为当时中国的第一大都市。这期间，有几次大迁移值得注意。439年，拓跋焘下诏迁徙长安与今甘肃平凉（夏的最后国都，今甘肃平凉一带）的民众前往平城。439年平定凉州后，迁徙凉州居民三万余户去京师，凉州城众多的和尚也带着自己的经书与偶像跟着一同前往，使凉州的佛教全部转移到了平城。442年，又迁移了长安的能工巧匠两千家。此时，流散在长安与甘肃的原后秦僧人也纷纷主动来到平城，依附北魏的统治者。这些被迫来到平城的长安、凉州的工匠，有很多是制作佛像与开凿石窟的佼佼者，为北魏带来了充足的劳动力和成熟精巧的技艺。长安、凉州与平城的高僧又形成了一个能为修建佛窟提供佛教理论根据的策划集团。再加上强有力的国家政权的倡导与支持，中国佛教史上最大规模的营建石窟的前提条件就完全具备了。

2. 昙曜的功绩

昙曜原是北凉国的习禅大师，后来移居平城。文成帝登上皇帝宝座时，他居住在中山（今河北定州），接到皇帝的圣旨，便匆匆赴京听命。昙曜一到京城，恰好遇见皇帝出行的仪仗车队，昙曜赶忙站在路旁躬身施礼，没想到有一匹拉车的御马却一口咬住昙曜的衣服不走了。当时的人们都认为马能认出心地善良之人，拓跋濬更是相信这位善人一定能帮助他办大事。

460年，拓跋濬拜昙曜为沙门统（道人统改名）。昙曜刚一上任即上奏皇帝，请求在京城西的武州塞开凿五所石窟。按北齐魏收（506—572）撰写的《魏书·释老志》记载，这五所石窟中各有一尊佛像，高的七十尺，低的六十尺，雕刻装饰之奇妙与宏伟，是当时其他石窟无法相比的。这就是现在大同云冈石窟中的第16—20窟。

云冈石窟位于今山西省大同市城西16公里处，在十里河北岸的武州山（又称武州塞）山崖上，东西绵延约1公里（图37）。从北魏的故都盛乐到平城之间，有一条交通要道，武州山正当此道要冲。从明元帝开始，北魏皇帝曾先后77次到武州山祈祷，因此这里早已成为北魏统治集团祈福的“神山”。云冈是武州山的最高峰，因明朝曾在这里修建了一座军事设施，以后就把这一带统称为云冈。选择在武州山开凿石窟，这里自然就成了都城附近的佛教圣地。

云冈最初开凿的这五所大型石窟，大体都是模拟椭圆形平面、穹隆顶的草庐形式，样子很像今天的大半个蒙古包（图38）。窟里的主像形体高大，占据了窟内面积的大部分。从石窟的内容与布局观察：18窟主像是一尊高

图37　山西大同云冈石窟外观（20世纪30年代拍摄）

15.5米的立佛（图39），身边站着二菩萨与二立佛；19、20窟的主像都是坐佛，高度分别是16.8米、13.7米，身边分别有两身倚坐（双小腿下垂的坐姿）佛或立佛像，第19窟的两身胁侍倚坐佛像是在第二期补雕完成的。因此，这3窟的题材都是以三身佛像构成的三世佛，代表着过去的燃灯佛（或其他佛）、现世的释迦佛、未来的弥勒佛。

17窟的主尊是高15.6米的交脚坐姿弥勒菩萨像，它代表弥勒正在兜率天宫里说法，还没有下到人世间成佛。弥勒身边还有一身坐佛、一身立佛，自然代表着过去佛与现在佛。

16窟只雕着一身释迦佛的立像，高13.5米。这尊佛像并没有按期完工，到第三期才补雕完成，因此呈现着第三期佛像的面貌（图40）。

这一列五窟巨大的佛祖真容雕刻，是监造者昙曜精心策划、特意设计的。

其实他们表现的还是五级大寺内那5位皇帝，按照顺序从西向东分配：20、19、18窟中的主佛，分别代表拓跋珪、拓跋嗣和拓跋焘；17窟那身还没有成佛的弥勒菩萨代表未即皇位就死去的拓跋晃；16窟的单身释迦立像，指的是当时在位的文成帝拓跋濬。在山岩中开凿出来的佛像是无法搬移的，比起五级大寺的铜铸像来，更可以长久地保存下去。这种企图以此维持北魏政权长治久安的做法目的是很清楚的。

20窟的大坐佛是云冈石窟的标志。由于洞窟的前壁崩塌，使造像完全暴露，因而很远就能看到他那雄伟壮丽的身姿。这尊佛像结跏趺坐（即两腿盘起，以脚背贴着大腿），双手叠放在腹前，表示他正在禅定；身上穿着袒裸右肩的大衣，有一块衣襟包着右臂外侧，大衣的边缘有波浪形的褶纹；衣纹虽然是仿厚质衣料而出现的凸起的样式，但其表面还是刻着粗细相间的阴刻线条。其面相方正，五官宽大，块面清晰，身体威武雄壮，人们不难从中发现他与炳灵寺169窟6号坐佛之间存在的某些相似性。但相比之下，云冈20窟主佛的整个神态是庄严静穆的，更加渲染了佛的超自然力量与神圣气氛。那健壮的体魄，正反映了鲜卑拓跋氏勇武雄健的民族审美意识。

当然，同西秦塑像的相似性，并不说明它一定是西秦传来的，它所表现出的，更多的是来自长安及凉州的造像样式。事实上，昙曜所造的五窟固然包含着后秦、北凉佛教艺术影响的因素，但它们自身的特征也是很明显的。比如，把石窟的形状做成草庐的形制，窟门上方开一个大明窗，时至今日，在新疆和甘肃还找不到类似的实例。佛像在细节上的一些做法，虽然同西秦

图38　山西大同云冈石窟第20窟（北魏，5世纪中期）

石窟有些相似的地方，但在那种丰厚壮实的形体之中所蕴藏的男性的力量与魅力，也是早期的石窟中所见不到的。据有关佛教史书记载，北魏同原后燕与北燕国的佛教也有着密切的关系，而后燕国的中山地区也有一些凿窟修禅的传统。另外，在云冈开凿的前夕，葱岭以西一些国家的僧人又传来了几种佛像的蓝本，它们都有可能成为昙曜开窟造像的参考和依据。昙曜最大的功绩，就是能够充分吸取这些好的经验与范例，创造出一种独特的云冈造像样式。

图39　山西大同云冈石窟第18窟主佛（北魏，5世纪中期）

图40　山西大同云冈石窟第16窟主佛（北魏，6世纪初期）

除了上面谈到的政治目的以外，昙曜开凿的五所大窟还有给僧人提供坐禅修行处所的实用性。过去的北凉很重视禅法，活跃在平城一带的高僧大德，有很多是来自凉州的禅师，昙曜本人也是。北魏的僧侣们很重视达到个人解脱目的的禅观修行，昙曜五窟中的三世佛、释迦、弥勒和侧壁浮雕的千佛，都是佛经中规定坐禅僧人必须观想的内容。这也算得上是昙曜为北魏的佛教徒们做的一件大好事。

3. 辉煌富丽的雕饰

鲜卑族的拓跋部统一北方之后，大规模的军事行动越来越少，各级政府中经常的、普遍的、残酷的贪污行为愈演愈烈，鲜卑统治者与广大汉族人民之间的矛盾也越来越严重。471年，很有政治才能的孝文帝拓跋宏（471—499年在位）即位后，采取各种政治措施，总算暂时缓解了危机。随着北魏政权的逐渐衰落，皇室和贵族们的崇佛祈福也越来越疯狂。云冈石窟第二阶段更大规模的发展，如实地反映了北魏统治集团对自身安全的极端忧虑。

465—494年，是云冈开窟造像的第二阶段。云冈石窟所特有的风格，在这一时期更加完备。

这一时期的最大特点是出现了一系列成组的大型洞窟，绝大多数是以2所洞窟为一组的“双窟”组合。如7、8窟，9、10窟，5、6窟，1、2窟，都是成组的双窟。据史书记载，在孝文帝执政初年，朝廷的实权掌握在文明太后冯氏（441—490）的手里。冯氏是文成帝的皇后，在文成帝死后的献文帝（466—471年在位）、孝文帝两朝被尊为太后、太皇太后，长期摄政。第二期的云冈石窟，北魏皇家开凿了众多的大型双窟，有很大可能是继承前朝传统，在为当时的“二圣”造功德。

在这些窟外，往往有统一的规划设计。如5、6和7、8这2组双窟外面的左右两侧，都雕凿着一座高耸的佛塔，在双窟之间立一通高大的记事碑。9、10窟在外立面的中部和东、西两侧各雕着狮子和象背负着须弥山的形象。须弥山是释迦牟尼的护卫帝释天居住的地方，这样的设计有着保护佛法的用意。在三座须弥山之间是二窟的窟门，每窟门前各有两根由大象背负的千佛柱，形成了三开间（图41），使二窟的外立面好像一座建筑物前面的廊柱。另外，11、12、13这3窟是一组，它们的中心是12窟，在12窟的外壁上方雕刻着一个大屋顶，屋檐下有象征性的4根柱子支撑着。这都是当时汉民族传统的建筑外观样式。这些外表上的设计，使人们对它们之间存在的组合关系可以一目了然，又在感观上展示着一座座岩中佛殿。

此时还涌现出一批新的石窟形制。它们大部分由前后两室组成，有很多都是方形的平面。有的窟中部立着一座中心塔柱，环绕塔柱可以做礼拜（图42）。这种思想应该和凉州的中心柱窟有着密切的渊源，但它们的形制与凉州或龟兹石窟已经有了很大的不同，发展成为一种完全模仿汉族木构楼阁式塔的建筑形式。每座塔柱都可以分成两三层，每层上面都有屋檐、斗栱、柱子这些模仿木质建筑的构件。当时，一般的土木建筑寺院中，佛塔都是用木头建成的，并且都继承了汉代以来传统的楼阁建筑形式。如今，这种汉民族的佛塔形制开始出现在石窟里。在方形平面的石窟中，窟的顶部一般都装饰成汉族房屋内顶部分方格的平棋形式，在每个方格中都刻着飞天、莲花、动物或其他花

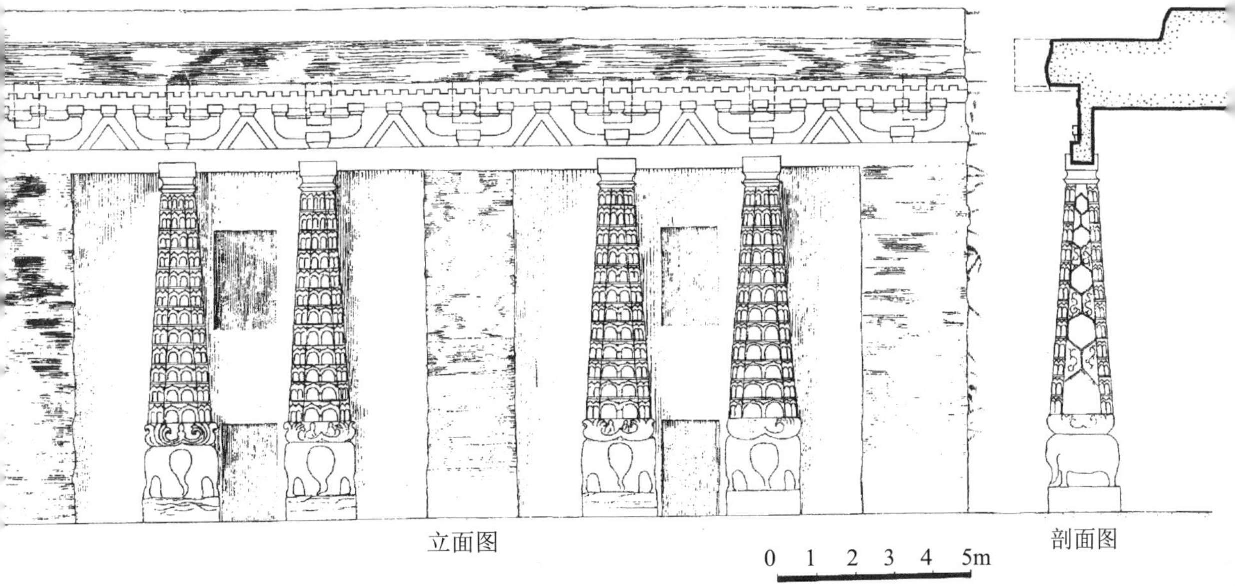

图41 山西大同云冈石窟第9、10窟窟檐复原图（北魏，5世纪下半叶。采自云冈石窟文物保管所《中国石窟·云冈石窟》第1卷第201页）

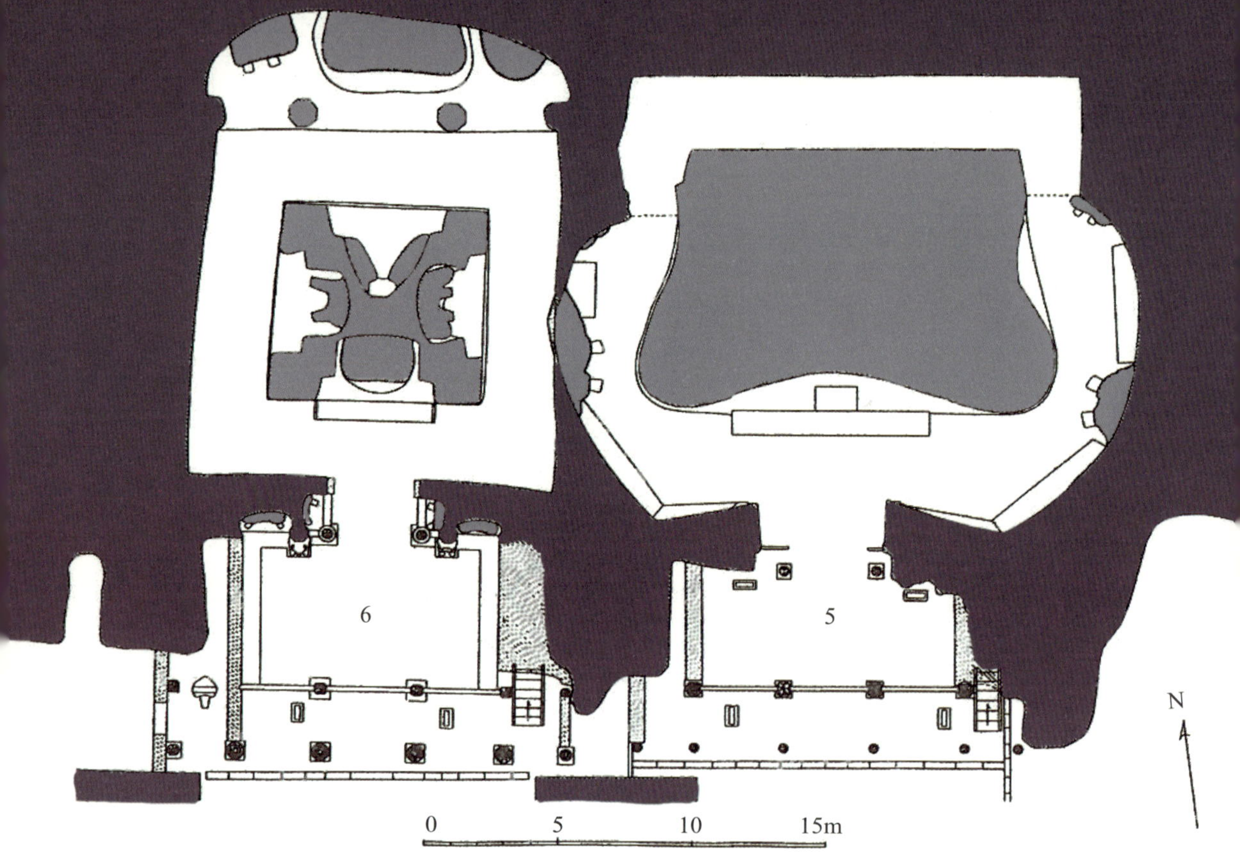

图42　山西大同云冈石窟第5、6窟平面图（北魏，5世纪下半叶。采自水野清一、长广敏雄《云冈石窟》第2卷第11图）

纹。5窟的后室平面呈马蹄形，在正壁上雕刻着一身高17米的坐佛像，左右两侧壁还各雕着一身立佛像，这种窟形是从昙曜五窟的草庐形制发展来的。

云冈第二期每个大型石窟的壁面，几乎都保存着内容繁杂的华丽雕刻。从它们的排列形式和内容来看，也有不同于前代石窟的新颖独特的一面。最引人注目的是壁面上看似繁杂的雕刻，都是分层分段整齐地排列着，有的雕刻旁边还有榜题，专门用来题写雕刻的内容（图43）。这种布局方式继承了汉代画像石的表现手法，因为汉民族传统的雕刻艺术一直是这样分层分段附榜题排列的。壁面上大大小小佛龛的形制，除了以前有过的圆拱形以外，又增加了模仿汉族传统建筑的屋檐形龛和象征汉族自战国秦汉以来流行的帷帐形的盝顶（顶部平整，有4个坡面）龛，这种龛的龛楣很像一座方拱桥梁。

雕刻中所表现的佛教题材，不仅继续着三世佛、释迦、弥勒、千佛这些僧侣们修禅需要的主要形象，而且有了佛本生故事、佛传故事、七佛（过去世的6个佛和现在的释迦佛）等一些禅观所需要的辅助形象。有的地方甚至还按禅观的要求把有关的形象连缀起来，如上龛造未来的弥勒、下龛造现在的释迦。还有一种两身坐佛在一个龛里共同说法的雕刻，表现的是释迦佛与多宝佛在多宝塔中对坐说法的情节（图44）。

释迦与多宝佛并坐，取材于鸠摩罗什译的《妙法莲华经》。根据该经卷四《见宝塔品》所载，多宝佛是东方宝净世界的教主。他在往昔行菩萨道时，曾经发誓在他成佛灭度之后，在十方世界如果有人宣说《法华经》，他就会从那个地方的地下涌现，以便向大众证明此经的真义。他灭度之后，被安置在塔下，该塔被称为“多宝塔”。等到释迦牟尼成佛之后，有一天为大众宣说《法华经》，说法地点位于中印度摩羯陀国首都王舍城之东北侧的耆阇崛山。突然有七宝塔从地下涌出，耸立于空中，塔内有多宝佛坐狮子座，

图43 山西大同云冈石窟第9窟前室西壁（北魏，5世纪下半叶）

图44 山西大同云冈石窟第6窟中心柱北面下层龛释迦与多宝佛（北魏，5世纪下半叶）

图45　山西大同云冈石窟第6窟中心柱（北魏，5世纪下半叶）

身体姿态如入禅定状。释迦便向大众述说了这个因缘。多宝佛在塔内分半座与释迦，请他一同坐在塔中，共说《法华经》。释迦多宝的题材反映罗什译的这部佛经在当时很流行，同时说明这也是禅僧们观想的一种重要内容。

另外，成排的世俗供养人也跻身这些神圣的佛教殿堂之中，他们将提醒后代礼佛的人们牢记这些造像主人的功德。从此，在石窟寺艺术中，供养人成为不可缺少的重要内容。这些真实的世俗人物形象，可以帮助人们去恢复当时社会上各种人物的服装与精神面貌。

在第二阶段中，云冈佛像的造型已远不如过去那样雄伟。人物形象的基本表现手法，虽然多继承了昙曜五窟的风格，但已更加注重呈现这些石质偶像的精神内涵。

若论石窟艺术雕刻装饰的富丽，云冈这个时期的洞窟是空前的。其中，第6窟可称得上是云冈二期石窟之最。第6窟是一所规模巨大到令人眩目的罕见的中心柱窟，由地面到窟顶高20米，中央矗立着一个占地面积约60平方米的大塔柱，上面连接着窟顶（图45）。

图46　山西大同云冈石窟第6窟中心柱西面下层“树下诞生”浮雕（北魏，5世纪下半叶）

在整个塔柱的表面和窟内四壁立面，雕满了大小佛龛和各种装饰。大塔柱共分两层，每层的四面都雕有佛像，上层的四角又各雕一头大象，每头象背上都驮着一座九层出檐的仿木构佛塔；下层四龛都是双层的，聚集了众多的佛教世界人物形象，极尽华丽与繁复，为云冈之最。窟顶刻着各种姿态的飞天正在天空中飞舞。在塔柱下层四面大龛的两侧和窟的东、南、西三壁，雕刻了30多个（原本有40多个）内容连续的佛传故事，向人们讲述着释迦牟尼从诞生到涅槃的光辉事迹（图46）。在这个大型洞窟中，很难找出一块没有雕刻过的空隙。这些丰富美丽、多姿多彩、变化无穷的佛教雕刻，从渲染宗教气氛的装饰效果来讲，也是相当成功的。

云冈第二期石窟数量的急剧增多，反映了在北魏统治集团的提倡下，佛教发展得更为迅速。从保存下来的石刻铭记来看，开凿石窟的主人已远远不限于皇室，扩充至在朝的官吏、上层的僧尼、在家的居士等等。从宗教内容上来讲，出于宗教目的——禅观的比上一时期尤其明显，有不少洞窟的窟口和明窗两侧，刻出了佛或僧人在树下坐禅的形象，成为僧人们修习禅定的标准形象。超级大型的塔洞第3窟，内部宽40米左右，窟的上方还有一所弥勒窟室（图47）。当年这里曾有1000余人坐禅，僧人们入定期间，每当迷惑不解之时，就去请教位居上方以后成佛的弥勒。我们可以想象出当年云冈的佛教盛况：东西排列长达二里的各个石凿佛寺之中，无数禅定中的僧侣正在苦思冥想，在朦朦胧胧、恍恍惚惚之际，释迦与弥勒会在他们的面前或隐或现，他们仿佛看到许多佛和菩萨正在向他们伸出接引之手，使他们的精神渐渐进入幻想中的佛国殿堂。无数尊佛前缭绕的香烟，伴随着庙堂里传出的佛祖颂歌，今天似乎依然在武州山山顶回荡着。

汉民族的传统艺术形式，从这里一步步地进入外来佛教的辉煌世界。来自葱岭以西的佛教艺术样本，也逐渐在中国大地上脱胎换骨。

图47　山西大同云冈石窟第3窟外观（北魏，5世纪下半叶）

4. 佛陀穿上了隐逸者的服装

稍加留意就会发现，云冈第5、6窟里所有主要佛像的服装已经完全变样了，以往的袒右肩、通肩两种从印度传来的服装退居次要位置，一种宽大的长袍被穿在了印度来的佛陀身上。与此同时，在第二期的第11窟西壁、第13窟的南壁都雕刻着身穿大袖宽袍的七身立佛像，原来的通肩式或袒裸右肩式大衣换成了从后向前披覆在双肩上的大衣（图48）。菩萨的服装披法也变了，帔帛从双肩处披下，遮盖着双肩与胸的大部分，在腹前交叉。有的在帔帛之前还披挂着长璎珞，在腹前交叉并穿一圆形饰物。这种服装样式更符合汉族人的审美观，因为人们不喜欢在他人面前过多地展露自己的身体，也就不愿意看到裸露肌肤过多的神像。新型的服装，使佛、菩萨们个个风度飘逸，神情洒脱（图49）。新型的佛像在精神面貌上和过去完全不同，带给信徒们一种全新的感受。由于佛的新装很像汉族贵族们传统的褒衣博带服装，所以人们习惯把这种服装称作“褒衣博带”式。

褒，指衣襟宽大。褒衣博带，是说这种衣服有宽大的衣襟、广博的衣带。它是在汉魏两晋南朝的上层人物中流行的服饰。但如果对比一下汉代画像石上的人物，以及东晋、南朝墓中出土的贵族男子形象，会发现并不见云冈褒衣博带佛像最外层的大衣。看来，这种佛装与汉族世俗的贵族服装还是有所不同的。在大同以西的广大地区找不到这种服饰的原型。很显然，这不是从西方传来的。令人惊喜的是，在中国的南方发现了他们的蓝本。

南北朝时期的南朝，指的是南方宋、齐、梁、陈这四个相继建立的朝代。在原属于齐朝境内的四川茂县，曾出土过一件刻着齐永明元年（483）题

图48　山西大同云冈石窟第11窟西壁七佛局部（北魏，5世纪下半叶）

图49　山西大同云冈石窟第11窟西壁交脚菩萨像龛（北魏，5世纪下半叶）

记的造像碑，碑上刻着一尊弥勒佛和一尊无量寿佛像，都穿着褒衣博带式大衣。这是迄今发现具有最早纪年的着褒衣博带式大衣的佛像。四川成都万佛寺出土过一批梁朝的佛教雕刻，上面的佛像也都穿着同样的服装。江苏南京栖霞山千佛岩（又称建康摄山遗迹）遍布着大小龛像，其中可以确定属南朝时期窟龛中的佛像，都身穿褒衣博带式大衣，其胁侍菩萨也都有帔帛自双肩披下，在腹前交叉（图50）。这里的窟龛有的完成于齐武帝永明二年（484）至齐东昏侯永元二年（500）之间，属于现存南朝首都建康一带所罕见的佛教雕刻艺术。在南京西善桥的一座南朝墓葬中，出土有“竹林七贤和荣启期”的画像砖，其中荣启期所穿的服装，与云冈的这种褒衣博带佛装完全相同（图51）。

“竹林七贤”是三国曹魏时期清谈家的七位代表人物，他们做出不关心政治的姿态，提倡中国道家老子和庄子“虚无”的学问，过着无拘无束、貌

图50　江苏南京栖霞山千佛岩释迦多宝窟左胁侍菩萨（南齐，479—502）

图51　江苏南京西善桥南朝墓出土的“竹林七贤与荣启期”砖雕中的荣启期（南齐，479—502）

似放荡的生活。荣启期是春秋时代人，当时有名的隐逸高士，与世无争，相传孔子曾在泰山见过他。将竹林七贤和荣启期的形象合起来刻在墓葬之中作为陪葬，足以证明当时上流社会的士大夫们对这些隐逸高士的精神风貌与生活方式是相当仰慕的。

当时的南朝，继续盛行曹魏和西晋以来的门阀制度，非常讲究出身和门第。那些具有高贵出身的士族和文人雅士在政治上享有优先地位；在哲学领域，则是玄学占据着统治地位。于是，天生拥有优越生活条件的士大夫们，都在追求着某种内在的、本质的、超脱的姿容与风貌。表面上，他们做出一副饮酒享乐的放浪姿态，其实潇洒不群、超然自得、无为而无不为的魏晋风度已成为当时社会上流行的风尚。历史上的隐逸高士，也以他们为学习效法的典范。这种思想对人体形象的美感要求，已不再是具有力度的雄壮美，而是纤弱病态的体形、清秀俏丽的面相，即所谓的“秀骨清象”。

秀骨清象的造型艺术，是东晋画家顾恺之始创的。顾恺之博学有才气，为人无拘束、无畏惧，凡事顺其自然，正符合魏晋名士的思想诉求。他画的维摩诘像，据唐代美术评论家张彦远（815—907）所著《历代名画记》讲，具有羸弱病态的容貌、悠然超世的神情。在他的传世作品《女史箴图》《洛神赋图》中，可以看到身穿褒衣博带服装之秀骨清象的男子形象（图52）。刘宋朝的陆探微（？—约485）是深受顾恺之画法影响的大画家。他笔下的人物，按唐代美术评论家的说法，首先在形象上就是“秀骨清象”，给人的感觉既生动又可敬，似乎不是社会中的俗人，而是来自仙界的神明。这种人物的形貌，既是士族文人们追求的社会时尚，也是美术家们尊奉的审美典范。

外来的佛教信仰要想在中国立足扎根，必须不断地去适应人们的思想要求。自佛教在东汉传入中国至南北朝的四百多年间，中国的佛教徒为了广泛地传播佛教，也一直是这样做的。佛教徒们要面对的是社会上流行的南朝士大夫们的生活方式和精神风貌，为了继续推广佛教，南朝的僧侣主动与美术家们的创作思想相结合，将佛的身体与面相，做成一种瘦弱而清秀俊美的雅态，再给他们穿上隐逸高士的服装。这样一尊活脱脱的有着文人雅士潇洒飘逸风貌的佛像，就很自然地融入人们的心目中，被各界人士所承认接受了。

图52　东晋顾恺之《洛神赋图》局部（北宋摹本。故宫博物院藏）

在一般人的眼里，也许佛与隐逸者也相差不了多少。

南朝对佛的形象与服装的改革，标志着纯汉民族的佛像艺术从此诞生。那么，他们又是怎样突然地出现在北方遥远的云冈第二期石窟里的呢？主持开凿云冈石窟的北魏统治者是鲜卑族人，为什么却让这些造像学着穿由汉族人统治的南朝流行的佛和菩萨装呢？

孝文帝在公元471年开始当皇帝的时候，北魏社会各方面的矛盾都趋向尖锐，特别是鲜卑人与汉人间的矛盾，日益削弱着国家政权基础。为了缓和这些矛盾，巩固鲜卑人的统治，孝文帝进行了一系列的改革。孝文帝本人是深深羡慕汉族文化的，他的改革宗旨是实行与汉族的同化，要变鲜卑的旧俗为华夏的风尚。他在实行一系列汉族政治、经济制度的同时，也力求使鲜卑人的生活完全汉化，改革的主要措施有：改鲜卑姓为汉姓，皇族拓跋氏改姓为元氏，鼓励鲜卑人与汉人结婚；禁止说胡语，改说汉话；禁止穿胡服，一律改穿汉装，等等。太和十年（486），孝文帝开始穿戴汉族皇帝的冕冠龙袍。

491年，他穿着新帝装去供奉祖先的太庙祭拜。495年，他下令在全国范围内坚决改过去的窄袖胡服为宽袖长袍汉装。一次，孝文帝在街上看见有的鲜卑妇女仍然穿着夹领小袖的胡服，大为恼怒，把群臣责备了一番，汉服从此便逐渐推广开来。

南朝是汉族人建立的政权，一直延续着汉族的各种传统习俗与制度，是北方少数民族观念中的汉族正统文化所在地。孝文帝学习的榜样就是南朝。不仅世俗社会是这样，佛教也是这样。在云冈第二期石窟中，褒衣博带装束的佛像以第11窟上方太和十三年（489）造的释迦多宝龛为最早；穿旧式袒裸右肩大衣的佛像，有铭文的纪年龛以第17窟明窗东侧的释迦、多宝、弥勒三像龛最晚，时间恰好也是太和十三年。这个巧合似乎可以说明，在孝文帝开始改革不久的太和十三年，正是云冈石窟佛像新旧服装的交替时期。同时，在南朝清谈与思辨思想的影响下，二期造像更加注重塑造这些石质偶像的精神内涵。所有的佛像几乎都在以他们那慈祥的目光俯视下方众生，嘴角

图53 山西大同云冈石窟第5窟楼阁上层东侧坐佛局部（北魏，5世纪下半叶）

略露莫测高深的微笑，恰到好处地表现出了佛陀充满智慧的神态（图53）。

在佛与菩萨像服装改革的同时，汉民族传统的建筑与装饰形式，如仿木构的楼阁式佛塔、庑殿式的屋檐装饰、窟顶的平棋天花雕刻等，也越来越多地出现在云冈二期石窟中，如5、6窟。另外，在窟内侧壁上分层分段雕刻造像龛，在有的画面还刻有榜题以说明雕刻内容，很像汉代墓室中发现的画像石的布局形式（图43），也是汉民族的艺术表现手法。第6窟中心塔柱的上层刻作汉族传统的帐形，以象征佛站在这种汉族本土的帐子中。这些新元素表现出了在公元5世纪的北魏国中，当时的汉族文化对佛教艺术的强烈影响。

但是，北魏在平城建都期间，汉化的佛教艺术样式还没有来得及向外地推广。云冈第二期的石窟中，如第5、6窟的佛、菩萨像，虽然引进了南朝的汉式服装，但在造型上却更多地保持着旧有的面相饱满、体格健壮的风尚，这种新旧样式结合的代表作品就是第6窟中众多的头顶有华盖的立佛像。菩萨像也仅仅比以前略显消瘦。飞天与供养菩萨的服装一般与胁侍菩萨或交脚弥勒菩萨相同，但云冈二期的飞天除了延续前期的将身体扭作V字形外，有些身躯较瘦的飞天双腿呈跪姿，则是引自南朝的飞天动作。有的新型飞天穿着云冈第二期独特的对襟短袖小袄，这也是不见于印度的一种汉化形式（图54）。

就像云冈第二期汉式造像并非正宗的南方风格一样，北魏都平城时期的汉化政策也有不彻底之处。然而，立志汉化的孝文帝是不会就此罢手的，他又谋划了更大更有影响力的壮举，那就是迁都洛阳。在迁都以后开凿的云冈第三期石窟与造像龛中，我们就可以看到纯正的南朝风格的佛与菩萨等像了——褒衣博带式大衣和秀骨清象的结合。

图54　山西大同云冈石窟第6窟中心塔柱东面下层龛楣飞天（北魏，5世纪下半叶）

在北魏都平城时期，云冈石窟是北魏皇室显贵开窟造像的中心区域，充分表现着平城佛教艺术的样式与风格。当时的首都平城还扮演着向其他地区传播佛教艺术的基地的角色。因此，云冈风格石窟艺术，可以称得上是代表着北魏中期佛教艺术的中央模式，也叫北魏云冈模式（或北魏平城模式）。在它的影响下，中国北方掀起了第一次普遍的开窟造像热潮。从考古发现的古代遗迹来看，甘肃敦煌莫高窟、甘肃天水麦积山、辽宁义县万佛堂的早期洞窟与造像，都是在云冈模式的影响下制作出来的。

5. 敦煌莫高窟的曙光

甘肃敦煌莫高窟，是中国三大石窟之一，开凿在鸣沙山东麓的峭壁上，全长约1620米。它的早期洞窟在形制与彩塑艺术方面明显受到来自平城地区的影响。坐落在敦煌城东南的莫高窟，保存有壁画和塑像的洞窟共493所，分三层开凿在崖壁间（图55）。敦煌的艺术家们总共绘制了壁画4.5万多平方米，制作彩绘泥塑三千多身，上起北魏，下迄清代。莫高窟是塑绘一体的艺术形式，即彩塑人物身体表面的彩绘可以和壁画连成一体，是中国历史上一种常见的艺术实践。

前秦建元二年（366），有个名叫乐僔的和尚，具有很高的佛学修养。他游化到敦煌的三危山下，忽见山上夕照辉映，发出灿烂的金光，仿佛有千佛显现。他不禁欢喜赞叹，于是就在鸣沙山麓的崖面上开凿了第一所石窟。接着又有法良禅师来到此地，开凿了第二所窟。莫高窟“伽蓝之起，滥觞于二僧”。这个被今天多数敦煌学研究者所认可的揭开敦煌石窟营造史第一篇章的生动记载，见于唐武周圣历元年（698）李克让的《重修莫高窟佛龛碑》。但是，目前还没有找到这两所洞窟的具体位置。据

有的专家猜测，最早开凿的这两个洞窟，只是供僧人静坐修行的禅室，很可能并没有塑绘任何佛像。乐僔与法良都崇尚凿窟修禅，因此选择了这个流水萦回、草木葱茏的山谷。它具有既远离尘嚣又近人间烟火供应的优点，为僧人们提供了良好的修行环境，实际上与莫高窟的艺术发展史关系不大。

十六国时期，河西走廊与陇山东西一带佛教香火空前旺盛。然而，至今还无法拿出更多的证据来证明敦煌也保存有这段时期的艺术作品。

图55　甘肃敦煌莫高窟外景（孙志军拍摄）

图56　甘肃敦煌莫高窟第275窟内景（北魏，5世纪下半叶）

敦煌莫高窟第268、272、275三窟左右毗连，是目前公认的莫高窟现存最早的一组洞窟。遗憾的是，这组洞窟本身没有留下任何纪年题记材料，与之接近的其他莫高窟早期洞窟也没有纪年题记。因此，关于这组洞窟的年代问题，一直被研究中国石窟的学者所关注。20世纪80年代初期，敦煌研究院的专家们提出了属于北凉时代的观点，已基本得到国内外学者的承认并引用。但是，这个“北凉说”的疑点还是比较多的，有许多方面仍值得进一步商榷。北京大学考古系宿白教授（1922—2018）以他深厚的学术功底、精辟翔实的论证，提出了“北魏”新说，并日益引起学术界对这三所最早洞窟的重新认识。概而言之，“北魏说”认为敦煌现存最早的这三窟开凿于北魏佛教最为发达的孝文帝太和时代（477—499）。这点，可以从它们的内容本身得到明确的印证。

敦煌这组最早洞窟的许多特征都和云冈第二期石窟相似。

首先，这三所洞窟的形制，275窟为平面长方形，盝顶（图56）；272窟为平面方形，穹顶有藻井；268窟为平面长方形，两侧各附两个方形小禅窟，平顶，有平棋。它们都属于内部空间比较宽敞的佛殿窟。类似的洞窟形制在云冈最早见于北魏献文帝与孝文帝时期开凿的第二期石窟之中。只具有一个方形或长方形窟室的佛殿窟便是云冈第三期，即孝文帝迁都洛阳以后修建的流行窟式。

其次，在造像题材上，275窟主像是交脚菩萨，272窟是倚坐佛像（图57），268窟是交脚佛坐像。272、268窟左右壁满壁绘有成行排列的千佛像，275窟左右壁则开凿了交脚菩萨像龛、思维菩萨像龛等。这些题材都可以在云冈一、二期石窟中找到相同或相似的形象，特别是第17窟高达15.6米的主尊交脚弥勒菩萨像。

再者，275窟的左右壁面分三栏，上栏塑列龛，龛内有交脚弥勒菩萨像或思维菩萨像；中栏分段绘有佛本生和佛传故事壁画，本生与佛传画面中附有长条框式的原书写有壁画内容的文字榜题，其中左壁（北壁）画本生，右

图57　甘肃敦煌莫高窟第272窟内景（北魏，5世纪下半叶）

图58　甘肃敦煌莫高窟第275窟北壁交脚菩萨像龛（北魏，5世纪下半叶）

壁画佛传；下栏画供养人像一列，再下为三角垂饰。

另外，275窟左右壁上栏还影塑出带有子阙的高阙，下栏壁画中绘出了汉民族式的建筑庭院（图58）。分栏分段附有榜题的壁面布局特点，是汉代画像石传统的艺术表现手法，在云冈石窟始见于第7、8窟的左、右、前壁。与莫高窟第275窟类似的内容和布局，则见于云冈第9、10窟前室壁面和第1、2、6窟的左右壁面。汉式建筑装饰出现在云冈，以第二期的第7、8窟前室侧壁为最早。

总之，众多的可与云冈相互对比的敦煌早期石窟特征，在年代上都比前者晚，它们之间影响与被影响的关系显而易见。

1965年，敦煌文物研究所在莫高窟第125窟与第126窟之间崖体裂缝中的沙土内发现了有北魏太和十一年（487）广阳王发愿文的残绣品一件，刺绣的主体部分应为一佛同二菩萨式的佛说法图，下有供养人行列，其中就有广阳王和家属、僧人的模拟肖像与榜题。这件绣品的艺术风格、表现手法都与莫高窟北魏洞窟中的小型说法图有着同类型的特征，特别是现存最早的三座洞窟。该绣品的研究者认为，它应该是平城一带人带到敦煌的，这就为论证莫高窟接受平城影响增添了有力的实物证据。

平城传来的佛教香火造就了敦煌现存最早的石窟艺术。但是这三所中小型洞窟还远谈不上属于典型的北魏作品。敦煌石窟的大规模开凿以及北魏型代表洞窟的出现，则是孝文帝迁都洛阳以后的事了。

根据敦煌研究院学者们的研究成果，继前文所述的三窟之后，敦煌第二批开凿的洞窟有8所，它们是第259、254、251、257、263、260、487、265窟，称作北朝第二期。这些洞窟中的艺术形象绝大部分仍继承了云冈石窟第一期和第二期前段的传统，没有普遍出现形容清瘦的“秀骨清象”以及“褒衣博带”的服装，但是从个别的现象中仍可以看到新的社会风尚渗入敦煌的迹象：251窟壁画胁侍菩萨的面相已呈清秀的瓜子状（图59）；257窟壁画《沙弥守戒自杀缘品》中的长者，263窟的男供养人，以及部分洞窟的女供养人等，已经很明显地穿上了汉民族传统的交领大袖长袍或长裙。这应该是太和十八年（494）“壬寅革衣服之制”以后着新服饰的风尚在敦煌的艺术表现。敦煌地处边陲，受中原地区文化的影响总要略晚一些，总是从片面局部走向全面整体。因此，笔者认为这8所洞窟的年代，在北魏太和十八年至正光六年（494—525）间。这一时期，敦煌的主要洞窟形制就是中心塔柱窟。

图59 甘肃敦煌莫高窟第251窟北壁前部说法图（北魏，6世纪初）

敦煌北魏的中心塔柱窟的形制特点是：窟室平面呈长方形，在后部中央凿出连通窟顶与地面的中心塔柱。柱身的四面凿龛造像，正面为一大龛，其余三面都是两层龛，除两侧面上层做阙形龛外，其他都是尖楣圆券形龛。柱身上部贴有供养菩萨等影塑。在窟室后部，中心塔柱与窟室侧壁、后壁之间形成了绕塔右旋的礼拜道。通道上方为平顶，做出仿木构建筑的平棋。窟室

图60　甘肃敦煌莫高窟第257窟内景（北魏，6世纪初）

前部顶做人字披形，上面浮塑出脊枋、檐枋和椽子。人字披檐枋两端，有的装有木质丁头栱（图46）。254、251、257三窟的前壁门道上方，还凿有通光的方形明窗。综合起来看，这种窟型的主要功能，是前部为可供礼拜的殿堂式空间，后部为可供绕行的甬道式空间（图60）。

北魏以后的西魏与北周同样流行中心塔柱式洞窟，塔柱也都是四面开龛，但多数侧壁变成了单层龛。正是在云冈石窟的影响下，来自域外的佛学思想同中国本民族的传统建筑艺术形式，以及信徒们为求得在未来世界成无上道的艰苦实践，在敦煌这个古代商路的咽喉要地，非常巧妙地结合在了一起。

6. 麦积山与万佛堂

受到云冈石窟第一、二期影响的还有甘肃天水麦积山和辽宁义县万佛堂石窟。

在甘肃省距天水市约45公里的东南方，是秦岭山脉的西端。在这青松参天、山涧溪流喷翠、林中鸟语莺啼的小陇山中，有一座奇峰恰似从平地拔起，其顶部耸立着一座佛塔。这座山峰的形象很特别，它的顶部略呈圆锥形，向下逐渐缩小，很像农村里收割麦子后堆积的麦秸堆，所以当地人很早就把它称为麦积山（或麦积崖）。它的周围山石壁立，风景优美，气候宜人。麦积山石窟就开凿在这座奇特山峰东西两面的悬崖峭壁间（图61）。

图61　甘肃天水麦积山石窟

根据宋代祝穆（?—1255）《方舆胜览》等历史文献的记载，麦积山石窟创建于后秦国的第二代君主姚兴（366—416）统治时期，它名义上的主持者很可能就是姚兴本人，那么它开创的时间，就应该在公元396年后秦占领秦州（今天水）以后至公元416年春姚兴死之前。公元417年，即姚兴死后的第二年，后秦国被南方东晋王朝的刘裕（363—422）带兵消灭，割据今兰州、临夏一带的西秦国占领了秦州地区。当时著名的禅僧玄高（402—444）就在这时来麦积山隐居，跟随他在山中学习禅法的有100多人。这时正是关中长安一带兵荒马乱的年代，长安的昙弘和一些后秦高僧早已来到此地避难。他们与新近到达的玄高共同探讨佛教问题，推动了麦积山佛事活动的蓬勃发展。麦积山石窟以后成为天水一带的胜境。

遗憾的是，至今还没有发现可以明确归属到后秦时代的石窟。有学者认为，现存的个别洞窟就是利用后秦的石窟重新改造成的。这是一个有待解答的问题。不过，现存年代明确的最早石窟则属于半个多世纪以后的北魏王朝。

麦积崖现存洞窟和佛龛共有194所，主要是北魏、西魏、北周、隋代的艺术。唐代以后，这里还进行了很多重新妆修和改塑的活动。窟龛里的佛教塑像主要是敷彩的泥塑，只有少量的石雕作品，总计有7000余尊，是中国保

图62　甘肃天水麦积山第78窟内景（北魏，5世纪下半叶）

存泥塑造像数量较多的石窟之一。此外，在石窟内还保存了1000多平方米的壁画，也是极为珍贵的佛教美术作品。

在麦积山现存最早的一批洞窟中，第74和78窟是形制相似的一组双窟，其中第78窟的平面为横长方形、平顶，在正壁和左右壁的下部有倒凹字形的高佛坛，坛上分别贴壁塑制了一尊造型古朴、身躯雄健的坐佛像（图62）。正壁主佛的两侧各有一尊胁侍立菩萨，正壁两侧的上方圆拱形小龛内分别塑一尊交脚菩萨和思维菩萨像，它们的身旁又各有二胁侍菩萨像。1965年，文物工作者曾经在第78窟坛座的侧壁剥离出最底层的壁画，是一列身穿北魏鲜卑族胡服的男供养人画像，画像的旁边各有一方榜题，上面书写着供养人的籍贯和姓名（图63）。其中一方榜题中有“仇池镇”的字样。这个仇池镇是北魏政权于公元446年建置的，地点在今甘肃省西和县的西南，公元496年改称“梁州”。因此第78窟有可能是在公元446—496年间开凿出来的。第70

图63　甘肃天水麦积山第78窟佛坛供养人壁画（北魏，5世纪下半叶）

和165等窟的塑像题材也是三佛、思维菩萨等，推测其时代和第78窟基本相同。

与莫高窟有些类似，麦积山的松散红砂岩不适于制作能保持久远的雕刻像，艺术家们因此采用了在洞窟内制作泥塑像和壁画的方式，而早期的壁画一般作为塑像的附属物，表现塑像的头光、背光、佛龛装饰，还有三劫三千佛等。这种塑绘一体的传统与西秦炳灵寺169窟有相似性。除第74、78窟外，第70、71、128、148和165等窟也开凿在公元5世纪下半叶的北魏，这些窟内的塑像题材也是三佛、思维菩萨等，佛像风格古朴，体魄健壮，都穿着右袒式大衣，并有衣襟覆盖部分右肩与右臂，表现着在平城影响下的古典风格。

《魏书·官氏志》记载：公元405年，北魏道武帝拓跋珪下了一道命令，每个州都要设置三名刺史来共同管理地方政权，其中一人必须由皇室成员担任。以后北魏各州刺史的任命，大体上是按照这种制度进行的。到了孝文帝执政的后期，信仰佛教的宗室成员元景被派到营州（今辽宁朝阳）担任刺史。公元499年，也就是孝文帝在位的最后一年，元景来到万佛堂石窟特意为孝文帝祈福，出资兴建了一所石窟。

万佛堂石窟，在辽宁省义县西北9公里的万佛堂村大凌河北岸的崖面上。这里的石窟群分为东、西两区，其中西区有9所洞窟，东区有7所洞窟。元景当年为孝文帝建造的石窟，是西区的第5窟。这所洞窟的前半部分早已崩塌，剩下的后半部分东西宽度约7米，进深6米，元景造窟的碑文，还保存在窟室的东南角。这块造窟碑的上方浮雕着一组小千佛，千佛的上面刻成屋形的龛楣装饰。元景造窟碑堪称北魏书法的上乘之作，为历代书法家所喜爱。

西区第1窟，是万佛堂石窟中最具代表性的洞窟。它的平面呈方形，顶部是平的，窟室的空间约7米见方，高5米余。中间立着一座方形的塔柱，直通窟顶（图64）。这座中心塔柱的四面都开有上下两层佛龛，在正面下层的大龛中刻着释迦牟尼坐像，龛楣上有十一身小坐佛，中间小坐佛的下面有二圆轮和两只卧鹿，佛的身旁有三位听法的比丘，表现的是释迦在鹿野苑初转法轮的故事。在中心塔柱的四角处，下层雕着罗汉立像，上层是须弥山的形象，在山腰处还有龙盘绕，这种须弥山与云冈第10窟前室拱门上的同类雕

图64 辽宁义县万佛堂石窟第1窟中心柱（北魏，6世纪初）

图65　辽宁义县万佛堂石窟第6窟主室正壁交脚弥勒佛像（北魏，6世纪初）

刻很相似。窟室的后、左、右三壁间各开三个佛龛，平顶的表面还保存着七身飞天，衣带飘扬，面容清秀，与龙门北魏晚期洞窟里的飞天很相似。

第6窟是万佛堂规模最大的一所洞窟，它的前部也已经崩塌，窟室的东西宽8米余，后壁前部保存着一尊3米多高的交脚弥勒佛像，肉髻表面刻着水波纹，面目慈祥，左右有弟子侍立。在大弥勒像的背后凿有可供环绕礼拜的隧道，其构思与云冈第5窟基本相同（图65）。

万佛堂东区的7所石窟保存状况都不太好，只有第6窟后壁大龛中的释迦坐像还能看出北魏雕刻的原貌。第5窟内有公元502年北魏政权的慰喻契丹使韩贞等人的造窟题记，是研究中国东北地方民族历史的重要资料。

万佛堂是在北魏的大同云冈、洛阳龙门石窟的直接影响下创建的，从中可以清楚地看到来自这两处皇家石窟工程的雕刻风尚。东、西二区遗存的两方珍贵题记，为判断这些作品的年代提供了有力的证据。

第五章

民族风格集散地

——北魏晚期的洛阳龙门

距河南省洛阳市城南12公里，有东、西两座山对峙，东山名香山，西山名龙门山，伊水穿流其间。这里山清水秀，景色宜人，是洛阳一带的风景区。离得稍远些观察这里的地形，就会发现伊河两岸的高耸山崖，恰如一座古代的门阙建筑，所以这里自古以来就叫“伊阙”。而这里也确实是古代的一处重要关口，有着很重要的军事地位（图66）。

相传约在604年，隋炀帝杨广（604—618年在位）来到洛阳，与大臣们商议在这里建一座东都城。一天，隋炀帝登上洛阳北边的北邙山，远远地望见伊阙山口，发现它宛如洛阳盆地的天然门户，他惊喜地对左右随从说：“这不是专为真龙天子造就的大门吗？自古为什么不在这里建都呢？”大臣苏威（540—621）立即奉承说：“自古并非不知，只是等待陛下您呢！”隋炀帝闻言大喜，当即决定在洛阳建都。几年后，建成的隋代东都洛阳城，皇宫的正门正好对着伊阙山口。此后，伊阙被改称为龙门。

其实在龙门这个敞开的山口，早于隋炀帝100多年前，就已经迎来了一位“真龙天子”。

图66　河南洛阳龙门“伊阙”

1. 古阳洞——琳琅满目的雕刻艺术宝库

北魏孝文帝的改革，不断遭到某些鲜卑贵族的阻挠和反对。孝文帝认为平城靠北，利于武功，但不利于文治，为了进一步安邦治国，发展农业生产，彻底改变鲜卑族落后的社会风俗，加强对中原地区的统治，就必须更多地依靠汉族地主的力量。这一切都促使他下决心将首都迁至历朝王都洛阳。

迁都问题在朝廷中引起了巨大震动，许多鲜卑贵族、官吏都极力反对。于是，孝文帝提出大举进攻南朝，又遭到以任城王拓跋澄（467—520）为首的百官的反对。孝文帝退朝后，单独留下拓跋澄，对他说明了迁都的重要性，告诉他进攻南朝是假，目的是率领众人迁都中原。拓跋澄醒悟过来，便全力拥护孝文帝的“南伐”迁都计划。

493年，孝文帝亲率大军二十万“南伐”。到达洛阳后，他仍然摆出一副要继续南征的架势。此时群臣却害怕风险和劳累，都跪在他的马前叩头，请求不再南进。孝文帝乘机说：“如果不继续南征，就应当迁都于此。”所有随

军贵族、官吏纷纷表示赞同，高呼万岁。孝文帝乘势定都洛阳。

为了断绝鲜卑贵族和士民北归的后路，孝文帝下令“凡迁洛之民，死葬河南，不得还北”，使他们扎根洛阳，繁衍后代。现在洛阳城东15公里处的北魏洛阳城遗址，以及北邙山北岭上的北魏帝王陵墓，就是历史的见证。作为这段历史生动的实物资料，就保存在龙门石窟古阳洞内。

龙门石窟的开凿起始于北魏孝文帝迁都洛阳之时，以后历经东魏、西魏、北齐、隋、唐、五代、北宋的相继开凿，在伊阙山崖间留下了不可胜数的洞窟与造像龛。龙门的窟龛造像主要分布在西山崖面（图67），东山的擂鼓台、看经寺、万佛沟三个区域也保存了不少，已经编号的裸露在崖面上的窟龛总数达2345个，近年来还有新发现。在很多洞窟内有数量众多的造像龛，大大小小的石雕像共有10万多尊。崖面上有40余座圆雕或浮雕佛塔，是研究当时地面所建佛塔构造的珍贵实物资料。此外，石窟中还有2800多块碑刻题记，都是当时出资建造石窟与造像的信徒们的发愿记，把他们要雕造艺术作品的动机、时间等信息记录得明明白白，是研究龙门石窟十分珍贵的第一手资料，在全中国石窟中无与伦比。

古阳洞，位于伊河西岸龙门山的中部，是龙门石窟群中最早开凿的洞

图67　河南洛阳龙门石窟西山景观（贺志军拍摄）

窟。它原先只是一个天然溶洞，后经修凿，才成为今天的面貌。它的平面呈长长的马蹄形，宽6.9米，深13.6米，顶部在高11.1米处收缩成圆顶。现存于南、北两侧壁上部明显的凿痕，以及正壁的三尊大像显得过高，表明最先统一规划设计古阳洞内容布局时，只考虑到了正壁的一佛二菩萨大像与南、北壁上层的八大龛（图68）。侧壁的中层与下层大龛，是向下深掘3.1米以后雕凿出来的。正壁的主像与上层的八大龛是古阳洞年代最早的一批造像。

图68 河南洛阳龙门石窟古阳洞内景

古阳洞西壁（正壁）正中央是一尊释迦牟尼佛坐像，高6.12米，身下的

方台座高4.8米，占据了窟内最醒目的位置。佛面长圆而清秀，身上披着褒衣博带式大衣，平平的胸腹给人一种瘦弱的感觉（图69左）。比起云冈二期的佛像，它已经更加接近南朝士大夫的形貌了。

释迦的两侧各雕一身立姿菩萨像，通高4米左右。菩萨的头部都戴着花蔓宝冠，袒裸上身，穿长裙，身上有各种装饰物，造型厚重，比例匀称，姿态优美（图69右）。在左边菩萨的旁边，有一个宣武帝正始二年（505）补刻的大龛，证明正壁三尊大像的完工时间不晚于这一年。

古阳洞南、北壁的上层各有一排4个大龛，都是尖拱龛的形制，排列整齐划一（图70）。每龛内的主像都是正在禅定的释迦佛像，龛楣和佛像的背光刻凿精巧富丽，是极富于变化且优美的装饰图案。有的龛外还保存着当时

图69　河南洛阳龙门石窟古阳洞主佛与左胁侍菩萨（北魏，6世纪初）

的碑刻题记。南壁有503年比丘法生为孝文皇帝等造像记，还有493—502年新城县功曹孙秋生等200人为国家康泰、佛教兴盛刻的造像记。北壁有498年比丘慧成为亡父始平公造像记，内有“为国家为谢皇恩”等话，还有辅国将军杨大眼（？—517）为孝文皇帝造像记等。可以看出，这八大龛的造像，与表彰孝文帝的功德密不可分，其年代也与正壁主像相吻合。

图70 河南洛阳龙门石窟古阳洞北壁

图71 河南洛阳龙门石窟古阳洞北壁上部外侧北海王元详造像龛（北魏太和二十二年，498年）

窟顶众龛的雕凿，以圆拱龛内刻交脚弥勒菩萨像和尖拱龛内刻释迦佛坐像居多，还有六百余身千佛小龛。从保存完好的纪年题记内容来看，窟顶众龛的雕凿年代在493—508年间，与正壁主像基本同时。特别是北海王元详（皇族改拓跋为元姓）造像记（图71）中曾提到孝文帝统率大军南伐齐朝的史实，以及游激校尉司马解伯达、长乐王丘穆陵亮夫人尉迟氏、北海王国的高太妃、南阳太守郑长猷、广川王贺兰汗与祖母侯太妃、安定王元燮等王公贵戚的造像记。再结合侧壁八大龛的石刻文字材料，可以

图72 河南洛阳龙门古阳洞南壁中层第S140、S136龛及周围壁龛（北魏，6世纪初。佛利尔与周裕泰拍摄于1910年）

认为，古阳洞是当时北魏统治集团中支持孝文帝锐意改革、迁都洛阳的达官贵人和地方官吏们为颂扬孝文帝的文治武功、祈求北魏国长治久安而共同开凿的一所洞窟。

杨大眼在他的造像记中曾提到，他奉命率军攻打齐朝，回洛阳时，经过伊阙关，看到石窟内为孝文帝造的大佛像，心里十分激动，便在旁边为孝文帝刻了一所佛龛。500年，宣武帝元恪（483—515）即位的时候，环绕为这位雄才大略的英明皇帝所建造的三大像两侧，王公贵戚们早已纷纷出资雕凿龛像，以纪念孝文帝的功绩，并祈求释迦佛祖的保佑。其实，古阳洞众龛排列于主像两侧的布局特点，正是现实社会中帝王将相们的从属关系在佛教世界中的生动写照。

508年以后，古阳洞又向下深掘，开凿出中层八大龛。主像基本上都是两腿交叉坐在狮子座上的弥勒菩萨像（图72），只有南壁一龛是释迦与多宝佛对坐说法像。接着又在南北两侧壁的下层分别凿出了两三所大龛。东魏、西魏、北齐、唐、宋等朝代，都在这所洞窟内留下了珍贵的佛教艺术资料。如今的古阳洞，从四壁到窟顶，大龛小龛琳琅满目，总数估计在1350龛以上，堪称龙门石窟历朝佛教雕刻的缩影。

古阳洞的另一特色，是保存有龙门石窟中最为丰富的造像铭记。它们都是为了祈福消灾而发愿雕造佛龛的碑记，上面记载着为什么要造、造了什么、谁造的等等内容。碑刻本身即是十分精美的魏碑体书法作品，为历代的金石学家、书法艺术家所瞩目。龙门石窟碑刻最著名的“廿品”（20件书法作品）中，有19品刻在古阳洞内（图73）。这些龙门魏碑体的书法艺术，点画方劲，结字质朴，上承汉隶余风，下开隋唐真书先河，兼有隶、楷两体的神韵，代表了由隶书向楷书过渡的风格。这些保存至今的书法艺术珍品，是研究中国古代书法史特别是北魏书法艺术的珍贵资料。

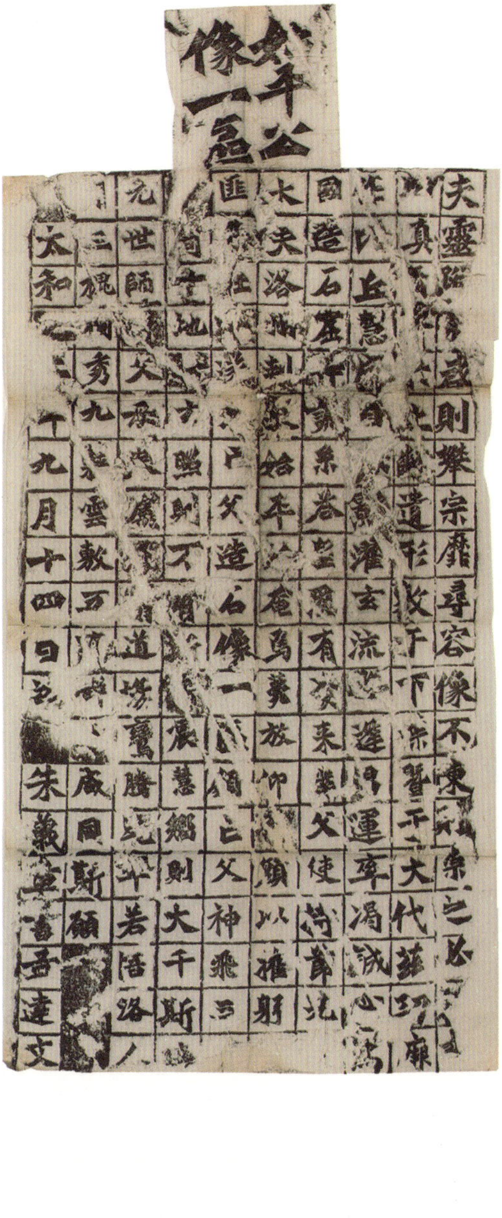

图73　河南洛阳龙门石窟古阳洞北壁上层东起第一龛（比丘慧成龛）造像记拓本（北魏太和二十二年，498年）

2. 庄严的岩中佛殿

有关龙门石窟的开凿，《魏书·释老志》中记载了这样一件事情。公元500年的一天，刚刚即位的宣武帝元恪召来大长秋（皇后的近侍官首领）白整，命令他模仿平城的灵岩寺（即云冈）石窟，在洛阳城南的伊阙山上，为孝文帝和文昭皇后各营建一所石窟，以表达对父母亲的思念，并为他们追福、造功德，希望他们能早登佛国天界。白整当即领旨并将这项圣命付诸实施。宣武帝永平年间（508—512），宦官刘腾（464—523）又建议为宣武帝本人再造一所石窟，共组成三所石窟。此提议得到了元恪的允许。遗憾的是，由

图74　河南洛阳龙门石窟宾阳三洞外景（贺志军拍摄）

图75　河南洛阳龙门石窟宾阳中洞内景（北魏，6世纪初）

于北魏末年的动荡，这三所皇家石窟工程并没有全部完工。然而，至523年，三所石窟的营建工程已用去八万两千三百六十六个工日，足见其耗资之巨。

经过几代学者的考察与论证，可以明确地断定，记载中的这三所石窟，指的就是龙门石窟中的宾阳三洞，位于龙门山崖的北部（图74）。其中，宾阳中、南二窟是元恪为孝文帝和文昭皇后造功德的洞窟，宾阳北洞是刘腾为元恪建造的石窟。在中、南洞之间，立着一通记事大碑，继承了云冈二期的部分成组双窟中间立碑的方式，也表明它们之间的关系更近一些。可惜，这组石窟只有宾阳中洞圆满地完成了。

宾阳中洞是一所马蹄形平面、穹隆形顶的大型洞窟，进深9.85米，宽11.4米，高9.3米。在窟门外的两侧，各雕一身张臂怒目、手执金刚杵的力士守卫。洞内正壁是以释迦为中心的五尊圆雕石像（图75）：释迦牟尼居中而坐，身旁立着一老一少两位弟子，老的叫迦叶，少的叫阿难，他们是释迦最重要的弟子。阿难经常不离释迦左右，听闻的佛法最多，而且能牢记不忘。相传，流传至今浩如烟海的佛经中，有很大一部分是在释迦涅槃以后，由阿难背诵、别人笔录下来的。在两位弟子的外侧，各有一身菩萨立像。南北两侧壁都是一佛二菩萨的大型雕像，这两身佛像代表了过去佛和未来出世的弥勒佛。佛经上曾说，如果能够供养这三世佛，就可以消灭一切烦恼，得到极大的快乐。因此，这种三世佛题材在龙门北魏时期的窟龛造像中流行。宾阳中洞在三组大像之间，刻出众多成排的供养菩萨，它们姿态各异，栩栩如生，正在恭听三世佛共宣佛教的深奥大法。

在宾阳中洞穹隆形顶正中，倒悬着一朵浮雕大莲花，周围有八身体态清瘦、身姿优美的飞天绕着洁净的莲花在天空中自由翱翔，加上飞天四周复杂的帷幔装饰，使窟顶构成了一个巨大的莲花宝盖，衬托出佛国净土既庄严又欢快的景象（图76）。

宾阳中洞的地面上浮雕着一条东西向的踏道，踏道外侧分别刻有三朵巨大的圆形莲花，花间装饰着忍冬草叶与水波纹。在环绕窟内正壁与侧壁的下

图76　河南洛阳龙门石窟宾阳中洞窟顶（北魏，6世纪初）

部，有一倒凹字形的矮坛，表面也刻着水波纹，与坛上的大型佛、弟子、菩萨像脚下踏的莲花台形成一个整体，宛如这些佛教神灵正脚踩着水芙蓉，在水面上向大众宣法。在主佛前右侧蹲狮下面，刻着正在水中玩耍的童子和水鸟，活泼可爱。

宾阳中洞的前壁（东壁），是窟内雕刻内容最为丰富的区域。它们以浮雕的方式，分上下四层，左右对称地刻在窟门的两侧。从上到下分别是：维摩诘和文殊菩萨对坐说法，佛本生故事画，皇帝和皇后礼佛图，十位神王像（图77）。

前壁上层南侧，刻着手握麈尾、坐在床帐之中的维摩诘居士，还有3位侍女。北侧是文殊菩萨，身边站着几位弟子。这幅维摩诘故事雕刻，是全国

图77 河南洛阳龙门石窟宾阳中洞前壁浮雕测图（北魏，6世纪初。采自水野清一、长广敏雄《龙门石窟の研究》）

石窟群中画面最宽广、形象最硕大的一处。这里的维摩诘已穿上居士的服装，神态优雅超脱，完全不同于炳灵寺西秦时代的那两幅壁画。维摩诘的思想境界和生活方式，正是南朝的门阀士族们所极力追求和向往的，从而引发了以宣武帝为代表的北魏上层权贵们的极大兴趣。维摩诘题材的绘画与雕刻在北方的风行，正是从这里开始的。

维摩诘右手拿的麈尾，是魏晋清谈家经常用来拂秽清暑、显示身份的一种道具。它有点像羽扇，但不是扇子，在细长的木条两边及上端插设兽毛。据说，麈是一种大鹿。麈与群鹿同行，麈尾摇动，可以指挥鹿群的行走方向。“麈尾”的表义就在于此，似有引领众论的意思。在魏晋南北朝时，清谈之人在讨论问题时必执麈尾；不谈时，也常常拿在手上，以显示他们清谈名士的身份。北魏时期，清谈名士仍受到人们仰慕，因此，在佛教界受人仰慕的来自印度的维摩诘居士，就被中国人装饰成汉族清谈名士的模样。

第二层的两幅佛本生故事浮雕，画面中的人物与背景的山水树石，都突出地表现了主要人物，具有中国古代山水画人大于山的特点。北侧一幅表现的是萨埵太子本生。据北魏太平真君六年（445）凉州沙门慧觉（一作昙觉）等译的《贤愚经》的记载，宝典国的国王有三个儿子，最小的名叫摩诃萨埵。一天，兄弟三人到林间去游玩，遇见一只母虎带着数只幼虎，它们都已饥渴交加，母虎正准备吃掉幼虎。萨埵为了救这些饿虎，爬上山冈，然后纵身跳下山崖，让饿虎们吃自己的肉充饥。

南侧一幅是须大拿太子本生故事。据三国时期孙吴支谦翻译的《菩萨本缘经》说，叶波国王太子须大拿乐善好施，驰誉邻国。因为他布施无度，国库将空，还把本国的一头力大善斗的神象误施舍给了敌对国家，使国王十分恼怒，遂将太子驱逐出国。须大拿只好带着妃子和幼儿，乘车向山中行进。沿途不断有人前来乞求施舍，最后，太子把自己的两个儿子都施舍给了别人做奴仆。天王看见太子如此布施，想进一步试探他的诚心，就变作一个奇丑无比的婆罗门教徒，请求太子把妃子让给他。太子立即答应，毫不犹豫。天王深受感动，帮助太子实现了重返故国，与父王、爱子团圆的愿望。

在这些故事中，萨埵和须大拿都是释迦的前世。这两幅本生故事在告诫人们，抛弃对一切身外之物的吝惜，才能在来世修成正果。

第三层是帝后礼佛图。在北南两幅构图严谨的画面中，分别以孝文帝和文昭皇后为中心，前后随从簇拥，组成了南北相对的礼佛行进队伍。尽管人物层次错综，却和谐统一，显得动中有静，充满了既肃穆又祥和的气氛，真实地反映了当时帝王显贵们崇信佛教的情况（图78）。

图78　河南洛阳龙门宾阳中洞东壁南侧皇后礼佛图与诸神王像（北魏，6世纪初。佛利尔与周裕泰拍摄于1910年）

宾阳南洞和北洞中的雕像，大部分是隋唐时代补刻的作品。但这两所与中洞规模相近的大型洞窟，在北魏时已开出洞体的雏形，完成了窟顶的装饰，并安排好内部雕像的大体位置。它们突然间中途而废，应该同北魏末年的政治动荡有关。515年，宣武帝元恪去世，年幼的孝明帝元诩（515—528

图79　河南洛阳龙门石窟莲花洞内景

年在位）继位。520年，领军元乂（486—526）和主持宾阳洞工程的宦官刘腾发动宫廷政变，幽禁了代孝明帝摄政的灵太后胡氏（？—528），共同把持朝廷大权。523年，刘腾死去，胡太后重新执政。她对刘腾恨之入骨，派人将刘腾剖棺戮尸。宾阳洞的工程也恰恰是在这一年辍工，应该与刘腾之死有直接的关系。

宾阳中洞所参考的原型，是云冈第一期的穹隆顶三佛窟和第二期第5窟的马蹄形平面穹隆顶的三佛窟。它将窟内的雕像排列在了一个矮矮的、环三壁面的倒凹字形坛上，使窟内的空间大大增加。洞中的佛和菩萨更加注重表情的温和、神采的飘逸，是北魏龙门石窟中汉化雕像的典型代表。这种完全不同于印度模式的佛殿窟，标志着石窟寺中国化的最终完成。从此，采用汉民族传统艺术形式表现的佛教艺术在中原立足。

在北魏定都洛阳的年代里，各级官宦纷纷出资，在龙门的西山崖间造就了一系列美妙的佛教艺术品。其中莲花洞与皇甫公窟的艺术堪称绝代佳作。

莲花洞是一所狭而深的洞窟，窟顶雕刻着全国罕见的高浮雕莲花（图79）。在这朵异常突出的莲花周围，有六身飞天环绕，他们清秀洒脱，轻盈自如，手中捧着水瓶、果盘、莲蕾等物品，奉向释迦佛祖。飞天们裙带当风的飞舞动作，与盛开的莲花动静相生，使这一既富丽又典雅的宝莲藻井生机盎然、情味隽永。

在龙门西山南段的山崖上，有一所雕工精美的中型洞窟，是由太尉（全国最高军事长官）皇甫度（？—528）出资，于527年完成的，所以又叫皇甫公窟。在尖拱形的窟门上部，装饰一个中国传统建筑屋顶，屋脊上站着一只金翅鸟。石窟内部基本是方形的平面，在正壁前起一个佛坛，坛上雕刻一身坐佛、两身弟子、四身

图80　河南洛阳龙门石窟皇甫公窟内景（北魏孝昌三年，527年）

菩萨像（图80）。非常独特的是，主佛的左手有六指，很可能表现着孝明帝本人的异常特征。在南北两个侧壁，各开出一个大佛龛，在龛内雕刻弥勒菩萨像或释迦、多宝二佛并坐像。可知窟内雕刻的主要题材仍然是三世佛。穹隆形窟顶的中央也雕一朵大莲花，有八身飞天环绕莲花四周飞舞。侧壁的两个大龛下，刻出精美的帝后礼佛的浮雕群像，表现孝明帝和胡太后的礼佛场面。因此，这所洞窟应该是为孝明帝和胡太后造功德而开凿的。这种石窟的形制是云冈所没有的，它是在宾阳中洞的基础上，由洛阳地区的佛教艺术家们发挥自己的想象力独创而成。

位于龙门西山中段下方的普泰洞（图2:3）、魏字洞都是同一种形制。看来，这种新的纯粹汉族化的佛殿窟，还是大受佛教徒们欢迎的。进入这种佛殿窟做礼拜的信徒们，看到端坐在龛内的佛像，将会在无形中产生一种天国与人间的距离感。同时，人们做礼拜的活动空间也大大增加了。

3. 佛的体型开始丰满了

孝明帝元诩是一位傀儡皇帝，朝廷的大权完全掌握在胡太后的手里。胡太后荒淫奢侈，却又深信佛法，大肆兴建寺塔，著名的永宁寺就是这些土木工程中最为壮丽的一所。528年，已经长大成人的孝明帝非常怨恨胡太后的专权，他秘密命令在晋阳（今山西太原）拥有重兵的尔朱荣（493—530）率兵前来洛阳，胁迫胡太后交出朝廷大权。但孝明帝做梦也没有想到，他依靠的却是一个阴险毒辣的武夫。尔朱荣接到这个密旨高兴极了，立即发兵赶赴洛阳。大军刚到上党（今山西壶关），胡太后即觉察，她立刻毫不犹豫地杀死孝明帝。此后，尔朱荣拥立长乐王元子攸（507—531）为皇帝（魏孝庄帝），举兵攻入洛阳，杀死胡太后，召集朝廷官员2000余人，带到陶渚（今河南孟州）全部杀死。北魏统治集团内部的这场大屠杀，促使这个鲜卑人建立的王朝走向衰亡，洛阳也从此失去了往日的繁荣。

龙门石窟作为北魏的佛教圣地，大规模的开窟工程这时候基本停止。至北魏王朝行将灭亡之际，才出现了一所中型的石窟——路洞，还有一些零星的小型窟龛。

路洞是龙门西山最南边的一所北魏石窟，因靠近大路而得名（图81）。有的学者认为它是北魏灭亡后的东魏时代开凿的。但是在窟内前壁上发现了一个东魏元象二年（539）补刻上去的小佛龛，而元象二年上距北魏灭亡不过6年时间，这6年中，洛阳地区已是东、西魏混战的主战场，绝不可能出现这么大的佛教工程。因此，路洞应该建于528—534年。

与龙门其他的北魏石窟相比，不论是窟的布局与装饰，还是雕像的风格

图81　河南洛阳龙门石窟路洞内景（北魏，6世纪初）

与特点，路洞都是饶有风味的。在洞口外的上方崖面，浮雕尖拱形的火焰纹装饰，上立一只金翅鸟。洞口南侧有一身相当精美的大型浮雕人像，双手举幡，目视窟内的释迦。洞内的平面略呈方形，正壁实际上是一个半圆形的帷幕大龛，下面有高1米左右的佛坛，上面象征性地雕刻着帷幔，并分别垂挂在大龛的两侧，龛中的坐佛、弟子和菩萨们似置身于一顶宽大的宝帐之中。

南北侧壁浮雕出上下四层内容。第一层，北壁刻7个殿堂形的浅佛龛，每个殿堂内都刻出正在说法的坐佛像和身边侍立的菩萨。南壁有一幅降魔成道故事浮雕，表现释迦牟尼击退天魔的猖狂进攻，并总结出佛教真理的瞬间。第二层，南北两壁各刻4个浅龛，内容是基本相同的坐佛与弟子、菩萨像。第三层是排列齐整、高举莲花的供养人行列。第四层是保护佛法神灵的神王雕刻。在穹隆形的窟顶正中，有一朵高浮雕的圆形莲花，莲花四周刻着密密麻麻、难以计数的佛头像。这在全国范围内是独一无二的，因此它可能代表着一个尚不为人所知的佛教故事。

路洞的佛雕艺术，已经完全突破了北魏晚期的固定程式，显得更加丰富多样与自由化。路洞里面的神灵偶像虽然还穿着褒衣博带式的服装，但面容却一改过去流行的“秀骨清象”，变得丰满、壮硕。佛像的大衣比以前显得轻薄，衣纹的线条也更加流畅，且都紧贴着身体，衬托出佛圆圆的肩、鼓起的胸腹，以及显胖的身躯，但不表现人物的身段（图82）。

路洞出现这种造型艺术上的新特点并不是偶然的，它代表着一种时代艺术的发展趋势。龙门西山上还保存着一些与路洞同时期的小型窟龛，如地花洞（图83）、弥勒北一洞、弥勒北二洞、来思九洞等。这些洞都是带有倒凹字形佛坛的方形小窟，坛上的佛

图82　河南洛阳龙门石窟路洞南壁下层内侧佛龛（北魏，6世纪初）

图83　河南洛阳龙门石窟地花洞北壁坐佛及其胁侍像（北魏，6世纪初）

像在造型、服装方面都和路洞中的佛像有相同的时代特征。

那么，佛像为什么在这个时候突然变胖了呢？原来，这又是南朝艺术风格变化影响的结果。自北魏迁都洛阳后，向南朝学习的各方面条件比以前便利多了。东晋以来流行的秀骨清象艺术风格，到了萧梁时期仍然发展着，但以丰满健康为美的新艺术风格已现端倪，张僧繇就是提倡这种艺术新风的代表人物。

张僧繇是南朝最有影响力的大画家，吴（今江苏苏州）人。在梁武帝天监年间（502—519）担任武陵王国的侍郎，在宫廷秘阁中掌管绘画事务。他擅长人物故事画和佛教画。梁武帝是南朝有名的崇佛皇帝，凡是遇到装饰重要的佛寺，张僧繇就会受命去绘制壁画。凡是他绘的佛像，都自成一种独特的样式，被时人称作“张家样”，是绘画与雕塑艺术家们学习的楷模。

张僧繇绘画中的人物形象特点，我们今天已经见不到实物，但唐代和宋代时还流传着他的绘画真迹。唐代的张怀瓘在《画断》一书中认为：张僧繇得到了人体肌肉画法的真谛。宋代的米芾（1052—1108）在《画史》中总结张僧繇画的天女、宫女是“面短而艳”。可见米芾与张怀瓘看到的张画中人物，都有一种面相与躯体肥胖的感觉。这种艺术造型上的革新，对梁朝的绘画与雕塑产生了极大的影响。

龙门以路洞为代表的新的胖型佛像，正是吸收了南朝梁新的艺术思潮以及新的审美形象的结果，从而开启了中国北方佛教的艺术新风尚。过去流行的秀骨清象造型，正随着时代的推移而被更加健康的形象所取代。在以后中国石窟发展的长河里，也能看到“张家样”的发展与更新，以及他对后代艺术家们所产生的深远影响。

4. 巩义塔庙的华丽佛雕

龙门的北魏石窟，是在大同云冈的基础上发展起来的更加民族化的佛教艺术。和云冈对比，可发现龙门没有一所中心柱式的塔庙窟。但现存的实物表明，这个时期的僧侣并非不再绕塔做礼拜。在洛阳北魏故城遗址以东约44公里的地方，还有一处小型的石窟群，规模不大，但却以中心塔柱窟为主。从地理位置上看，龙门石窟位于北魏故城西南约20公里处，所开都是佛殿窟。从云冈石窟类型的分布上看，恰恰也是把佛殿窟开在西边，将中心柱窟安排在靠东的位置。虽然至今还不敢断定其间是否一定存在着某种继承关系，或者是出于佛教活动中的一种特意安排，但这几座中心柱窟的雕刻水平决不在龙门之下。因此，我们可以把它看作是能代表北魏后期都城一带石窟寺艺术的一项重要内容。它就是巩义石窟寺。

巩义位于洛阳和郑州之间。从巩义老城出发，向西北行约五里，渡过伊洛河，就到了邙山东端、大力山南麓的巩义石窟寺。这一带是经水陆两路西进洛阳的交通要道，也是守卫洛阳东面的军事要地之一。孝文帝迁都洛阳不久，就在这里修建了希玄寺，作为诵经拜佛的一个基地，足以说明北魏统治集团对这个地区的发展是相当重视的。

巩义石窟寺开凿在一片东西长约75米的崖面上，现存5所石窟、1个唐代的千佛壁和328个北魏末到唐代的小龛。其中第1—4窟都是方形的平面、平顶、中心设置塔柱的洞窟（图84）。除第2窟没有完工外，其余3窟的空间大小相近。第3、4窟为一组双窟，直接继承了云冈第二期石窟两窟一组的传统。第1窟门外雕刻两身高大的金刚力士，又和龙门宾阳中洞的做法一脉相承。

图84　河南巩县大力山石窟第1窟内景（北魏，6世纪初）

图85　河南巩义大力山石窟第1窟北壁第1龛西胁侍菩萨（北魏，6世纪初）

巩义石窟的壁面布局，显然继承了云冈二期石窟，也是汉民族传统的分层分段做法，但排列得更加整齐有序。在四壁的上部边缘，雕刻着莲花化生童子与庐帐间隔着排列，下边是一条垂帐纹，共同组成一层帐形的装饰带。平顶表面都刻着排列整齐的方格状平棋，使窟内的空间充满了肃穆的宗教气氛。

如果说，在龙门北魏石窟中流行的是潇洒飘逸的姿态和秀骨清象的造型，那么巩义石窟所见到的佛与菩萨形象则是稍显丰满、健壮富态的身躯。含睇微笑的双目与温雅敦厚的性格，增添了一份人情味和亲切感（图85）。在风格与特点方面，这里无疑与路洞是相近的，但佛像所穿的服装却比路洞显得厚一些，保留了过去的传统。所以，综合专家学者的研究成果，把巩义石窟制作的时间放在北魏孝明帝时代是比较合适的。

孝明帝时代，胡太后执政，皇室显贵们兴建木构佛寺的热情远盛于对石窟的热情。在这种情况下，首都洛阳地区石窟的开凿，很大程度上是受了寺院建筑的影响。孝文帝迁都，在规划新城市的布局时，就将北魏的皇家寺院——永宁寺定在了皇帝居住的宫城正门前御道的西侧。516—517年，由胡太后亲自倡议并参与兴建了这座北魏洛阳最宏大的佛寺。1979年春，位于永宁寺中部的巨大木构佛塔遗址重见天日，终于揭开了永宁寺规模的谜底。

永宁寺塔的基址呈方形，每边长约38.2米，上面是分5圈排列的124个方形柱础。第4圈以内，是土木混砌的方形实心体，4、5圈间形成了在木塔内可以环绕实心体礼拜的回廊（图86）。显然，实心体的功能相当于石窟里的中心塔柱，只有在充分利用这种塔中绕柱礼拜功能的情况下，才可能产生在山崖间模拟开出木塔内部空间的中心柱窟。永宁寺对当时佛教的影响极盛，巩义的中心柱窟就开凿在永宁寺建成后不远的时代里。在义马市东南8公里处，有一所属于渑池鸿庆寺石窟群中的中心柱窟，也开凿在胡太后执政的后期阶段。这些时代上的巧合恐不是偶然，它们很可能都是模拟永宁寺塔的构造与功能。木塔里面应该悬挂着许多幡、帐等丝织品类装饰物，这样我们就可以回到石窟里，去重新认识那些分布在四壁顶部以及中心柱上象征帷幕、平棋等物的华丽雕刻了。

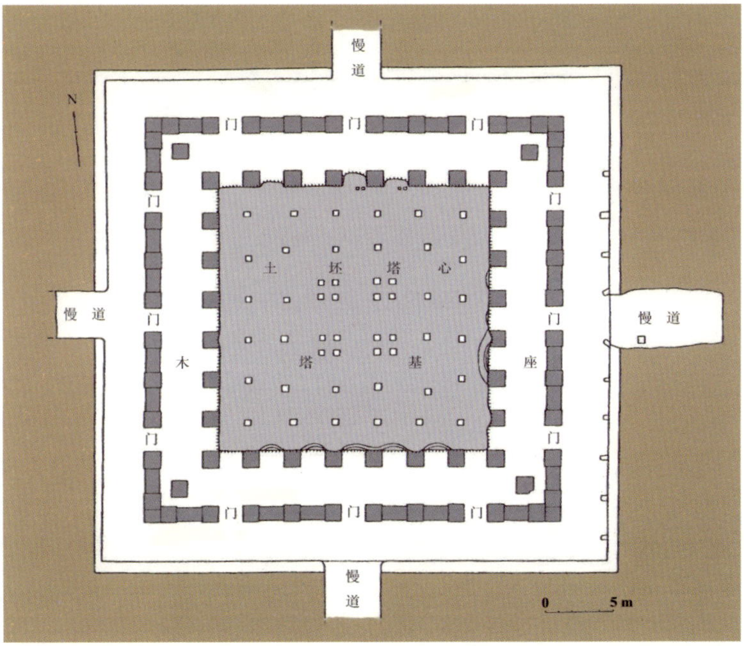

图86　河南洛阳永宁寺塔基遗址平面图（北魏，6世纪初。作者根据中国社会科学院考古研究所《北魏洛阳永宁寺》插图改绘）

5. 龙门灵光遍照北方

北魏迁都洛阳后，由中原兴起的修建塔寺、开窟造像、广泛地为皇帝或自己的亲人们做功德的崇佛热潮，迅速风靡北方各地。根据历史资料的统计，在512—515年，北魏国各州郡的僧尼寺院共有13727所。520年后，全国的寺院已发展到3万多所，僧尼的总数超过200万人。从北方现有的大大小小的石窟群来看，有相当一部分就开凿在北魏建都洛阳的时代。首都洛阳的重要地位，决定了这里佛教事业的特殊地位。龙门石窟作为洛阳地区石窟寺的代表，又有国家最高统治者的直接参与，其他地区开窟造像时，必然或多或少地以龙门（包括巩义）为榜样而加以效仿。

但是，全国各地虽然都受到来自都城的影响，但却不可能创作出千篇一律的艺术。因为各地区原本就拥有自己的文化面貌与艺术传统，再加上出资开窟的功德主们对佛教艺术的不同理解、创作者的艺术水平以及对美的不同追求等，同样都是北魏的佛教艺术，就形成了丰富多彩的地方特色。它们所表现出的时代共性，就是以龙门为代表的都城佛教艺术的影响，主要体现在洞窟的形制和造像的风格两大方面。这实际上是推广石窟寺汉民族化的一个强大的冲击波。下列各地的石窟寺，都包含着北魏晚期的时代共性和自身的风格特点。

洛阳市周围地区，北魏晚期开凿了偃师县的水泉石窟、新安县的西沃石窟等。水泉石窟，在北魏洛阳故城以南大约20公里的沙河东岸峭壁间，位于偃师县寇店乡水泉村，是一所深9.5米、宽6.4米的大型敞口纵长方形的佛殿窟。它的做法与龙门古阳洞、莲花洞一样，也是在天然溶洞的基础上修凿而成的。窟室后壁上雕刻着通高5米左右的两身立佛像，带有鲜明的北魏晚期时代风貌（图87）。

图87 河南偃师水泉石窟东壁（正壁）二立佛之一（北魏，6世纪初）

西沃石窟，位于新安县正北40公里西沃乡东边黄河南岸的垂直峭壁间，下临黄河水面约7米。在这个崖面间，由东向西依次排列着四座浮雕石塔、两所石窟以及塔与石窟间的若干佛龛。第1窟的拱门两侧各雕一身金刚力士，内部是一所平面长方形的小型窟室，在环绕三个壁面的宝坛上，正壁前雕着坐佛与二弟子、二菩萨立像，左右两壁前都雕着一尊立佛和两身胁侍菩萨，穹隆形的窟顶上刻着莲花宝盖和四身飞天。看到这所小窟，会使人想起宾阳中洞的造像布局。窟壁间的造像铭记记载：公元525—528年间，一位名叫王进达的邑社主人联合200人发愿开凿了这所小窟。西沃第2窟也是一所长方形平面小窟，正面有一个佛坛，形成一个有帷帐装饰的佛龛，很像龙门北魏末年开凿的路洞。这所小窟是在公元531年4月29日建成的。

陕西的北魏晚期石窟有安塞县的云岩寺石窟、黄陵县的麦洛安石窟等。安塞县的镰刀湾乡属于北魏王朝的夏州范围，正处在秦代的长城以内西去武威、东到大同的古道南侧。在该乡杨石寺村东部的山崖间，由北向南在大约50米的区域内开凿了6所石窟。它的下方临近延河的水源，为当年在山间修行的僧侣们提供了生活上的便利条件。这就是云岩寺石窟。第1窟是僧人起居用的僧房窟，没有雕刻造像。第2窟的洞口雕出了门柱和尖拱形带有卷草样式的门楣装饰，门的两边还分别依崖雕造了一座七级石塔，高约6米。

图88　陕西安塞县云岩寺石窟第3窟中心柱（北魏，6世纪初。刘晓华拍摄）

图89　陕西安塞县云岩寺石窟第3窟中心柱背面第二层“鹿野苑初转法轮”（北魏，6世纪初。刘晓华拍摄）

窟室的空间不太大，进深3.39米，宽3.29米，高2.4米，平面马蹄形，窟顶穹隆形。在窟内正壁的佛坛上雕着一尊坐佛像，通高约1.72米，它的面部虽然是胖圆的，但细细的颈部，削窄的双肩，平坦的胸腹部，以及比较密集的衣褶纹，都表现出了北朝晚期的造像风格。这是一所供讲经说法用的佛殿窟。

云岩寺的第3窟与第2窟毗邻，规模略小，是一所长方形平面穹隆形顶的中心塔柱窟（图88）。窟内中心的方形柱体是一种楼阁式宝塔的形状，每一面都雕刻了三层造像，除了常见的一佛二菩萨或一佛二菩萨、二弟子的形式以外，还有交脚坐姿的弥勒菩萨像和表现释迦牟尼成佛以前静坐思考人间苦难根源的半跏趺坐菩萨像。中心塔柱的背面二层间，在坐佛像的前面刻出相对的两只鹿，两鹿中间刻法轮（图89）。这些图像组合起来，是向信徒们表现释迦牟尼成道以后，在鹿野苑里第一次向他的五位弟子说法的场面。在窟室内的四壁表面，分别开出三层共72个浅龛，每龛雕刻一尊坐佛，这是在表现千佛的造像题材。这所礼拜窟内的佛像都身材瘦削，穿着宽大的大衣，呈现出北魏晚期风靡北方的佛像艺术风尚。这些佛像的胸部中心线如鱼脊状凸起，应该是当地独特的表现手法。云岩寺的第5、6窟都比较小，窟内雕造的一佛二菩萨像也是北朝晚期的风格。

四川北部的广元和巴中一带，是古代中原北方通往四川的秦蜀走廊的重要地段。大约从北魏晚期开始，僧侣们就注意到了这个南来北往的行人必经的地区。于是，中国西南最早的石窟寺艺术，首先在这里发展起来了。

皇泽寺石窟，坐落在广元市以西1公里的嘉陵江上游西岸，与东岸的千佛崖石窟隔江遥遥相望。这里现存有50所窟龛，1200多躯造像。皇泽寺的第45窟是四川地区极其罕见的一所中心塔柱窟。它的窟室平面呈方形，中心部位立着一座细高的中心塔柱，直通窟顶（图90）。这座方形的塔柱分成两层，在每一层的上部都刻着与巩义石窟寺类似的帷帐装饰，下部是护围栏杆。每层的四面分别开一所不深的佛龛，里面刻一身坐佛和两身胁侍立菩萨像。这些人物的造型都修长消瘦，佛所穿的大衣很宽大，下面的衣摆分成八字形披覆在宝座前面。广元地区曾经出土过一尊北魏宣武帝延昌三年（514）刻成的释迦文佛像，和第45窟中心柱上的佛像风格基本相同，由此推测这所中心柱窟应该是北魏国佛教界的艺术家们制作完成的，也就难怪其中

图90　四川广元皇泽寺第45窟内景（北魏，6世纪初）

图91　四川广元千佛崖第7窟立菩萨（北魏，6世纪初）

会包含来自中原地区的某些因素了。

历史文献记载：公元504年，镇守汉中地区的梁国将领夏侯道迁（约449—517）投降北魏，从此，通往四川盆地的门户完全敞开。第二年，北魏的统军王足带兵接连打败梁国的军队，进入剑阁。11月间，北魏的军队占领了广大的川北地区。公元505年以后，广元就属于北魏国的地盘了，那么，北魏的中原石窟艺术风格传播到这里就完全可能了。

位于广元市以北5公里、西临嘉陵江的千佛崖石窟，共有54所洞窟，819所佛龛，大小造像七千余身。其中的第7窟和第21窟，也是很难得的北朝石窟。第7窟的平面略呈马蹄形，正壁雕着一尊高4米多的立佛像，颇有龙门石窟莲花洞中立佛像的风姿；左右两侧壁前雕的是胁侍立菩萨像，穿着打扮也完全是北魏晚期龙门石窟中所常见的样式（图91）。看来，这也是一所北魏占领川北以后雕造出来的洞窟。第21窟的平面呈方形，在正、左、右三壁间都开凿了一所大佛龛，很像中原一带北朝晚期所流行的三壁三龛式洞窟构造；佛龛内部的佛和菩萨雕像，也都呈现北朝晚期的艺术风格。这些四川北部地区的北朝洞窟，既有渊源于南方的艺术形式，又有从中原地带反馈回来的特定时代的宗教精神风貌。

6. 丝路沿线的佛迹

下面，我们再来看看北魏晚期的洛阳对丝绸之路沿线石窟的影响。

宁夏南部的固原地区，是西出长安古代丝绸之路上的重镇之一——原州，遍布着黄土山脉和丘陵。须弥山石窟位于固原西北55公里的地方。须弥山石窟南北长约1800米，东西宽约700米，有132所石窟分散开凿在山麓的东南向崖面上，从南向北可以分为大佛楼、子孙宫、圆光寺、相国寺、桃花洞、松树洼、三个窑、黑石沟等八个区域，创建于北魏，兴盛于北周和唐代，直到明代仍然有石窟开凿活动。从北魏末年开始，这一地区称作原州，明代才改成今天的地名——固原。它是丝绸之路东段北道上的一个重镇，对于中原王朝经营西北地区有着举足轻重的军事地位。

在子孙宫区的崖面上，第14、24、32窟都是方形平面的中心塔柱窟，这里的塔柱更像方形平面的楼阁式宝塔，少的有三层，多的可达七层，在塔柱体的每层四面都开龛造像（图92）。有的窟在窟室内的壁面也开龛造像。这三所洞窟的造像中，有交脚坐的弥勒菩萨，有

图92　宁夏固原须弥山石窟第24窟中心塔柱（北魏，6世纪初）

单独的坐佛或立佛，而中心塔柱四面的大多数龛内造的是一佛二菩萨，即形体相对高大的坐佛像和侍立于两边的菩萨像。第24窟中心柱顶层四龛的造像内容比较特殊：后龛刻的是乘象入胎；东龛是逾城出家；正龛是悉达多太子思维像；西龛雕着一尊立佛，手持一物，可能是释迦牟尼托钵起程游化说法的情景。可以看出，这四龛雕刻表现的是释迦牟尼一生中的四个重要故事内容，是须弥山石窟中唯一一处佛传故事雕刻。三窟中的佛教人物形象均面形清瘦、身材修长，属于北魏晚期的时代风格，而在有的佛像宽大服装的表面刻着排列密集的衣纹线，则又是北魏时期流行于西北地区的地方雕刻艺术特色了。

甘肃省在北魏洛阳影响下开凿的石窟有庆阳北石窟寺、平凉泾川南石窟寺，以及天水麦积山、永靖炳灵寺、张掖千佛洞、敦煌莫高窟的北魏晚期石窟等。

据北齐魏收（506—572）编撰的《魏书》与唐朝李延寿《北史》记载，奚康生（467—521）的祖先是鲜卑族的酋豪，本姓达奚，后改为奚氏，并随同北魏孝文帝从平城（今山西大同）迁都定居洛阳，所以史书上说他是河南洛阳人。奚康生武艺高强，勇力过人，经历了北魏孝文、宣武、孝明三朝，为北魏王朝立下赫赫战功。他曾先后出任南青州、华州、泾州（今甘肃泾川）、相州刺史，由于他特别崇信佛法，并多次施舍自己的住宅用来建立佛教的寺院，所以在这四个州中都留下了他敬佛的功德。公元509年，泾州和尚刘慧汪聚众造反，宣武帝诏命奚康生领兵征讨。平叛以后，奚康生就留在泾州担任了近三年的刺史。在这短短的三年时间里，奚康生动员全泾州的人力和财力，经过千百名工匠穷年累月的劳动，终于造就了南、北两座佛教艺术殿堂。

北石窟寺，位于甘肃省庆阳市西峰西南25公里处。石窟坐东面西，前面有蒲河和茹河交汇流过。现存窟龛共计295所，大小石雕佛教造像2000多尊，作品涵盖北魏、西魏、北周、隋、唐、宋等朝代，是甘肃陇东地区内容最丰富的一处石窟群。雄踞窟群中央、最大和最有代表性的第165窟，就是奚康生在公元509年主持修建的。它的平面呈横长方形，盝形顶，窟内高14米，宽21.7米，进深15.7米，窟门外立着两身高达6米的神情愤怒的护法天王像，天王的外侧还各有一头蹲狮；在窟内正壁与两侧壁的坛基上，共雕出七身高8米左右的立佛像，其中正壁三身，两侧壁各两身（图93）；在立佛之间还有十身胁侍立菩萨像；前壁的窟门两侧各雕一身呈交脚坐姿的弥勒菩萨像，门左侧雕造一尊乘象的菩萨，象前有一身深目高鼻、表情愤怒的驭象奴，而门的右侧则雕着三头四臂、手持日月和金刚杵的阿修罗天像——这是佛教里的八部护法神之一。

这所巨大的洞窟中，原来布满了浮雕内容，如今幸存下来的已为数不多。如窟顶前披上巨幅的萨埵太子舍身饲虎图，场面宏大，这样的佛本生故事浮雕，不愧为北魏的艺术杰作。窟顶北披还有另一幅佛本生故事浮雕——尸毗王割肉贸鸽；东南角则残存着浮雕三坐佛与两身分别手持矩、准相对跪

图93　甘肃庆阳北石窟寺第165窟七佛局部（北魏永平二年，509年。筱溪听泉拍摄）

的人物形象，这是在表现成佛以前的悉达多太子正在向老婆罗门学习工巧明的故事情节。东北角残存的浮雕中，有佛坐在熊熊火焰之上，佛的身边分别立着一人像，这表现的可能是佛传里降服火龙的故事情节。看来，第165窟内的大部分浮雕内容，都是与佛传故事或本生故事有关。

第165窟中的七身大立佛，是中国佛教艺术中常见的题材。佛教认为，在释迦牟尼以前，已经相继出现了六位佛祖，而释迦正是继这六佛之后在现在世界成就佛道的，后来还会有弥勒佛继承释迦牟尼降临人世间。这样就在过去、现在、未来的时空中，形成了一套完整的佛陀崇拜体系。而第165窟中的主要造像，正是这种宗教信仰观念的形象说明。

南石窟寺，位于泾川县东7.5公里的泾河北岸崖壁上。它濒临泾河，坐北面南，共有五所洞窟。其中的第1窟是奚康生在公元510年主持建造的，第5窟属于唐代，其他几窟已空无一物。第1窟在洞窟形制和造像布局方面，都和北石窟寺的第165窟如出一辙，只是规模略小。窟室内部高11米，宽18米，进深13.2米，盝形窟顶，方形窟门，门上设置一个明窗。窟内环绕三壁的倒凹字形台基上雕造了七身高6米的大立佛像（图94），均着质薄的大衣，

图94　甘肃泾川南石窟寺第1窟七佛局部（北魏永平三年，510年。筱溪听泉拍摄）

衣纹流畅，很接近龙门和南朝汉式佛造像，其风格应有洛阳的影响。还有十四身高3.5米的胁侍菩萨像，前壁的门两侧也各雕着一身交脚坐姿的弥勒菩萨像，只是不见北石窟寺第165窟中的乘象菩萨和阿修罗像。佛教人物头部显大，身材粗短，是奚康生造的这两所大窟的共同特点，不过相比之下，南石窟寺第1窟的佛像显得略微清俊。

第1窟顶部的正（北）、东、西三个坡面都有浮雕的佛传故事，内容有表现释迦牟尼在树下诞生、阿私陀仙人占相、宫中看歌舞、逾城出家、犍陟马辞别、树下思维等情节。原来的作品似乎包括了佛传中由乘象入胎到涅槃的比较完整的各主要段落，现在的首尾部分有残缺。窟顶的前（南）坡面有浮雕的萨埵舍身饲虎本生故事，但因为石质风化严重，现在仅存三位王子骑马出游的情节。

泾州是北魏王朝的西北重镇之一，正位于丝绸之路的东段北道之上，北魏历任泾川刺史，大多数是由当时的朝廷权臣担任，可见北魏统治者对陇东地区的重视。泾川县文化馆保存着一块“南石窟寺之碑”，记载了公元510年奚康生创建南石窟寺的功德，在碑阴还刻着出资修建石窟的施主人名，其中有陇东一带的地方官吏以及富豪大姓等，对他们来说这是一件极为荣耀的事情。而陇东地区除了南北石窟寺外，还分布着众多的北魏石窟龛像，并且在雕造技艺方面都达到了相当高的水准。像奚康生这样在北魏王朝有些权势的人物对佛教活动的倡导，对于佛教发展有着不可低估的推动作用。

天水麦积山，属于古代丝路的又一重镇秦州。第115窟内保存了一则“大代景明三年（502）九月十五日”施主张元伯的长篇发愿文，这是麦积山石窟群中现存最早的一条造窟纪年题记。第115窟是一所小型的平面方形的平顶洞窟，正壁方形高座上塑有一尊坐佛像，两侧是胁侍立菩萨像，那则发愿文用墨书写在佛座的前面。大代是北魏王朝的另一种称谓，景明是北魏宣武帝（499—515年在位）的年号，第115窟的规模虽然不怎么醒目，但它却是文物工作者用来判定北魏洞窟年代的一个重要依据。

在麦积山，与第115窟同属于北魏晚期的洞窟还有一些其他的形制，有的是平面方形的平顶窟，在侧壁都开一个大龛，窟内四壁的上方还加凿小型

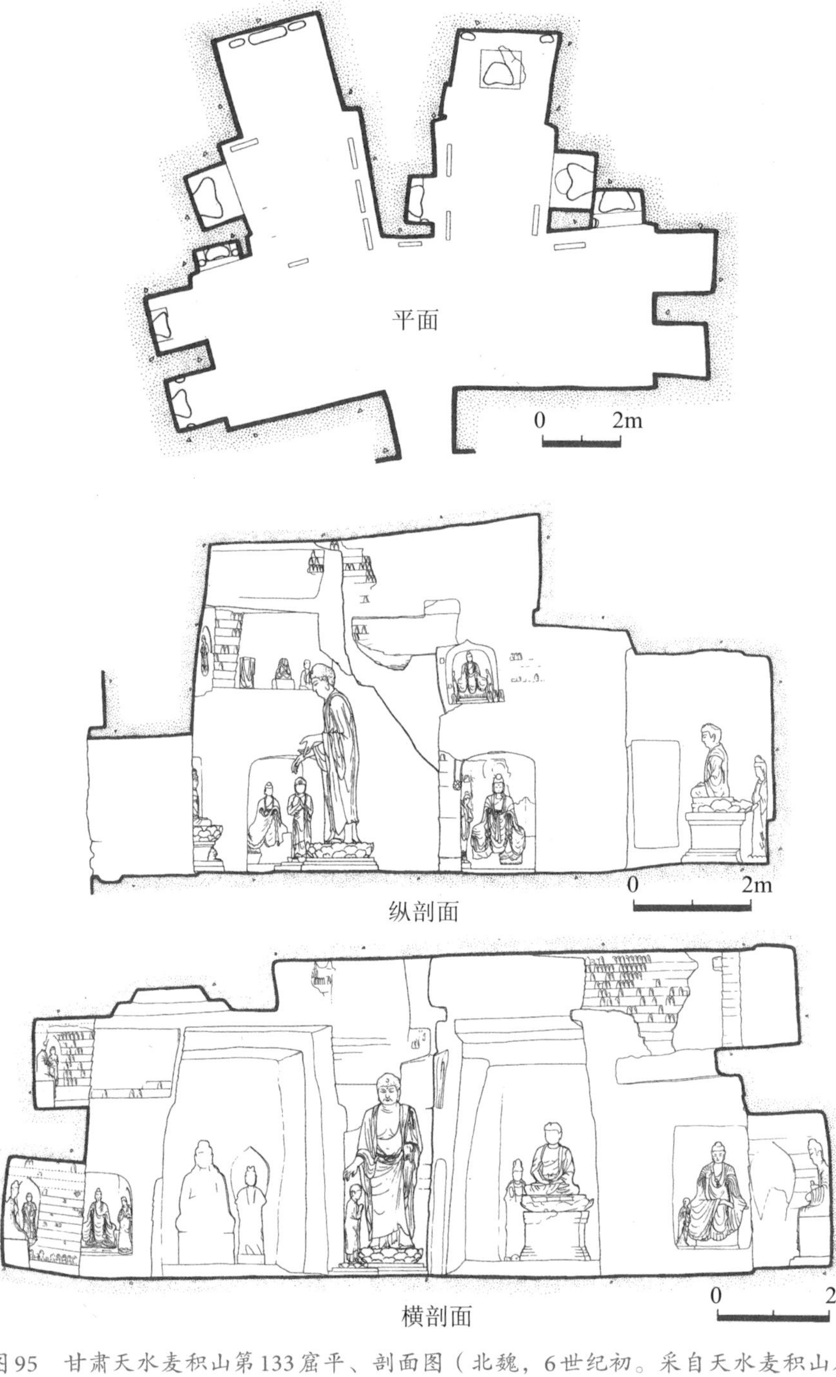

图95　甘肃天水麦积山第133窟平、剖面图（北魏，6世纪初。采自天水麦积山石窟艺术研究所《中国石窟·天水麦积山》第249页）

的列龛；有的洞窟平面呈马蹄形，顶部则是穹隆形；还有顶部呈套斗形藻井的洞窟和形制特殊的大窟等（图95）。这些洞窟里的塑像题材除了以前的三佛外，还出现了一佛二弟子、二菩萨或者再加二力士的新组合，以及七佛、十大弟子等。石窟内的壁画题材则有佛本生故事、飞天和用于装饰的莲花等图案。

在麦积山这些北魏晚期开凿的洞窟中，如121、133、142等窟，不论是塑像还是壁画，人物都具有体形修长、面容清秀消瘦的特点，体现的是当时传自洛阳又风靡全国的“秀骨清象”式造型艺术（图96）。麦积山现存“大魏沙弥法生造像碑”一通，碑文提到“法生俗姓刘，洛阳人”。可知当时麦积山有直接来自洛阳的僧人参与造像活动。因此，来自洛阳的样式与麦积山的地方特点相结合，就是很自然的事了。

图96 甘肃天水麦积山第121窟左壁、正壁间的菩萨与螺髻梵王彩塑（北魏，6世纪初）

图97　甘肃永靖炳灵寺第132窟北壁交脚菩萨（北魏，6世纪初）

从天水向西到达永靖。北魏晚期，永靖炳灵寺的凿窟活动主要转移至崖面的下方，保存至今的窟龛共有33处。其中的8所洞窟大部分是方形或长方形的平面，低穹隆形的窟顶，窟内的正壁和左右壁下部凿有倒凹字形低坛，坛上雕出供奉的佛、菩萨等偶像。第126、128、132窟是左右毗邻、形制相近的一组洞窟，正壁主尊都是释迦牟尼佛和多宝佛并坐像，在左右壁分别雕出佛与二菩萨，或者是交脚坐的弥勒菩萨与二菩萨像（图97）。第126窟外还保留着北魏宣武帝延昌二年（513）的造像铭刻。在北魏的窟龛中，造像题材还有七佛、五佛、释迦涅槃像、思维菩萨、供养菩萨、力士、千佛等，人物的形象都具有面部长而瘦削、形体修长的北魏晚期时代特征，服装宽大，衣褶密集。

张掖千佛洞石窟，位于甘肃河西走廊的张掖市南60多公里的马蹄山下马蹄峡谷的断崖间，现存石窟8座，其中北朝中心柱窟有4座，小方窟1座；唐窟2座，残窟1座。第8窟是一座中心柱窟，在四面分层塑出造像龛。龛内的北魏造像都已残损。但在南面下层龛内所绘的释迦多宝像、交脚菩萨、胁侍菩萨、千佛等，均为秀骨清象风格，大有龙门北魏造像之风姿（图98）。

从张掖西行到达敦煌，是北魏国丝绸之路最西端的重镇。也许是这个边

图98　甘肃张掖千佛洞石窟第8窟中心柱右侧龛内壁画（北魏，6世纪初）

陲小城距离北魏国中心太远的缘故，与其他地区相比，敦煌的艺术家们在6世纪上半叶的北魏晚期，更多地以保守的态度面对从洛阳传来的新的汉式风格。敦煌莫高窟开凿于6世纪上半叶北魏晚期的洞窟，仍以中心柱窟为主，彩塑佛像均改为面相清秀、身体消瘦单薄、颈部细长、大衣贴身塑做，可以看出来自洛阳的影响。直到534年北魏灭亡，这些佛像仍然着旧式的通肩式或袒裸右肩式大衣，如第248窟中心柱东向龛内结跏趺坐佛像（图99）。莫高窟北魏晚期的菩萨像一般袒裸上身，着斜披络腋，是见于5世纪北凉金塔寺、西秦炳灵寺、北魏云冈的传统菩萨装。纯正汉式的清秀飞天形象，只出现在壁画之中，如绘于第248窟窟顶人字披上的飞天（图99）。

上述省份，北魏时期除了开凿石窟之外，还制作了大量的石雕像、造像碑和金铜造像，有很多保留至今。此外，在山东、河北、山西等省市区，也都发现了大量的北魏佛教雕刻，包括石雕塔、造像碑、单体雕像等，从风格特点看，都与洛阳地区存在着或多或少的联系。此后，中国的艺术家们明确了巩固和发展汉化石窟寺艺术的大方向，并沿着这条道路创造出更加辉煌灿烂、傲立于世界艺术之林的不朽作品。

图99　甘肃敦煌莫高窟第248窟内景（北魏，6世纪初）

第六章

从东西对立走向南北融汇

高欢（496—547），是鲜卑化的汉族人。他很善于把握时机，也很有政治头脑，在北魏末年各种政治力量的斗争中，他逐渐培养起自己的势力。532年，高欢消灭了当时最强大的尔朱氏军事集团，进入洛阳，另立元脩为皇帝（魏孝武帝，532—534年在位），从此，北魏的政权从尔朱氏转到了高欢手里。他自称大丞相，居住在晋阳（今山西太原），遥控着北魏朝廷。

魏孝武帝不甘心受高欢胁迫，做傀儡皇帝。534年，他逃出洛阳，投奔关中的宇文泰（507—556）集团，建立西魏，高欢只好再立元善见为皇帝（魏孝静帝，534—550年在位）。从此，北魏分裂成了东魏、西魏两个国家。由于洛阳太靠近关中，不利于防守，高欢就让孝静帝迁都邺城（今河北临漳）。这样，洛阳到潼关区域就成为高氏、宇文氏两大势力的决斗场，繁荣的洛阳佛教事业遭到了毁灭性的打击。好在邺城和长安两地都多少继承了北魏的佛教传统，并按照自己的需要与目的开始了新的发展。

1. 东魏、北齐的幽僻梵宇

东魏杨衒之写的《洛阳伽蓝记》一书中曾提到，高欢在迁都邺城时，洛阳佛寺中的大部分僧尼都跟着一同前往，原洛阳一带的佛教事业便基本上转移到了邺城。

晋阳是高氏集团的势力中心，也是东魏王朝的实际政权所在地。550年，高欢的第二个儿子高洋（齐文宣帝，550—559年在位）废掉东魏的孝静帝，建立北齐王朝，确定了以邺城为上都、晋阳为下都的两个政治中心的格局。北齐的历代皇帝夏天到晋阳避暑，秋天再回邺城。因此，两都之间的交通要道上就建起了一系列行宫和寺院。

太原市西南约40公里处是林木阴茂、风景宜人、千百年来佛教香火从未断绝的幽僻圣地——西吕梁山脉南缘的天龙山（图100）。这个好地方最早是被高欢看中的。他在摄政东魏朝廷的时候，就在天龙山的前面修建了一座避暑宫。高欢本人很重视佛教，在他的倡导之下，东魏的石窟寺艺术首先在这里出现了。

图100 山西太原天龙山石窟外景（杨超超拍摄）

天龙山石窟开凿在

东、西峰的山腰，东峰有8窟，西峰有13窟。其中东峰的第2、3窟是东魏时的作品，也是全天龙山年代最早的石窟。2、3两窟左右毗邻，大小、形制基本相同，原系一组双窟，在窟外崖间还有它们共同的碑铭。窟内呈方形平面，环绕正、左、右三壁的下部有一倒凹字形的基坛，在三个壁面的正中各开一个大佛龛。窟顶是覆斗形式，正中藻井的地方刻出一朵莲花，四个坡面上各刻一身飞天（图101）。这就是三壁三龛式的佛殿窟，其形制无疑继承了龙门北魏流行的皇甫公窟一类和巩义第5窟的佛殿窟传统。保留倒凹字形基坛和双窟间立碑的做法，和龙门宾阳中、南洞的皇家工程近似。把窟顶做成覆斗形，是发展了龙门流行的穹隆顶，而更加类似中国的传统建筑。因此，天龙山的东魏窟，是工匠们按照自己的理解，继承和发展龙门北魏石窟风格的结晶。

天龙山2、3窟的佛像雕刻，在头身比例上比龙门北魏佛像更加协调，面

图101　山西太原天龙山第3窟结构示意图（东魏）

部造型十分清秀，躯体比较丰满，身上穿的褒衣博带式大衣显得宽大且厚重（图102）。这些很接近巩义石窟的佛像雕刻，说明这里在造型艺术上发扬的是始创于梁朝的张僧繇一派的艺术风尚。对于东魏的高氏集团而言，他们的主要敌人是关中的宇文氏集团。东魏统治集团也十分仰慕南朝的汉族文化，而且他们都承认，只有汉族人建立的南朝，才是他们思想观念、文化制度上的正统所在。所以，与南朝保持友好往来，专心以武力对付西面的宇文氏，就成为高氏集团的基本国策。在东魏与南朝的交往中，佛教文化是其中的一项重要内容。这种南朝新的佛教艺术素养，与洛阳的北魏佛教传统相结合，就产生了天龙山这样的东魏石窟艺术。如果与龙门路洞一类的造像比较，这种向南方学习的步子似乎走得还不快。东方佛教石窟艺术特点的真正形成，就有待北齐时代了。

图102　山西太原天龙山第2窟后壁龛内佛像及二菩萨（东魏。20世纪20年代拍摄）

山西省的左权县，位于山西东部太行山的西麓腹地，它的东部与河北省的武安、涉县接壤，是北朝晚期由太原通向邺城的交通要道之一。左权县境内的石佛寺石窟和高欢云洞石窟，就是在这种东西两都之间密切交往的形势下开凿出来的。

石佛寺石窟，位于太原东南方左权县城西3.5公里井沟村西南500米的山坡上，是南北毗邻的两所石窟。它们在内部构造上有些不同。第1窟是略呈方形的平面，覆斗形窟顶，三壁三龛式，在三壁前部设置了倒凹字形的低坛，是比较典型的东魏石窟。第2窟的平面略呈倒梯形，人字披形的两面坡窟顶，也是三壁三龛式。两窟的内部都是2.5米见方左右，规模都不太大。第1窟在造像的布局方面与天龙山东魏开凿的第2窟有些相似，也是在中心龛内雕凿主像，而将胁侍弟子和菩萨像安置在龛外的两侧。这里三尊主像的配置是比较特殊的，正壁是结跏趺坐佛像，左右两侧壁龛内分别是半跏坐的思维菩萨像和倚坐的弥勒佛像。这些人物的造型与服装特点，也与天龙山第2、3窟基本相同。第2窟内的布局虽然与第1窟很接近，但在造像上却表现出了许多唐宋时期的特点，据此推测可能是唐宋时期仿照第1窟的做法开凿出来的。

北宋司马光（1019—1086）等著的《资治通鉴》第160卷记载了一件历史上的秘事。547年，高欢去世，其长子东魏大将军高澄（521—549）对外界严格保密，不办丧事。8个月后，高澄在漳水的西侧造了一座帝王级的大墓，然后随着大规模的送葬队伍把一副空棺材葬在了这座大墓里。与此同时，高澄秘密地派人在鼓山石窟寺中凿出一个墓穴，然后把高欢的灵柩塞了进去。为了保守机密，高澄杀死了所有参与这件事的工匠。但他没有料到，其中一名工匠曾把这事告诉过自己的儿子。北齐灭亡后，这名工匠的儿子偷偷地进入石窟寺，凿开高欢的墓穴，盗走所有随葬的金银财宝。

图103　河北邯郸北响堂石窟北洞中心柱（北齐。张翔拍摄）

这个传说中的高欢墓洞，就在河北省邯郸市峰峰矿区鼓山西坡半山腰间的北响堂石窟寺里。这里有北洞、中洞、南洞3大窟和6所小型石窟，以及15个小禅窟。其中北洞又称大佛洞，进深12米，宽11.5米，高11.5米（图103）。窟中中心柱南壁顶部的一个龛内，凿了一个长3.9米、宽1.33米、高1.66米的洞穴，壁面上没有任何雕刻，内部空间也正好可以放置棺椁。

这也说明，北洞这所大型石窟，至少在东魏末年就已经存在。

北响堂石窟下方有一处常乐寺遗址，里面有一块金代的石碑。碑文上说，齐文宣帝高洋因经常从邺都去晋阳而往来于鼓山下，于是在这里建起一座离宫以便于自己巡幸。一次，他看见有数百名和尚在山腰间修行，便命人在此开凿石窟，在山下修建常乐寺。看来，北响堂石窟的年代，可以定在东魏末年到高洋执政期间（550—559）。

南响堂石窟位于鼓山南麓、滏阳河的北岸，与北响堂相距15公里。这里的石窟分上下两层，下层第1、2窟为一组双窟，上层是第3—7窟。根据第2窟外的“滏山石窟之碑”记载，南响堂石窟由灵化寺的和尚慧义于565年开始兴建，后来又由当朝丞相高阿那肱（？—580）资助完成。

小响堂石窟位于鼓山东麓的寺后坡村，东侧有水峪寺遗址，所以又称水峪寺石窟。这里有一座中心柱窟——西窟，窟内有574年补刻的题记（图104）。因此，南响堂和小响堂可以看作是北齐后主高纬（565—577年在位）

图104　河北邯郸小响堂石窟西窟中心柱正面（北齐）

图105　河北邯郸南响堂石窟第7窟外立面（北齐）

时代的石窟寺艺术。

这三所响堂石窟是北齐邺城一带佛教艺术的杰作，具有鲜明的北齐时代特征。在部分重要石窟的外立面上，北齐创造了一种独特的形制：上面做成模仿印度覆钵式塔的半球形塔顶，前面再雕刻出模仿中国传统建筑的屋檐和廊柱，从而在石窟的前面构成一个前廊（图105）。这是中、印佛教艺术相结合的产物，而且前无古人、后无来者，是北齐时代所特有的。

这个时期，中心柱窟仍是一种重要的洞窟形制。在中心柱的正、左、右三面各开一个大龛，有的只在正面开一个大龛，后面不开龛，并且将上半截与石窟的后壁连接起来，在中心柱后面形成一条低矮的隧道。这种窟形没有被后代所沿袭，是北齐石窟的第二个特色。

北齐石窟的另一种重要类型，是继承天龙山东魏石窟的三壁三龛式，将顶部做成平顶或覆斗顶，只是下面没有倒凹字形基坛，而在龛的下方刻出成排的神王或伎乐人物。石窟里的3个大龛都被装饰成帷幕宝帐的形式，比起龙门的路洞，它们已经发展得更加华丽和精细。

北齐佛教艺术最典型的特色表现在人物造型上。人物形象中再也看不到北魏龙门秀骨清象的模式，而代之以宽肩鼓胸、身躯粗壮、大衣轻薄贴体、衣纹极其稀少的雕刻风格。有的菩萨像身体直立如筒状，表现出的身体力度含有明显的夸张成分，却不去注意身体各部分的比例与写实性。这种造型丰壮、敦实厚重的风格，在北齐国以外，也只能在梁朝的辖境内找到类似的形象，这就是成都万佛寺出土的梁中大通元年（529）鄱阳王世子梁武帝孙益州刺史萧范之侍从造释迦立像（图106），以及重庆市博物馆藏的一件刻着梁大同三年（537）铭文的释迦多宝和众菩萨立像。

佛像的服装也已不再是褒衣博带大衣，大部分变成覆搭双肩、使双领平行下垂的式样。很多佛像的内衣在腰间也不再束带。同时又出现了孝文帝改革服饰以前的通肩式大衣和少数袒裸右肩式大衣。有的供养人抛弃汉装，又穿上了胡服。

从这些北齐石窟寺的特点来看，它们并没有完全沿着孝文帝改革以来的汉化轨道前进，而是曲折地向前发展着。

法上（495—580）是东魏、北齐两代的昭玄大统（佛教领袖），统领北朝佛教40余年。为了适应当时社会上的鲜卑习俗与风尚，在东魏时代他就提出，僧人们穿北魏以来过于汉化的服装太像俗家人，会模糊世俗与出家人之间的界线。因此，法上重新改革僧装，以使僧人更像出家人。法上改革后的僧装到底是什么样子今已无从知晓，但可以想象，一定是反当年孝文帝的思路而行的。当然，这种回归旧式的做法，不一定完全回到孝文帝改革前的老样子，但毕竟更接近传自印度的僧装原型。

图106　四川成都万佛寺出土的梁中大通元年（529）鄱阳王世子梁武帝孙益州刺史萧范之侍从造释迦立像（四川博物院藏）

僧人的服装变了，信徒们心目中的佛教世界也相应地有了一些变化，于是就有了中印建筑样式结合的石窟外观，中心柱的后面故意留出礼拜隧道，以及上文所述佛像服饰的变化。从成都万佛寺出土的529年释迦立像来看，在佛装的演变上，应该是梁朝先走了一步，后来北齐又加以借鉴与参考。

在河南和山西境内，还有几处精美的北齐小型石窟值得一提。安阳灵泉寺，位于安阳市西南30公里太行山支脉宝山的东麓，这一带保存着两所中小型石窟洞。大留圣窟，开凿在灵泉寺以东0.5公里的岚峰山西麓断崖上，它原来是东魏的大和尚道凭（487—559）于公元546年建造的一所修行窟，并没有雕刻。到了北齐时期，僧侣们在这所窟内的地面中间向下凿成了一个倒凹字形的佛坛，并在坛上安置了三尊石雕坐佛像，正中为卢舍那佛，南面为阿弥陀佛，北面为弥勒佛，但在服饰与造型上却看不出什么区别。在佛坛的侧面开龛雕出象、河、山、树、风、火等八位神王像（图107），这些造像都

图107　河南安阳灵泉寺大留圣窟佛坛侧面的诸神王像（北齐）

包含着典型的北齐时代风尚。

小南海石窟，位于安阳灵泉寺东南5公里善应村龟盖山南麓，面临洹水，距离自然山泉——小南海不远，共有西、中、东三所石窟。中窟是公元550—555年间由灵山寺和尚方法师开创，北齐国国师僧稠禅师（480—560）重营修成的。西、东两窟的时代稍晚一些。这三所小窟都是略呈方形的平面，下有倒凹字形基坛，在坛上雕像，窟顶覆斗形，从中可以看到一些北魏龙门宾阳中洞以来的旧传统。这三所小窟在造像的安排上也很有特点：正壁坛上安置的是主尊佛坐像，两侧各有一身胁侍立像；侧壁雕佛、菩萨立像（图108），有的像间还以浅浮雕的形式刻着供养比丘和俗家供养人的形象。中窟在三窟中最为精美，正壁佛左侧的下方有僧稠供养像，他是该窟的主要资助者之一；还刻着舍身闻偈的本生故事浮雕，该故事出自《大涅槃经》卷十四《圣行品》。在东壁的浅浮雕题材中，后侧刻着弥勒为天众说法图像，前侧刻着佛在鹿野苑初转法轮图像，都是为僧侣们修习禅定服务的。西壁刻着《观无量寿佛经》所要求的十六观题材图像，可看出洞窟的功德主们对于往生西方的愿望，而相同的愿望也见于南响堂石窟。总之，三窟采用不同的雕刻手法，使得这些小小的窟内空间显得主次分明，排列有序，意趣盎然。

图108　河南安阳小南海石窟西窟侧壁立佛与二胁侍菩萨（北齐）

太原天龙山北齐时期的洞窟有第1、10、16窟等，规模都比东魏石窟略大，但在形制与内容布局方面基本承袭了东魏的做法：平面方形，三壁三龛式。所不

图109　山西太原天龙山石窟第10窟东壁佛龛与前壁天王像（北齐。采自关野贞、常盘大定《支那文化史迹》图版Ⅶ-23）

同的是，它们的窟前增加了仿木构建筑样式的前廊，形成一座座直观的崖中殿堂。窟门两侧一般刻着金刚力士或天王像，窟室低坛的侧面正中是两只蹲狮共捧香炉的形象，两侧刻着神王或者伎乐人物。第1窟的造像以倚坐的弥勒佛居中，第10窟位于正壁龛内的是释迦与多宝佛并坐像，第16窟三所龛内的主佛都呈结跏趺坐式，所反映的都是三世佛题材，只不过分别突出了未来、过去、现在的佛。第10窟的前壁门两侧各有一身天王像，手执长柄三股叉。这三所北齐石窟中的佛、菩萨和弟子形象都是面相浑圆、身体健壮，它们服装的表面只刻出很少的衣纹（图109）。这种造型风尚，与邯郸响堂石窟相同，都是北齐国特有的艺术面貌。

在太原市南郊区晋祠镇西北约3.5公里的龙山南坡山腰间，坐落着姑姑洞石窟群。这一带怪石嶙峋，灌木丛生。现存的石窟主要有三所，分布在突起的大岩石上，均面向南方，分为下窟、中窟和上窟三部分。它们的东面还有一身摩崖大佛，西面有三个崩毁殆尽的残窟。姑姑洞的下窟，是一所3米多见方、覆斗形顶的中心塔柱窟，塔柱的四面均开一所装饰成宝帐样子的佛龛，龛内原先都有坐佛和胁侍立像。窟室的左右壁开着两所对称的佛龛，后壁排列着三所佛龛。这些龛内有的雕一佛二菩萨、二弟子像，有的只雕一身立佛像。这所中心柱窟的塔柱后面不像响堂石窟那样凿成过洞式，四面顶部的高度都是相等的，可能与直接继承巩义石窟的做法有关。中窟和上窟都是方形平面、覆斗形顶的三壁三龛式小型佛殿窟，中窟的规模略大，这种结构形制与天龙山的东魏、北齐石窟大体一致。龛内的雕像都是坐佛和二菩萨、二弟子立像；中窟正壁大龛两侧下方分别凿出一个圆拱形浅龛，龛内各雕一尊手持三叉戟的神王立像。左右侧壁外侧的下方也凿出了大小相当的神王像龛。中窟前壁窟门的两侧，分别雕着立菩萨像和骑象的菩萨像。这三所洞窟里的佛与菩萨等像，都具有天龙山北齐石窟的造型风格，应该都是北齐时期制作成的。

在晋祠镇西北约5公里的悬瓮山瓦窑村西北山坡崖面上，坐落着瓦窑村石窟，与姑姑洞石窟相距约1.5公里。它们是东西并列的三所小型洞窟，规模都不太大，都是近似方形的平面，覆斗形窟顶，三壁三龛式的形制。在内容布局、造像风格等方面与天龙山、姑姑洞的北齐石窟有着共同的时代特点，只是在造像组合上略有繁简。这三所石窟的东壁帐形龛中都雕着交脚坐的弥勒菩萨像，与其他两龛内的坐佛像一起构成三世佛题材。

在左权县城东南20公里处，东距申家峧村约1公里的地方，有一所规模颇为壮观的石窟开凿在山谷北面陡直的峭壁间。石窟的外立面雕成仿木结构的前廊形式，面宽达13.8米，进深2.3米，高度约9米。前廊的前部雕着四根八角形立柱，使外观构成了三间仿木建筑样式。前廊的上方有三个明窗，窟门上装饰着尖拱形的火焰门楣，有装饰着火焰宝珠的门侧立柱，这些造型都和响堂石窟很相似。它的主室没有如期完工，因而没有发现任何形象雕刻。这所洞窟被当地人俗称为“高欢云洞”。清代雍正年间（1723—1735）编修的《辽州志》记载：这个“高欢云洞”，相传就是东魏的丞相高欢建造的避暑宫。说法虽然不切合实际，但像这等规模的石窟工程，是可以和北响堂石窟中的北洞媲美的。也只有像高欢父子那样的显赫人物，才有能力去经营它，这点应该是没有疑问的。至于它的中途辍工，很可能与政治形势的突变有关。

在高氏集团经营晋阳的时代，还有两项巨大的佛教艺术作品值得一提——太原近郊的龙山童子寺大佛和蒙山开化寺大佛。

据有关史书记载：公元556年的一天，冀州的宏礼禅师游化到龙山脚下，忽见五色光明云从地面升上天空，照耀四方。五色光明云中，有四位童子正坐在青莲座上游戏玩耍。突然，一声巨响震动大地，山崖上的巨石纷纷崩落，一尊巨大的阿弥陀佛出现在崖间。远近的佛教信徒听到这个惊人的消息后，都来到这尊大佛像前焚香祷告。据说此间还经常出现神奇灵异的事情。宏礼禅师将这些情况记录下来，上报北齐朝廷，请求在大佛显身的地方建造一座佛寺。寺院建成以后，取名“童子寺”，以纪念童子们预示的瑞应与吉祥。禅师满怀恭敬地依靠着山崖雕造了一尊高约52米的阿弥陀佛像，两旁雕出观世音和大势至菩萨像，身高也有36米多。这三尊大像遗迹仍然存在，只是身体表面已经严重风化，大佛头也不知丢失何处，昔日辉煌壮丽的景象已经一去不复返。

唐朝李延寿《北史·齐本纪》讲：北齐后主高纬在晋阳西山雕造了一尊大佛像，有60多米高。这里的法事活动一夜可以燃油万盆，明亮的灯火甚至照到了皇帝的宫廷里。还有一种说法认为大佛像是北齐文宣帝高洋在公元559年左右雕凿成的。不论依据哪一种说法，可以确定这是一尊北齐时代的佛像。这尊巨型佛像坐落在蒙山北峰开化寺西北1公里的大肚崖前。经考古发掘显示，它原来是露天开龛的，头的上半部和上肢部分已经崩落，身体表面也残损严重，呈结跏趺坐之姿，双手施禅定印，身披褒衣博带式大衣，胸前似束一带，题材应为释迦；双臂处显瘦，但躯干如筒状，为典型北齐风格。现头部为发掘后依照北齐佛像风格制作的复制品（图110）。在河南浚县东南大伾山的东麓，也有一尊北齐时代依山雕造的倚坐佛像，高约27米。可见，北齐的佛教艺术界很具有雕凿大佛的传统。蒙山的大佛最为宏伟，也最能体现

图110　山西太原蒙山开化寺大佛（北齐，头为现代复制。赵铭秀拍摄）

出北齐皇家的艺术风范。

另外，北齐石窟寺新出现的另一种现象也值得重视，那就是开凿石窟或利用石窟寺来镌刻佛经。北响堂石窟的南洞又称刻经洞，因为窟内外保存了《无量义经》《无量寿经优婆提舍愿生偈》等4部摩崖石刻佛经。在最后一部刻经的南面，就是著名的唐邕写经造像碑（图111）。唐邕（？—581）是北齐国的晋昌郡开国公，他“秉文经武”，共“事六代北齐皇帝”。据碑文记载，568—579年，由他出资在鼓山石窟刊刻了《维摩诘经》《弥勒成佛经》等。

河北省涉县的中皇山，也叫唐王山，位于清漳河左岸、东南距县城15公里的索堡镇。中皇山的山腰处有后世建造的娲皇宫古建筑群，被誉为河北古建筑奇观之一。娲皇宫后面的山崖间，原有3所石窟和4壁摩崖刻经，窟内壁面与窟外摩崖相互连接。北齐时代，中皇山是邺都与晋阳之间来往的必经之地，这里现存的石刻佛经有《思益梵天所问经》《佛说盂兰盆经》等6部，

图111　河北邯郸北响堂石窟南洞外唐邕写经造像碑（北齐武平三年，572年）

共计13.1万字，大约刻于北齐文宣帝高洋的天保（550—559）末年，这是中国现存摩崖佛经时代最早、字数最多的一处。

北齐的石刻佛经，在安阳小南海石窟、泰山经石峪、邹县铁山和岗山等地也有发现，看来这种佛教活动在北齐是很流行的。

一般的佛经，都是编辑成书的形式，那么北齐的佛教徒为什么不惜耗费巨大的人力和财力，在山中的摩崖间或石窟里刻佛经呢？这与当时流行的佛教“末法”思想有关。早在十六国时期，北凉国的译经大师昙无谶（385—433）就提出了将佛教分为正法500年、像法1000年、末法10000年的三个阶段学说；隋代高僧信行（540—594）创立的佛教重要宗派——三阶教，主要依据就是这三阶段划分理论。北朝之初，佛教僧侣们的心中已开始笼罩着末法思想的阴影。到了北齐时代，佛教徒们更加认为第三阶段的末法时代已经来临，佛法包括佛经、佛像，将在这个时代完全被消灭。这当然不是佛教徒们愿意看到的事情。北魏时太武帝拓跋焘的毁佛以及雄踞西方的北周武帝宇文邕（543—578）于公元574年发动的灭佛运动，使北齐的佛教徒们对末法时代的来临更加深信不疑。于是，上自帝王显贵，下至一般信徒，都寄希望于以镌石刻经的方法，使佛法能够永存人间。这也可能是模仿了汉代以来儒家镌刻石经教育后人的做法。

北齐这种大规模镌刻佛教石经的活动以及当时流行的末法思想，大大影响了后世的佛教信徒。河北省曲阳县西羊平村西北少容山顶的八会寺刻经龛，刻有《千佛名经》等5部完整的佛经，属于隋代的刻经杰作。中国古代最著名的刻经活动发生在北京房山云居寺内，是隋炀帝大业年间（605—618）由幽州智泉寺的和尚静琬（？—639）与其师慧思发起的，经历唐、宋、辽、金、元、明、清等朝代，至今存有1.4万余块，分别藏在云居寺的塔下和山间石洞等地。云居寺内的石窟雷音洞，就是专为刻经和藏经而开凿的。

从北朝开始令人们恐惧的末法时代至今也没有到来，但北齐以后那些辛勤的刻经活动，却留下了大量的古代佛教经典，这是中国古代佛教文化的一笔宝贵财富。

2. 西魏、北周的天国香云

占据着关中及其以西地区的宇文泰，民贫兵弱。534年，魏孝武帝前来投奔，宇文泰便“挟天子以令诸侯”，政治地位大大提高。535年，宇文泰杀死魏孝武帝，立元宝炬（西魏文帝，535—551年在位）为皇帝，完全控制了西魏朝廷，成了东魏高欢在北方的唯一劲敌。宇文泰和魏文帝都很信仰佛教，倡议兴建了许多大寺院，任命道臻为佛教统领，整顿佛教，弘扬佛法，佛教在首都长安有了相当深厚的积淀。

在陕西省境内，目前仅知的纪年明确的西魏石窟是位于宜君县的福地水库石窟。它原本坐落在五里镇福地水库中心岛的断崖间，如今已被切割搬迁下来，保存在宜君县文化馆内。这是一所方形平顶、边长不足2米、以小巧精致著称的石窟。在后壁的中央大龛内，雕刻着释迦牟尼坐像和两身胁侍菩萨像，它的左下方刻了一身供养人正在香炉前跪拜礼佛。中央大龛的左侧有三层浮雕像：下层是伞盖下的骑马供养人像，马前有两位女子分别捧着盘盒、持着伞盖，这是抚军将军王洛生与妻子贺兰氏的供养像。中层刻着王洛生夫妇并坐于中部，左右有持伞盖的男女侍者。上层刻的是鹿、鸡、蟾、双鹤等动物形象。这里还保存着西魏大统元年（535）七月九日的造窟题记。

这所石窟右壁中央大龛内的造像已经塌毁，窟内左壁的中央大龛内雕的是手拿芭蕉扇的太上老君像，左右有手捧笏板的侍者。在龛楣的表面刻出了十身侍者的半身像和七身伎乐天。可以看出，这所内容丰富的小窟，是将佛教和中国传统的道教融为一体的。其中的大小人物形象，都具有北魏晚期以来的清瘦潇洒风度，在宽博的服装表面，都刻画着繁密的平行线衣纹，属于

图112　陕西宜君县福地水库石窟正壁坐佛局部（西魏大统元年，535年）

典型的陕北北朝造像风格（图112）。

更多的西魏石窟保存在甘肃境内，窟内造像既显示了北魏清瘦型的艺术特征，也出现了龙门路洞一系造像丰面胖体的特点，说明梁朝张僧繇的艺术风格已经对西魏国的佛教艺术产生了影响。

从535年开始，天水麦积山的石窟工程再度繁荣起来，并且逐渐成为西魏国的主要佛教圣地。在这方面，西魏文帝的皇后乙弗氏（510—540）功劳不可磨灭。

乙弗氏是河南洛阳人，其祖先原是居住在青海的吐谷浑贵族。乙弗氏容貌俏丽，性格腼腆，16岁时嫁给元宝炬，535年被册立为皇后。她平时生活节俭，宽厚仁慈，从不嫉妒别人，所以深得元宝炬的喜爱。婚后的13年中，乙弗氏共生了12个孩子，不幸多数夭折。538年，为了缓解柔然族入侵的威胁，元宝炬被迫迎娶柔然公主郁久闾氏（525—540）为皇后，将乙弗氏废黜。但郁久闾氏仍心怀猜忌，元宝炬只好派人把乙弗氏送到秦州（今天水），去投靠其亲生儿子、秦州刺史武都王元戊。乙弗氏到秦州后，出家当了尼姑。陪伴她的除了王子和一些大臣之外，侍御奴婢也不在少数。此举对于秦州上下和麦积山的佛教事业产生了相当大的影响。

元宝炬难忘爱妻的深情厚谊，派人秘密地通知乙弗氏蓄发，以便伺机再迎她回宫。540年，柔然以元宝炬委屈了郁久闾氏为由，兴兵攻打西魏国。

元宝炬在万般无奈的情况下，将31岁的乙弗氏赐死，并在麦积崖凿了一所佛龛安葬。乙弗氏死前，亲手为数十名侍婢落发，让她们出家当尼姑。551年元宝炬去世后，太子元钦（525—554）遵照他的遗愿，将乙弗氏的遗体由麦积山迁出，将夫妻二人合葬在永陵。当年安葬乙弗氏的佛龛，就是现在的麦积山第43窟（图113）。

相传乙弗氏死后，她的亡魂曾在长安显灵，致使郁久闾氏因难产暴死宫中。该传说表明人们普遍同情乙弗氏的悲惨命运。西魏时代，麦积山是深受统治集团重视的，如今保存在山崖间的众多西魏窟龛，应该同乙弗氏生前在这里祈愿、死后又受到人们的纪念密不可分，这里面很可能还有元宝炬亲自创立的功德工程。

麦积山第127、135、43、44、123、147、120、102、20等窟，都是西魏石窟的代表作。在洞窟的形制上，

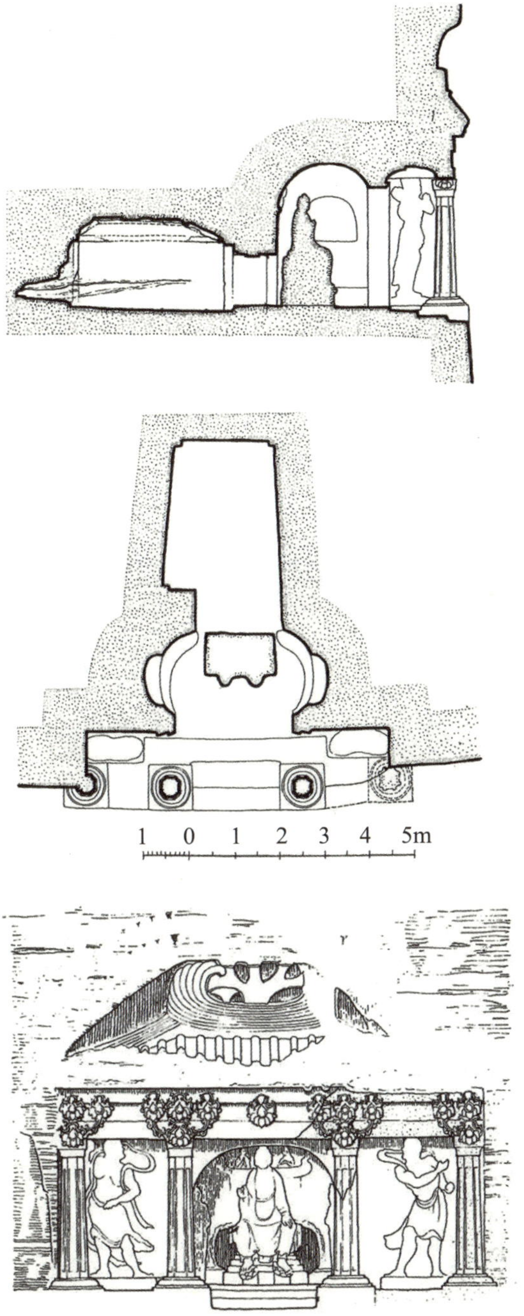

图113　甘肃天水麦积山第43窟平、剖面与外立面图（西魏。采自天水麦积山石窟艺术研究所《中国石窟·天水麦积山》第204页）

图114　甘肃天水麦积山第127窟内景剖视图（西魏。采自天水麦积山石窟艺术研究所《中国石窟·天水麦积山》第213页）

图115　甘肃天水麦积山第147窟正壁佛龛（西魏）

有的为方形平面，壁面不开龛，在三壁前设低坛，坛上放置塑像，上部有四角攒尖顶；有的为平面方形，三壁三龛式，下有倒凹字形基坛，上为平顶；有的平面为长方形，正壁开三龛，侧壁各开一龛，平顶，或正面和左右两壁各开一龛，顶部为仿木结构的盝顶形（图114）。可以看出，麦积山的西魏石窟主要是继承和发展了来自洛阳地区的传统形制，而仿木构建筑窟顶的出现，则表明麦积山石窟独特构造的初步形成。

麦积山的西魏佛教泥塑艺术，使北魏孝文帝时从南朝引进的褒衣博带装佛像达到了更加完美的境界。石窟里的主要题材，仍然是北魏时龙门流行的三世佛，佛的服装塑做依然显得厚重，但已基本上看不到秀骨清象的作风。佛与菩萨像的体型比例精确适度，肌肤细腻、丰满、圆润，面容娟秀、和蔼、慈祥，表现出了一种母性特有的温婉善良和浓郁的人情味（图115）。确切地说，麦积山的西魏泥塑艺术，是龙门北魏造像的内在神韵与梁朝张僧繇艺术思想的完美结合。

另一个保存西魏石窟较多的地方是敦煌莫高窟。莫高窟第285窟北壁，有一处写明年代的发愿文，证明洞窟完成在西魏大统五年（539）或稍后。根据这个材料可以对比确定，第249、288、286、247、246窟都是开凿在北魏末年到西魏时期。这些洞窟的结构虽然还是以中心塔柱式为主，但形制独特的285窟可以作为敦煌西魏石窟的代表。

这是一所边长6米多的中大型方形洞窟，窟顶为覆斗状，以壁画形式装饰成一个大华盖藻井。正壁中央开一大龛，两侧各开一小龛。左右两侧壁开4个方形小禅室，都只能容纳一个僧人坐禅（图116）。覆斗顶的形制，与天龙山的东魏窟和麦积山的部分北魏、西魏窟相同，表现了一种时代共性。窟

图116　甘肃敦煌莫高窟第285窟内景（西魏）

顶的四披绘制着很多中国传统神话中的人物和神灵，使中印文化得到了有机结合。从洞窟的功能上看，285窟显然是一所方形佛殿窟和坐禅小居室相结合的形式，讲经、拜佛、坐禅可以有机地融为一体。

洛阳地区的汉化佛教艺术进入敦煌，同东阳王元荣（？—542）在北魏末年到敦煌担任瓜州刺史相关联。元荣死后，他的儿子元康和女婿邓彦相继担任西魏的瓜州刺史，直到545年。在前后20年的时间里，由于崇信佛教的元荣一家的推广，中原一带风流飘逸的佛教神灵，也被安置在了这个偏僻小城的神坛之上，接受过往商旅的顶礼膜拜。

553年，梁国发生内乱，宇文泰乘机派遣大将尉迟迥（516—580）率兵攻取四川全境。554年，宇文泰又派遣于谨（493—568）等领兵5万攻破江陵，俘获了梁元帝萧绎（552—554年在位），梁朝王公以下几万人都变成了奴婢，全部被带回长安。从此，长安与南方的交通畅通无阻，江南的僧人、学者们也开始大批地从江陵或四川来到关中长安。唐代和尚道宣（596—667）写的《续高僧传》曾记载：释亡名、僧实、智炫等四川地区的大和尚50多人，各自带着佛经、佛像北上来到长安，寻求更大的发展。南朝著名的文人庾信（513—581）、王褒（513？—576）等也分别经四川、江陵进入关中。这些高僧、学者无疑把更多的梁朝新式佛教艺术引进关中，从而使张僧繇的艺术风范在长安一带产生了更加广泛和深远的影响。556年，宇文泰去世。第二年，他的儿子宇文觉（北周孝闵帝，542—557）登上天王位，建立北周国，西魏灭亡。来自江南的新型佛教艺术，开始在关中以及北周国的其他地区全方位地大展宏图。

今天，在西安地区还保存着许多有北周纪年文字的佛教雕刻，可以大致反映出北周首都长安的佛教艺术风范。西安碑林博物馆所藏的雕刻于560年的一件造像碑和一身高大立佛像，可看作是其中的代表。应当指出，在佛教艺术中，佛像是最主要的崇拜偶像，也最能表现出一个时代的艺术风尚。2004年，在西安市灞桥区湾子村出土了5尊大型佛立像和4件佛像莲花狮子座，其中一件有大象二年（580）纪年。西安地区出土的这些北周造像所体现的佛的面貌，都是头顶有低而平的肉髻，面部胖圆，体型饱满，腹部略鼓，不表现人物的健壮与力度。佛像身上穿的都是通肩式大衣，衣纹刻画得简洁有序（图117）。从其他北周的纪年雕刻来看，佛像也流行穿类似北齐那样的双领下垂式大衣，还有少数佛像仍穿着褒衣博带装。可以认为，至少在北周初期，长安地区已经流行这种典型的北周佛像了。

长安的北周佛像造型无疑是从原来属于南朝的地区引进的，是接受了南朝影响的结果。上海博物馆所藏的梁朝慧影和尚于546年造的佛像，穿的是低开领的通肩式大衣；成都万佛寺出土的一件529年刻成的立佛像，身着通肩式大衣，丰满的身躯已略显优美（图106）。成都万佛寺还出了一件北周益州总管在562—565年造的阿育王像，实际上是一件穿着通肩大衣的立佛像，头顶上的肉髻低平，在面部与体型方面都可以看到类似529年立佛像的作风。这应该是北周学习南朝最典型的例子。

在固原的须弥山石窟中，

图117 陕西西安北郊六村堡中官亭出土青石佛立像（北周。西安博物院藏）

北周时代的艺术占有突出的地位，最主要的是第45、46、51窟。

45、46窟是方形平面的中心柱窟。中心柱都为方柱体，每面只开一个大龛，在其他壁面开出佛龛，有的一壁开3个龛，使龛里的佛像组成三世佛。在中心柱四边以及四壁和顶部四披各面的交接处，都雕刻着仿木结构的梁、柱等，组成一个完全模仿木构建筑的框架，有的地方还用上了斗栱。走进这样的石窟，如同置身于木构的佛塔之中，再加上窟内各龛的表面都雕刻着华丽的宝帐装饰，窟顶又吸收了这时期流行的覆斗形做法，这就在巩义中心柱窟的基础上又向前迈进了一步，使绕塔礼佛的功能和雕刻装饰的效果结合得更加完美。

51窟是一所大型的中心柱窟，进深约18米，宽26米，主要雕像高7米多。后壁宝坛上并列的三尊坐佛，是须弥山石窟中最精彩的雕刻（图118）。佛像穿双领下垂式大衣和通肩式大衣，大衣的开领很低，露出了内衣和胸前束带，造型稳重，着力表现了肌肉的丰满；肉髻低而平，完全显示了长安地区的艺术风范。

北周在短短的24年中，在麦积山修建了规模十分可观的40多所石窟。

图118　宁夏固原须弥山石窟第51窟后壁三坐佛（北周）

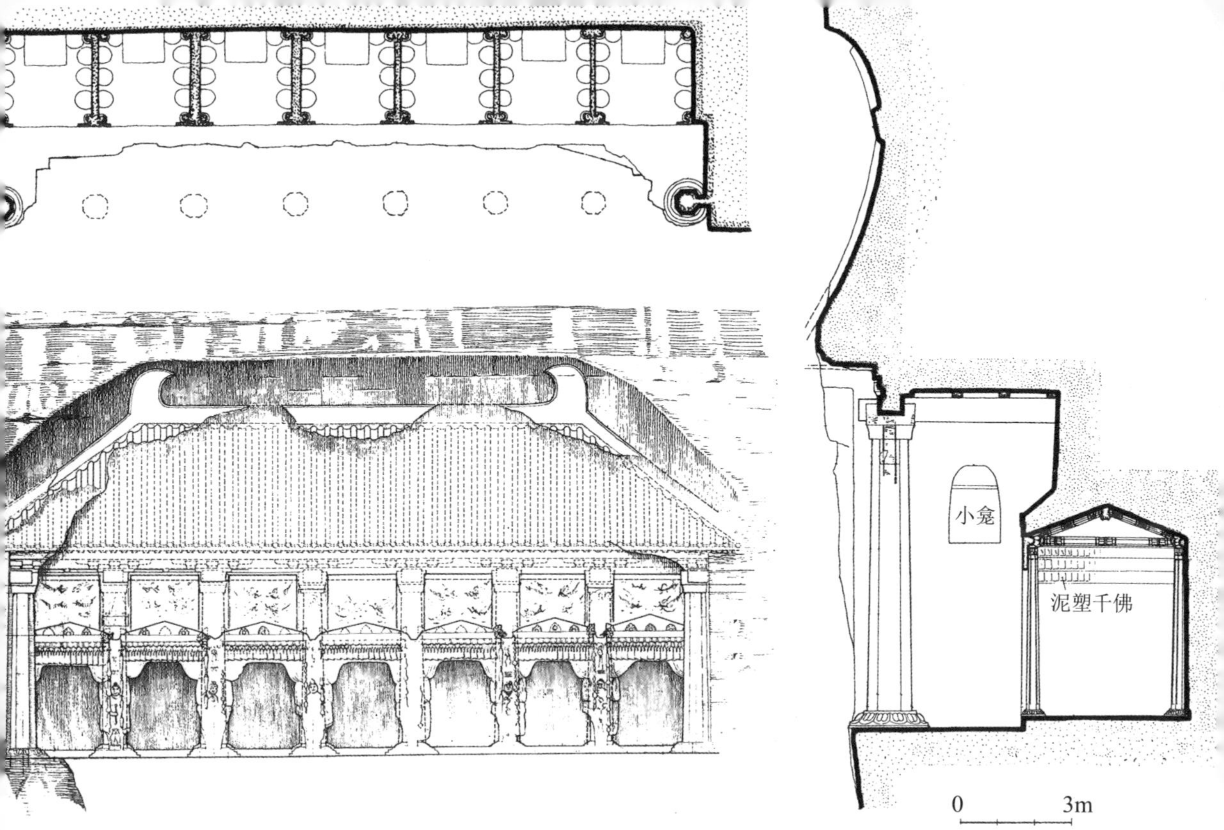

图119　甘肃天水麦积山第4窟平、剖面与外立面图（北周。采自天水麦积山石窟艺术研究所《中国石窟·天水麦积山》第207页）

北周的历任秦州刺史都非常崇信佛教。历史文献记载，秦州大都督李允信曾经为他的亡父在麦积山造了七佛龛，并邀请著名的文人庾信撰写纪念碑文。这个七佛龛就是第4窟，又称散花楼或上七佛阁，位于东崖的最高处，凌驾于整个麦积山石窟群之上。它是一座面阔七间的崖阁，宽31米，高15米，在外立面上雕出了屋檐和廊柱结构，在前廊的里面，并排开出了7所大小相等的方形石窟，都有四角攒尖式的窟顶以及仿木结构的梁柱等（图119）。从外观看，这7所石窟的上方都是盝顶形的，窟门的左右与上方装饰繁杂华丽的帷幕宝帐。可见，这所复杂的大型石窟所要表现的，是一所大型的七间佛殿，在殿的中央排列着7顶木结构的华丽佛帐，每顶帐内都供奉着一尊佛像和他的胁侍。

七佛是北魏石窟中早就流行过的旧题材，它们代表着过去世界中的六佛和继承这六佛在现世教化众生的释迦牟尼。佛教认为，坐禅的僧人们如果能够常常观想七佛，就可以在未来世界中成佛。麦积山的大多数北周石窟都是方形平面的盝顶（或尖顶）结构，内部空间都不大，一般都有仿木构的框架结构，也是用来象征佛帐的。正壁安置一尊主佛，左右两侧壁各安置三身坐佛，同样也是七佛题材。这种仿木结构的佛帐形窟和七佛题材的兴盛，构成了麦积山北周石窟的主要特征。

麦积山北周佛像以穿通肩式大衣者居多，在深受长安地区影响的基础上，又着重刻画了人物的内在情感：微睁细长的双眼向下凝视，做若有沉思之状，嘴角露出的笑意，向信徒们充分表达了佛祖的慈祥与善良，是北周时代最具有人情味的一批佛塑作品（图120）。

在甘肃武山县东北25公里的鲁班峡丛山中，有一处拉梢寺石窟。这里最醒目的，是在响河沟北岸的峭壁上浮雕的一身巨大的坐佛像和两身侍立的菩萨像。像通高近40米，是现存最大的北周佛像。根据上面的石刻文字可以知道，它是陇右大都督、秦州刺史尉迟迥于559年雕造成的。这三身像有着

图120　甘肃天水麦积山石窟第62窟正龛（北周）

图121 甘肃敦煌莫高窟第290窟中心柱东面彩塑倚坐佛并二弟子二菩萨（北周）

鲜明的北周时代特征，但也许是由下向上看的仰视原因，它们的头部显得过大，而下肢又太细短，表情也有些呆滞。

炳灵寺石窟第6窟穿通肩式大衣的坐佛和第172窟穿双领下垂式大衣的五身立佛，与长安的北周佛像特征大致相同，也属于北周佛教艺术中的佳作。

于义（534—583）是河南洛阳人，他的父亲于谨当年跟随魏孝武帝元脩到长安，开始效力于宇文氏政权。北周时，于义被封为建平郡公。565—576年，他到敦煌担任瓜州刺史。为了弘扬莫高窟的佛教事业，于义特意在这里开凿了一所大窟。敦煌北周时代的洞窟大约有15所。与西魏时代相比，这些洞窟出现了很多新元素，应同于义把长安地区新的文化艺术形式引进敦煌分不开。

莫高窟北周石窟的形制和彩塑的基本特征，与东部的须弥山、麦积山同步（图121）。壁上故事画，采用长幅多情节的连环画形式，一般绘制在石窟顶部的四披表面。奇怪的是，这些连环画虽然表现的还是佛教里的本生、因

图122　甘肃敦煌莫高窟第296窟北壁中层《须阇提本生》壁画局部（北周）

缘或佛传故事，但却集中宣扬了布施等与中国儒家忠君、孝亲相同的思想。如第296窟中的须阇提太子本生画（图122）。

古印度的特义尸利国王共有10位太子，他们各自统领着一个小国家。朝中有一位叫罗睺的大臣发动政变，杀死国王自立，并派兵去消灭10位太子的小国家。善住是众太子中最小的一位，他的国家也最偏远。听到叛乱的消息后，他内心惊恐万状，便准备了7天的粮食，携带王妃和儿子须阇提仓皇越城而逃。不想忙乱之中，误入歧途。到第7天，他们缺粮了，善住打算杀掉王妃来保全自己和儿子的生命，但须阇提却向父亲请求道："千万不要害我母亲，儿子愿献出自己的肉供养父母逃往邻国。"从这以后，他们每天在须阇提身上割三份肉来充饥。到了邻国后，那里的国王被须阇提的孝心深深感动，把他们迎入宫中盛情款待，然后派军队护送他们一家人返回本国，平息了叛乱。

在莫高窟为什么会突然表现出这种儒、佛合一的思想倾向呢？这同宇文氏集团的政治特点分不开。宇文泰出身散亡了的鲜卑宇文部，而西魏的君臣是鲜卑拓跋部人。宇文氏要取代西魏，扩大自己的势力，唯一的道路只能是竭力去争取汉族人的支持。这就在客观上要求鲜卑人所建立的这个政权必须力求汉化。在政治制度和文化思想方面，汉族人历来是以孔孟的儒家学说作为典范的，因此，宇文泰就摆出了崇尚儒学的姿态。他重用汉人苏绰（498—546）、卢辩（？—约557）等，命令他们按照儒家的经典著作《周礼》来改革官制，于556年开始实行。在这个新组成的政权中，汉人的势力很强大。一时间，朝野上下到处弥漫着尊儒的风气。儒家提倡的对君主要忠、对长辈

要孝等思想，也成了衡量人们道德与情操的准绳。这就是敦煌北周壁画浓厚的儒家色彩的社会根源。

与此同时，宇文泰又不甘心让他的鲜卑族融化在汉族里，而采取使参加统治集团的汉人鲜卑化的办法，来抵消鲜卑人在形式上的汉化，借以保证鲜卑人永远掌握政权。554年，宇文泰使元姓的西魏皇族恢复拓跋姓，把汉族的将帅都改成了鲜卑姓，并且令各将帅所统率的士卒都改姓将帅的鲜卑姓。北周建立以后，君臣们又换上了孝文帝改革以前的胡服。但即便这样，也挽救不了宇文氏政权的灭亡。

既然北周国的君臣在外表装束上又回到了鲜卑的老路上，佛教徒们也就不能继续使用唯一的褒衣博带式汉化佛装了，于是给佛重新使用旧式的通肩式大衣。这个发展势头波及北周各地以后，终于同对立中的北齐殊途同归。不过，它们都为以后更大的发展储备了充足的艺术底蕴与典范。

3. 兼容南北　承前启后——隋代石窟寺

“话说天下大势，分久必合，合久必分。”小说《三国演义》的这句开场白，同样道出了三国以后分裂与统一历史的演变。始于西晋末年的割据战乱持续了近300年，到北周时代，人们终于看到了祖国再次大一统的希望。

572年，周武帝宇文邕杀掉专权的宇文护（515—572），掌握了全部政权，北周从此进入强盛时代。周武帝是解脱鲜卑旧俗、真正接受汉文化优良传统的英明皇帝。他生活朴素，勤政爱民，对将士们赏罚严明。577年，他消灭北齐国，统一了北方，使北周拥有了大半个中国。

周武帝不相信佛教。他曾经发动了一场大规模的毁佛运动，抑制佛教的发展。578年，周武帝去世，周宣帝（578—579年在位）继位。579年，周宣帝传位给儿子即周静帝（579—581年在位），北周的政治实权旁落在宣帝皇后的父亲、大丞相杨坚（即隋文帝，541—604）手中。581年，杨坚接受周静帝的禅让，即皇帝位，结束北周国，建立隋朝。589年，隋朝军队渡过长江，攻占了陈朝的首都建康，结束了南北朝的对立。以后的中国历史，统一成为发展的主流，佛教也进入辉煌的崭新时代。

杨坚是极力提倡大兴佛教的皇帝，相传这同他的身世有很大关系。据唐僧道宣的《续高僧传》卷二十五记载：541年6月13日，后来在北周国位居十二大将军之一的勋臣杨忠（507—568），陪同身怀六甲的妻子到同州（今陕西大荔）的般若尼寺上香祈祷，不料妻子在尼姑的禅房中分娩，生下一个可爱的男婴，禅房顿时红光遍照，紫气缭绕。寺里的尼姑智仙见状，便对杨忠说：“这个孩子会得到佛祖的保佑，请你不必担心。但他出生时很奇怪，可能有些来历。你们俗家不太幽静，请交给我来抚养吧。”杨忠答应了她的要求，并把自己的住宅施舍给了寺院。这个小男孩就是杨坚。

杨坚7岁时，智仙就向他预言：“你将来会有大富贵，佛教的大法也会在你的手里振兴！”杨坚13岁时，智仙把他送还给杨家。后来杨坚果真当上了皇帝，并且大力弘扬佛教，智仙当年的话全都应验了。回忆往事，杨坚经常不无感慨地对大臣们说：“我能统一天下，全是靠了佛祖的佑护啊！”面对宫中的美味佳肴，富贵繁华，他却常常想吃寺院里的麻豆，爱闻庙堂里的钟声。一天，杨坚召来史官王劭，命令他为智仙写了一篇传记。601—604年，杨坚先后在全国各地建立了110座佛塔，在每座塔下都绘上尼姑智仙的画像。据说这些寺塔常能出现灵验的事情。

隋朝的首都长安，成了隆兴佛法的基地，大江南北的高僧云集关中，佛教的发展盛况空前。从佛教史自身来看，隋朝也是一个非常重要的转折点。南北朝时，北方的佛教徒很重视身体力行的实践，整日观佛、坐禅，按照严格的戒律修行，争取能够早日解脱。这方面被隋朝佛教界全部继承并加以发展，形成了隋朝以及唐代佛教的主流。南方的佛教历来是倾向于探讨理论问题的，着重发展了佛教中的哲学。江南僧侣的大批北上，使北方的实践与南方的哲理在长安统一起来，成为隋唐佛教不同于前朝的一大特色。在这个基础上进一步发展，就形成了拥有自己的寺院经济、偏重于某部佛教经典或某种思想的一个个佛教宗派。

隋朝佛教艺术的发展，也有赖于杨坚的保护与提倡。他鼓励民间人人都来造佛像、写佛经。据唐代和尚道世写的《法苑珠林》统计，在隋文帝（581—604年在位）时代，共造十万六千五百八十尊佛像。隋炀帝杨广（604—618年在位）也对佛教始终崇信。他当年带领军队进攻江南陈朝的时候，很担心因为战争使这个文化最发达地区的佛经与佛像化为灰烬，于是传令各军，留心收集南朝的佛教艺术品，并把它们全部运回长安。在杨广执政期间，全国整修了旧佛像十万一千尊，制造了三千八百五十尊新佛像。可以看出，在大一统的隋朝，西方东方、大江南北的佛教艺术精华，都汇聚到首都长安，为中国佛教艺术发展高潮的来临奠定了坚实的基础。

从这个新时代开始，佛像穿戴的服饰就不能再反映出社会的习俗与风尚了。十六国以来的五大少数民族逐渐被汉族所包容，给中华民族的发展带来了非凡的活力。前朝出现过的各种佛装，以后作为佛像艺术的不同表现方式，竞相开放出了艳丽的花朵。在佛教艺术发展中，各种偶像的精神面貌，往往能够表现出一个民族的气魄、一个国家的强盛与衰落。

隋朝建国，虽然只有短短的37年，但留下的石窟寺数量却是相当可观的，其中以甘肃省保存最多，宁夏、陕西、河南、河北、山西、山东等省（区）也保存了数量不等的石窟和佛龛造像。

安阳宝山灵泉寺的大住圣窟是589年修建完成的。其平面呈正方形，顶作覆斗状，正、左、右三壁各开一个大龛，里面分别雕刻卢舍那佛、弥勒佛、阿弥陀佛及其身边的弟子和菩萨像，还有35佛、7佛，以及佛教传法世系的罗汉群像。石窟的门外两侧，以北齐和隋代的武将为基本原型，雕刻那罗延神王和迦毗罗神王——他们都是以猛健著称的佛的护法神。窟内的佛像，都是肩宽体胖、身体僵直的姿态，基本上继承了北齐原有的样式，只是在某些细节上有了一点变化。

图123　山西太原天龙山第8窟中心柱前壁坐佛与二弟子（隋开皇四年，584年。20世纪20年代拍摄）

太原天龙山第8窟开凿在584年，可分为前后两室。前室在崖面雕出4根圆柱，做成三间仿木构建筑的前廊形象。后室的平面呈方形，顶部是覆斗状，在后、左、右三壁中央各开一个大龛，形成三壁三龛式。后室的中间立着一个方形塔柱，柱子四面各开一个佛龛，装饰着帷幕宝帐（图123）。窟内坐佛像的造型与大住圣窟很近似，大衣紧贴身体，并刻着简练的衣纹。这实际上是一座方形的三壁三龛佛殿窟、木构佛帐式中心柱窟组合的形制。

在山东省，以济南和益都（古称青州）为中心，保存着许多隋代的石窟和佛龛。在益都城东南4公里的王家庄东北面有云门山石窟，西南面有驼山石窟，两地相距2公里。云门山有两个大龛是隋文帝时代刻成的（还有3所唐代石窟）。驼山是一座南北横亘的山岭，在半山腰处凿了5所石窟和一些大小佛龛。其中第2、3窟的主像都是西方三圣，即阿弥陀佛与观世音、大势至。第3窟是由当时青州的地方官——青州总管柱国平桑公韦操于隋文帝初年制作成的。第2、3窟的主佛头顶都有低平的肉髻，其方圆的面庞、庄重的表情、粗短的脖颈、高耸的圆肩，以及直如筒状的身躯、轻薄光滑的大衣表面刻着稀少的衣纹，仍然显示出北齐以来佛像体魄强健的传统造型及特征（图124）。

图124　山东青州驼山第2窟西方三圣像（隋）

在原来属于北周国的丝绸之路沿线，分布着许多石窟寺，也保存了不少单体的雕刻像。其中，敦煌莫高窟是数量最多，也是全国现存隋代佛教石窟艺术最丰富多彩的地区。

在莫高窟第302、305、282窟里，分别保存着隋文帝开皇四年（584）、五年（585）和隋炀帝大业九年（613）用墨书写的纪念文字。敦煌研究院的专家们根据这些珍贵的资料，经过深入研究，确定了80多所隋代的石窟寺，展示了隋王朝早、中、晚3个阶段石窟艺术发展的全貌。

敦煌的隋代石窟，形制大体是北周时流行的几种样子。其中，方形平面、覆斗形顶、在正壁开大佛龛的佛殿窟数量最多，仍然保持着发展的势头。在正壁开的这个大佛龛，有很多表现为凸字形的双重龛，这是隋代发展出的一种新类型。中心柱窟都是大型的洞窟，例如第292、427窟（图125），

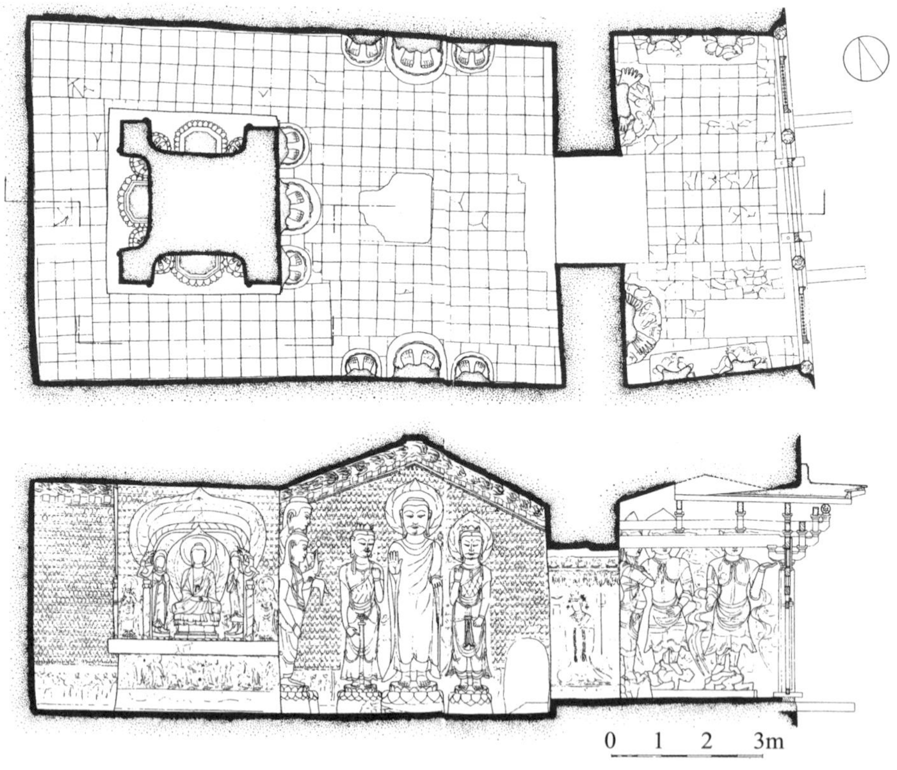

图125　甘肃敦煌莫高窟第427窟平、剖面图（隋。采自敦煌研究院《中国石窟·敦煌莫高窟》第2卷）

只在中心柱的后面和两侧开龛安置塑像，使中心柱的前面形成一个比较开阔的前厅，前厅的上方仍然做成人字披顶，但已没有仿木结构一类的装饰。前厅左右两侧壁的人字披下和中心柱正面，分别安置着高3—4米的大立佛像和两身菩萨像，组成了三世佛的塑像题材。这种隋代新型的大中心柱窟还有前室，其侧壁塑着高大的天王和力士像，作为保卫佛法的神灵。它们虽然还保存着绕塔礼佛的空间功能，但站在中心柱的正面，已如同置身于大佛殿内。

图126　甘肃敦煌莫高窟第427窟主室南壁前部（隋）

莫高窟隋代早期的彩塑像，继承了许多北周时代的特征，中期以后，渐渐地有了些新气象。如427窟安置在中心柱前的三组大塑像，主立佛身上的大衣很薄，紧贴着身体，明显地勾勒出宽肩、细腰、宽胯、平胸、鼓腹这些揭示人体自然身段的特征（图126）。隋代晚期的石窟中，彩塑人物造型更偏重强调人体比例的适度与身体各部分的自然特征。不仅如此，在大量的壁画人物身上也可以看到这种风格，即在北周人物造型的基础上发展起来的一种女性般的人体身段美的艺术风格。与北齐雕刻相比，它们距离人的雄健之美更远了，虽然比以前优美了许多，但却使人感觉它们的身体过于柔弱，缺乏神灵所应具备的力度。无论怎样，这毕竟称得上是一项重大的革新。

人们不禁要问，敦煌如此偏僻，为什么还会产生新的艺术思想呢？它们是此地的独创吗？其实翻阅历史文献就会发现，隋代的敦煌与首都长安之间的联系显然比其他地区更加密切，因为大一统的隋帝国与西域诸国的交往越来越频繁，也使位于咽喉要道的敦煌备受朝廷的重视。593年，皇家的亲戚独孤罗（534—599）担任了从敦煌到武威一线的军政首领（凉州刺史）。601年，

图127　陕西西安市雁塔区八里村出土的宁远将军武强县承董钦造金铜组合像（隋开皇四年，584年。西安博物院藏）

朝廷特地派人在莫高窟前立了一座舍利塔。608年，隋炀帝派遣他的宠臣姬威（？—610）出任敦煌太守。敦煌在隋代中期以后出现的艺术新风，很有可能是这些高官显贵们从长安带来的。

其实，首都长安早在隋朝建国之初，就已经开始探索将人体优美的特征与佛殿中的神灵相结合的工艺。美国波士顿艺术博物馆收藏的一件从西安南郊出土的造于584年的鎏金铜阿弥陀佛像，已经完全具备莫高窟隋代中期佛像所出现的人体美特征。西安博物院藏有一件与之近似的造像（图127）。这种造型风格在长安的形成，应该同南方佛教艺术品的大量流入以及江南高僧们的集体北上密切相关。因为成都万佛寺出土的梁朝佛像，有几件已经显出了身段，如北周益州总管造的阿育王像，已明显采用这种表现人体美的雕刻方法。隋代的长安在完全继承了北周艺术之后，再充分地吸收长江以南的文化素养，才可能大量地创作出这种新型的艺术风格，然后再将它传播到全国其他地区。

隋代艺术的新风格，是在张僧繇式的北周艺术基础上逐渐演变的，对人体美的揭示还不够充分，纤弱有余而力度不足，因此它是不成熟的。但它们已为下个时代的发展开通了道路，功劳不容忽视。

4. 大教再度勃兴的曙光

隋炀帝凭借隋文帝辛辛苦苦积累起来的巨大民力和财富，无止境地推行他的政策与好大喜功，终于激起四方民众和官吏的纷纷暴动。618年，当时替隋朝镇守太原的大贵族李渊（唐高祖，618—626年在位）也乘机起兵，攻占长安，建立唐朝。在以后的几年时间里，李渊依靠二儿子李世民（唐太宗，627—649年在位）的谋略和战术，相继消灭了全国的割据力量，中国的封建社会从此进入鼎盛时代。

在唐高祖和唐太宗相继执政的31年间，为后世留下的石窟寺和其他佛教艺术品寥寥无几，与隋代37年间产生的佛教艺术相比，不可同日而语。历史证明，佛教及其艺术的发展，是需要国家君主的扶持与提倡的，这是佛教徒们早已坚信的一个“真理”。为了达到弘扬佛法的目的，信徒们不惜屈膝向皇帝礼拜。但对信徒们来说，遗憾的是，从总体来看，唐朝的这两位皇帝是不怎么信佛的。

唐朝建国之初，出于政治上的需要，为战争中阵亡的将士建立佛寺，以超度他们的灵魂，对佛教的发展起到推动作用。所以，在李世民率兵去平定割据洛阳的王世充时，嵩山少林寺的武僧们就曾尽力帮助过他。等到全国局势稳定下来以后，朝中许多不信佛教的大臣和道士，纷纷向皇帝建议在全国范围内消除佛教。李渊和李世民都自称是道教祖师爷老子李耳的后代，本来就对道教有好感，再加上这些反佛教的猛将们对他们的影响，于是便采取一系列严格限制佛教发展的措施。

唐太宗认为，如果要安邦治国，还是儒家的思想最好；若论其他宗教的地位，道教也应该位居佛教之上。在这种形势下，佛教的发展被大大限制。从佛教艺术的情况看，这段时期，在中原地区，只有龙门宾阳洞和彬州大佛寺两项工程比较重要。

魏王李泰（618—652）是李世民的第4个儿子，以爱好文学知名，曾经主编完成中国古代著名的地理著作《括地志》。636年，他的母亲、皇后长孙氏去世，为给长孙氏做功德和死后追福，李泰选择了北魏宣武帝没有完成的龙门宾阳南洞，雕造了通高8.2米的正壁大坐佛和两身弟子、两身菩萨立像，还把宾阳中洞的雕刻重新作了装饰。为了使这个功德流芳百世，李泰命令把宾阳中、南洞之间的北魏记事大碑磨平，请当朝重臣岑文本（595—645）撰写碑文，再由初唐四大书法家之一的褚遂良（596—658或659）抄录，于贞观十五年（641）十一月重新刻在这块旧碑上，这就是著名的“伊阙佛龛碑”。碑全文1600多字，在书法领域受到历代学者们高度评价。文中赞扬了长孙氏的贤德、李泰的忠孝与才华，以及李泰对亡母的无限哀思（图128）。

宾阳南洞的形制与中洞相似，也是所马蹄形平面、穹隆顶的大窟，高9.85米，宽8.7米，深8.18米。正壁五身大像雕刻手法显得较为古拙，躯体丰硕而僵直（图129）。主佛的大衣在左肩上垂下一条带子系住袈裟的做法，与隋文帝时代雕刻的山东益都云门山第1窟、驼山第2窟的七佛龛完全相同。所以，这些大像在一定程度上仍然保留着北齐与隋代遗风。

陕西彬州位于西安市西北约120公里的泾河南岸，是古代丝绸之路西出长安北道的第一个重镇。大佛寺石窟位于彬州城西10公里的清凉山峭壁上，泾河就在它的前面蜿蜒东流。石窟前5层高耸的楼阁，使这一带的环境更增添了一份天国般的神秘色彩。

大佛洞是这个石窟群的代表作。这个大型洞窟的平面近似半圆形，进深18米，宽34.5米，高23.5米。窟顶大体呈穹隆形，但在正中的最上方却雕成类似敦煌中心柱窟前部的横向人字披顶。洞窟的正壁前有一尊阿弥陀佛坐像，高约20米，它也是大佛寺石窟名称的由来（图130）。左右两侧壁前分别站立着观世音菩萨和大势至菩萨，身高都在17.5米左右。这三身大像占去了窟内大部分空间。在大坐佛的身后下部，凿出一条环形甬道，可供信徒们绕

图128　河南洛阳龙门石窟宾阳中、南洞外之间《伊阙佛龛之碑》拓本（唐贞观十五年，641年）

图129　河南洛阳龙门石窟宾阳南洞正壁（唐贞观年间，627—649年）

图 130　陕西彬州大佛寺大佛洞主佛（唐贞观二年，628 年。佛像表面经过后世重妆）

佛礼拜，做法与云冈第二期的5、9、10窟一样。三大像的身体表面都经过后代的修改而面目全非，但它们身后的头光与背光，还向人们展现着最原始的面貌。

在坐佛背光的左侧，刻着一行字：“大唐贞观二年十一月十三日造。”贞观是唐太宗李世民的年号，贞观二年即628年。大佛背光尖呈拱形，最外一匝雕刻着一圈伎乐飞天，中间一匝刻着一圈坐佛像。如果单从造像风格上判断，它应该是北周或隋代的作品。的确，这些佛像都有低平的肉髻、胖胖的脸庞、丰满但不显身段的躯体，和龙门宾阳南洞主佛相似。可见，唐太宗初年的雕刻，也同样保留着浓厚的旧传统，就连石窟内部的空间构造也是如此。

在李渊和李世民时代，不仅佛教的推广障碍重重，连艺术作品的创作也基本陷入停滞状态。唐太宗晚年常常忧虑自己在世的时间不多，这才留意了一些佛教有关来世的说法。就在这时，传来了一个轰动全国的消息——玄奘法师从印度取经回来了。

玄奘（602—664）是唐代著名的旅行家、翻译家和佛教哲学理论家。他俗姓陈，13岁出家当和尚。在以后十多年的时间里，他废寝忘食地钻研佛教典籍，产生的疑问也越来越多。为了彻底弄清佛教的理论，他决心去佛教的发源地——印度求“法”。627年，也就是李世民当皇帝的当年，玄奘离开长安，开始了独自到印度取经求法的壮举。645年正月二十四，玄奘满载着从印度求取的梵文佛经回到长安，受到朝野僧俗的热烈欢迎，偌大的城门被挤得水泄不通。

玄奘惊人的毅力，渊博的学识，以及回国后从事的宏伟的翻译佛经事业，都使李世民深受感动。648年，李世民亲自为玄奘翻译的佛经撰写了序言——《大唐三藏圣教序》，还下令剃度了18050名和尚和尼姑。李世民开始相信佛教，还经常感叹自己与玄奘大师相逢太晚，没有能够弘扬佛法！这也许就是佛教再次勃兴的前兆吧。

第七章

气势磅礴的艺术巨制

——初唐石窟寺

李世民的太子李治也非常敬重玄奘大师。649年，李治即位当皇帝（唐高宗，649—683年在位），唐朝的佛教进入极盛时代，在中国佛教发展史上形成一个高峰。唐高宗崇信佛法。656年，皇子李显降生，高宗竟然赐名号“佛光王”，还特意为李显剃度了7个和尚，请玄奘主持仪式，希望李显一生都能得到佛的保佑。660年，唐高宗派人去岐州法门寺迎请护国真身释迦佛指骨到东都洛阳皇宫里供养。这枚指骨就是1987年在陕西扶风县法门寺宝塔地宫中发现的佛指舍利。在这位信佛皇帝的倡导下，全国各地立寺、建塔、造像成为一时风气。佛教石窟寺的开凿，也迎来了空前绝后的繁荣时代。

1. 长安——唐风佛教艺术的发祥地

唐代的中国，国力强盛，制度完备，经济基础坚实，是当时世界上的第一流强国。唐人很善于总结继承前人的成就、吸收消化外来文化中的丰富营养，从而创造出五彩斑斓、璀璨夺目的崭新文化。首都长安城就是上演这种精彩唐文化的国际性大舞台。在这里，各种外来的宗教都得到了传播和发展，展现出百花齐放的繁荣景象。

初唐时，长安城有佛寺80多座，数量之多，规模之大，级别之高，在全国首屈一指。唐代佛教各宗派的僧侣都在这里有异常活跃的表现，印度和中亚各国也有很多僧人来到长安施展自己的才能，日本国僧人则不断成批前来学习、求法。可以想象，当时长安城的寺院建筑是何等的壮观，寺院里又有多少无与伦比的精美艺术品！然而，历史发展到今天，这些寺院的佛教雕刻中只有很少的部分流传下来，壁画已荡然无存。尽管随着历年的考古发掘，有时也可以发现一些佛教艺术品，但是，想要较多地了解长安城的佛教艺术面貌，就只有去长安外围的一些石窟寺中探寻了。

西安以西约130公里处的麟游县，山川秀丽，景物宜人，气候凉爽。在今天县城的下面，就是唐代皇家的避暑胜地——九成宫遗址。环绕九成宫的群山之中，分布着许多佛教石窟和摩崖造像。位于今麟游县城东约8里处漆河西岸崖面的慈善寺石窟，称得上是其中的代表作。慈善寺石窟为并排的两所中型石窟。第1窟较大，马蹄形平面，顶部近穹隆形，正壁间雕一尊坐佛（图131），两侧壁也各有一尊坐佛，组成了三世佛。第2窟平面呈扁马蹄形，正壁雕着一尊高4.7米的大立佛像，两侧壁下方各有一个立菩萨像龛，下方

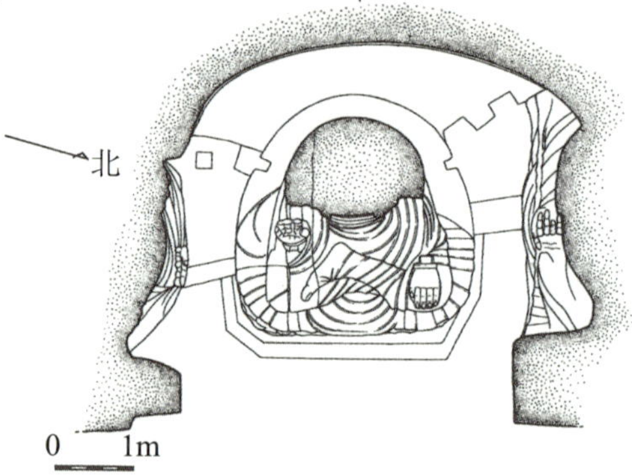

图131 陕西麟游慈善寺石窟第1窟平、剖面图（唐高宗时期。采自西北大学考古专业、日本赴陕西佛教遗迹考察团、麟游县博物馆《慈善寺与麟溪桥——佛教造像窟龛调查研究报告》）

则分别开出坐佛和二弟子、坐佛和二菩萨的小龛，都是经过统一安排的。这两所石窟都具有唐代特有的艺术风格。第1窟大约制作在唐高宗即位不久，第2窟稍晚。从它们所在的特殊位置来看，可以确定其所表现的艺术特征应该同长安是一致的。

唐高宗时代的佛教雕刻艺术，还可以在彬州的大佛寺石窟中发现身影，它们都具有与长安幸存下来的雕刻佛像相同的精神面貌。在彬州大佛寺唐太宗倡议开凿的大佛洞前壁，有很多补凿的佛龛，造型风格完全不同于贞观年间，而表现出了典型的大唐艺术风尚。这些佛龛大部分是在唐高宗和武则天时期补凿的。

彬州大佛寺石窟群中最能体现这段历史时期风格特征的造像艺术，主要保存在千佛洞和罗汉洞中。千佛洞是一所平面近似正方形的大型中心柱窟，由于窟内不太高，而中心柱又比较宽大，所以，它的形制和前面提到过的楼阁塔形中心柱有一些区别。只有中心柱正面的几个大龛似乎有一些规划，而其他壁面的佛龛都是大小不一、杂乱无章地排列着，这是洞窟凿成后不断补刻的结果。从造像龛间的一些铭文题记来看，大部分应该是武则天执政时期（690—704）的作品。罗汉洞的规模略小，形制比较特殊，西侧是马蹄形的窟室，正壁开出一所大龛，东侧是竖长方形的窟室，彼此连通。其实，它是一所未完成的中心柱窟。壁面间的很多佛龛也是无规律地补刻上去的，造像的风格大致与千佛洞相同，年代可能稍晚于千佛洞。

千佛洞和罗汉洞众佛龛的造像题材有单尊佛像、双尊佛像（图132）、一佛二菩萨像、一佛二弟子二菩萨像、单尊的菩萨像和佛装的地藏菩萨像等。有的在一组佛、弟子、菩萨造像中还加入天王与力士。这些造像所共有的时代风格是：鼓胸、细腰、宽胯、头身比例适度、身躯丰满健康。这是集人体的健与美于一身的造型艺术，是从北周的丰满型佛像发展而来的新型艺术。特别是有的立菩萨像，清晰地显露着女性的优美身体轮廓，再加上向一旁扭动着的胯部，如舞蹈动作般的手姿，完美地刻画出了菩萨的妩媚与婀娜。这是大唐盛世带来的积极向上精神在出世的佛教艺术中的体现。

图132 陕西彬州大佛寺第23号（千佛洞）中心柱东壁第27龛（武周）

大佛寺石窟千佛洞与罗汉洞的造像艺术基本风格，还能在耀县药王山初唐时期的摩崖造像中见到。

上面这些艺术品所反映出来的唐代特有的风格究竟是什么呢？概括起来说，唐代佛教偶像，已经能够充分揭示出人体最优美的姿态了。

长安周围的这些佛像，充分吸取前代艺术的丰富营养，成就身体各部分比例匀称、胖瘦适度、胸肌发达、细腰矫健、身段优美、体魄健康的新佛祖形象。它们的面部包含了更多的思想内容，双眼透露慈悲，服装衣纹完全写实，显得更加亲切，更能震撼人心。

菩萨像的塑造就更富有情感色彩了。唐代艺术家们不仅有意识地突出了菩萨们慈祥和蔼、关心人世间疾苦的神情，还力求缩短他们和人类之间的距离，因而赋予他们更多的温柔娟美的女性特点。他们已经完全不像前代的菩萨那样只是笔直地站在佛的身旁，常常把头向佛微微倾斜，丰腴的胯部扭向佛祖，身体扭成优美的S形（图133）。丰满的胸部、纤细的腰部、娇艳的面

图133　陕西彬州大佛寺第23号（千佛洞）中心柱正壁第5龛（武周）

庞、朦胧的眼神以及樱唇显露的微笑，都得到了细致入微的刻画，宛如人世间高贵文雅、丰满苗条、健康美丽、活泼可爱的少女群像。唐代以后的艺术家们在评论唐代的佛教雕塑时，都认为菩萨没有一点神灵的味道，很像宫廷里的漂亮宫女。其实，唐代艺术家正是从现实世界中选取美丽女子的典型形象，反映到佛教世界作品中的。

北齐是很注重表现佛、菩萨像的雄健力度的，隋代开始注重刻画女性人体般的优美。初唐艺术家们的伟大贡献，就是把前朝这两种艺术的思想灵魂合而为一，并且更加重了对人物内心世界丰富情感的刻画。日本有邻馆收藏的一件唐贞观十三年（639）中书舍人（掌管皇帝的诏令、侍从、宣旨、慰劳等事的官员）马周（601—648）造的一尊坐佛像，就已经具有高宗时代的艺术特色了。它表明，在唐太宗时代，长安的艺术家们已初步形成了真正的唐代雕塑风格，这与他们对前朝艺术风格的继承与创新是分不开的。

梁朝张僧繇的画风，仍然深受唐代美术家的推崇，像阎立德（约596—656）、阎立本（约601—673）、范长寿、何长寿这些初唐著名画家，在人物画的造型风格上都受到张僧繇的影响，并且启发出了新的形象思维。唐高宗时代享有盛誉的阎立本，特别擅长借鉴张僧繇的艺术风格，“古为今用”，创作出一种能反映当时社会盛况的新艺术风格。此时，人们在前朝崇尚丰满的基础上，更加看重的是人体的健与美。地下出土的大量用于随葬的男女陶俑和众多的壁画人物，都能够反映出当时美术界的这种创作思潮。佛教中的佛与菩萨等人物形象，就是在这种时代艺术风尚的直接作用与影响下才创作出来的。

初唐美术中人物造型风格的形成，是以社会审美情趣的发展为前提的，艺术家们只是概括总结了人们对美的新的追求而已。唐人思想的开放性与进步性是前所未有的。蓬勃发展的新时代带给人们的是健康向上的审美观，就连爱美的女孩子也以丰满健康作为人体美的基本前提。故宫博物院收藏的阎立本画的《步辇图》，表现的是唐太宗坐在步辇上接见外国使臣的情景，而抬步辇的是几位宫女。如果没有健壮的身体，她们是无法胜任的。唐代墓葬出土的陶俑中，有很多是骑马的女俑，可见唐代的女子经常同男子一样骑马

图134　1973年新疆吐鲁番阿斯塔那第187号墓出土的骑马女俑（唐，公元7世纪。新疆博物馆藏）

出游（图134）。她们穿着袒裸前胸与两臂、微露双乳的长裙，无所顾忌地向人们展示她们的人体美。这种开放性，比起宋代以后女子不出闺阁、弱不禁风的病态美，是多么难能可贵！唐代这种向上的社会审美风尚，必然会反映到虚幻的佛教世界中去。因为虚幻世界中的一切，都是以现实世界为范本的。

这就是发祥于长安的唐代风格佛教艺术的社会根源。这种艺术风格为各阶层人士所喜闻乐见，因此，它的魅力将推动着佛教向更广泛的地区渗透。

2. 东都洛阳的卢舍那佛之光

唐高宗是一位昏庸懦弱的天子。在他执政的30多年里，不仅政治上要得力于皇后武则天的帮助，就是在弘扬佛教方面，有很多主意也是来自武则天。

武则天是中国历史上通晓文史、擅长权谋、刚强机智的女政治家。她14岁时，因容貌美丽被选入宫，做了唐太宗的才人。唐太宗去世后，武则天被送到感业寺去当尼姑。大约在651年，唐高宗又把她召进宫，并大加宠爱。655年，武则天采取阴谋手段，使唐高宗废掉王皇后和萧淑妃，立她为皇后，之后她很快展现出卓越的政治才能。从660年起，唐高宗以自己有病为由，委托武则天处理朝政，武则天的政治势力逐渐加强。到664年，武则天已经实际上掌握了国家的最高权力，当时大臣们称高宗与武皇后为“二圣”（两个皇帝的意思）。

武则天虽出身于官僚地主家庭，但与大门阀士族还是有区别的。当时社会上仍然盛行魏晋以来讲究出身门第的风气，高贵的门阀士族们依然掌握着许多重要权力。武则天要巩固自己的统治地位，主要依靠的是中下层官僚地主的支持。为了使她能以皇后的身份名正言顺地处理朝政，逐步削弱李姓皇室的权力，需要在思想上树立起一套意识形态来为她服务。李世民不是以老子的后代自居，主张道教应该在佛教之上吗？武则天就一定要把它反过来，大力提倡佛教，并发布命令，宣布佛教应该位居道教之上。这就使佛教同君主的统治紧密地结合在一起，佛教僧侣可以借助官僚们的权势，毫无顾忌地放手大造偶像。

657年，唐高宗第一次与武则天来到东都洛阳。在此后26年间，唐高宗曾9次到洛阳居住，前后总计11年3个月。这可能是武则天授意的。在武则天的有生之年，总共在洛阳居住49年。有一种传说，武则天当年害死了萧淑妃，导致这个冤魂经常在她的寝宫中作祟，使她不敢在长安居住。但真正的原因，应该是出于政治统治的需要，因为换一个政治中心，更有利于培养起她自己的政治势力。在这样的政治背景下，龙门山口的佛教圣地，就同武则天的政治思想配合起来了。

大约在唐高宗与武则天第一次至洛阳前后，龙门山的佛教石窟工程又兴盛起来。佛教徒们首先选择的是李泰重新装饰过的宾阳三洞周围区域，开凿完成了潜溪寺与宾阳北洞两个大工程，还在它们的外立面上以及稍南的敬善寺区域，开凿出布满山崖、密如蜂窝的中小型石窟和佛龛。发祥于长安地区的典型的唐代雕刻造型风尚，开始在这里大规模地展现风采。它们的功德主人，应该有相当一部分是支持武则天并信仰佛教的普通官僚地主。而替这些信徒弘扬佛教的带头人——李治与武则天，这时已选择龙门山中部最显眼的位置开雕他们流芳百世的功德杰作——龙门石窟的象征、宏伟的奉先寺卢舍那大像龛（图135）。

图135　河南洛阳龙门石窟奉先寺卢舍那大像龛（唐上元二年，675年）

为了使这项工程圆满完成，李治和武则天亲自任命了一个施工班子。长安实际寺的善导禅师（613—681）、法海寺的惠暕法师被特意调到洛阳，作为工程的总指挥。当时著名的建筑设计专家韦机担任了工程师和艺术顾问，另外还配备了几名官员作为副手。这个大像龛将龙门山中段全部挖开，声势极为浩大。相传在河对岸的一个大石台上专门有一批人擂鼓助威，鼓声和号子震荡着整个河谷，至今人们仍把那个大石台叫“擂鼓台”。672年，大像龛已经粗具规模。为了加快工程进度，武则天以皇后身份赞助脂粉钱两万贯，以示关怀。上元二年（675）十二月三十日，这件不朽的作品终于问世。

奉先寺大像龛实际上是一座没有顶部和前壁的大型石窟。它的平面呈马蹄形，东西进深38.7米，南北宽约33.5米。下面环绕三个壁面凿了一个倒凹字形的基坛，正面坛上雕刻佛与弟子、菩萨像，侧壁坛上布置了天王和力士。为了保护大像龛，还专门在龛顶开凿了长达120米的人字形排水防护沟，保护效果很好。

正壁的主像是一尊卢舍那大佛，端坐在束腰须弥座上，总高度17.14米，头部高4米，耳长1.9米。这尊大像被着力刻画出了佛既庄严雄伟又睿智慈祥的特征。他仪表堂堂，似带微笑，头部稍低，俯视众生，其视线与虔诚的信徒和礼佛者仰视的目光正好相遇，令人感觉可敬可亲（图136）。卢舍那是报身佛。卢舍那是“光明遍照”的意思，报身佛是表示证得了绝对的真理，获得了佛果，显示了佛智慧的佛身。他同法身的毗卢遮那、应身的释迦牟尼并称为三身（即三种佛身）。这确实是件不同凡响、别出心裁的艺术作品。因为唐代众多的佛像面部，都多少有些相似的特征，而这件卢舍那佛却不同于世界上其他任何佛像，它的面部被赋予了更多的女性特征，具有理想化了的人的属性。有的学者认为，这尊卢舍那大佛的形象，在一定程度上就是武则天形象的写照，或者说就是武则天的模拟像。这个说法有些道理。因为从北魏起，帝王们就很喜欢按自己的形象去雕造大佛，这样拜佛就等于是忠君。武则天在这个时期正需要树立自己的威望，更希望臣民们都对她绝对忠诚，所以她完全有理由这样做，何况不论怎样去观察这尊大佛，他都很像是一位慈祥的母亲。后来武则天当了皇帝，给自己起名“武曌”，“曌”与卢舍

图136　河南洛阳龙门石窟奉先寺卢舍那大像龛主佛与左弟子、左菩萨（唐上元二年，675年）

那恰好是同一意思，这不正好说明武则天要借助卢舍那佛智慧的光芒去普照四方吗？

为了陪衬出这个帝王化身的高大艺术形象，艺术家们还特意运用对比和夸张的手法，雕刻出了众胁侍栩栩如生的鲜明性格特征。老年弟子迦叶像虽已遭到自然的破坏，但从仅剩的半个头部来看，俨然是一位老成持重、饱经风霜的高僧。少年弟子阿难像文静温顺、天真无邪，与迦叶形成鲜明的对比。穿着华丽的文殊、普贤两位菩萨，身上都装饰着复杂的珠宝璎珞，很像雍容华贵的贵族妇女。北侧的北方多闻天王身披铠甲，威风凛凛，右手托宝塔，脚下踩夜叉（也叫小鬼、地神）（图137），是唐代勇猛善战将军的真实写照。北天王的左侧还站着一位赤膊上阵、咄咄逼人的金刚大力士，他张嘴怒目，注视着前方，表现出较多神的属性。他们与南侧的南方增长天王和金刚大力士（已毁坏）遥相呼应，共同守卫着神圣的佛法。九身大像经过巧妙安排，形成浑然天成的内在整体，与现实中的帝王、后妃和文臣武将间的臣属关系更加接近。

大像龛的艺术气魄是空前绝后的，也只有在唐朝这个中国封建社会发展的最高点之时，对外开疆拓土，军威四震，国内统一安定，经济繁荣，发达的丝绸之路带来中外文化大融合，以及对任何民族优秀文化兼收并蓄，才能创造出这样动人心魄的艺术巨制。

图137　河南洛阳龙门石窟奉先寺卢舍那大像龛北天王足下夜叉（唐上元二年，675年）

图138　河南洛阳龙门石窟极南洞南侧壁弟子、菩萨、天王像（武周至唐睿宗时期，690—712年。佛利尔与周裕泰拍摄于1910年）

大像龛的艺术构思，还对唐代的石窟艺术产生了广泛的影响。在龛内凿出倒凹字形基坛，无疑是继承了宾阳中洞皇家工程的传统，同时在主佛像的周围不仅安排了两身弟子和两身菩萨，而且将佛教的护法神——天王和金刚力士安置在坛上，使得佛教中的主要尊神全部登台亮相。在总体设计上，它们主次分明，动静合一，统一中又有起伏的变化，佛至高无上的地位更加突出和明确。

大像龛竣工以后，在龙门山南段峭壁间和伊河对岸的东山下，又相继出现了一系列马蹄形平面、穹隆顶的中型石窟，如奉南洞、火下洞、八作司洞、龙华寺洞、极南洞、二莲花南北洞等。这些石窟中都有一条倒凹字形的基坛，坛上布置着佛、弟子、菩萨、天王像，或者以三世佛题材为主的雕像，我们称其为列像式的佛殿窟（图138）。在倒凹字形坛的表面刻有手持乐器的伎乐人物，穹隆顶上有浮雕的莲花和绕花翱翔的飞天。山崖上有密密麻麻数不清的小窟，它们的设计安排绝大多数也同上面一样。看来，大像龛的完美设计，已经被朝野上下的佛教徒们竞相模仿，成为初唐时期最有代表性的石窟形制。

3. 武则天——下生人间的弥勒佛

690年，是唐高宗逝世的第6年，此时武则天已经做好了取代李家王朝的一切准备。为了给自己的新王朝增加点神圣的色彩，她需要求助佛教，以证明自己君临天下的合法性。正好在这时，她的男宠、白马寺的和尚怀义送来了四卷《大云经》，还向她贺喜说："陛下是弥勒菩萨下生转世，应该代替李家来主宰这个世界。"怀义的原名叫冯小宝，是洛阳市上卖药的，因同唐高祖之女千金公主的侍女有私情，公主就乘机把他推荐给了寡居多年、难耐宫中寂寞的武则天，并且说："小宝的本事非凡，一定能侍候好陛下的。"武则天果然很喜欢他。为了掩人耳目，武则天让冯小宝去白马寺出家当了和尚，法名怀义，这样既可以随时进宫，又不会惹人注意。

怀义进献的这部佛经，也可能是武则天授意的。《大云经》上讲，有一位菩萨化身为天女，下到人间当了国王；经中还有黑河女主和谷熟城王之女继承王位，统治天下，所有小国都来归顺的故事。这就是说，佛祖认为女性是可以主宰天下的。《大云经》中的女国王是菩萨转世，怀义就说武则天是弥勒菩萨下到了人间。

弥勒是未来佛，在未来世界中会代替释迦牟尼，在此之前他是位菩萨，居住在天上的兜率宫中。鸠摩罗什翻译的《佛说弥勒大成佛经》和唐代和尚义净（635—713）翻译的《佛说弥勒下生成佛经》等，勾画出了一幅未来弥勒佛国世界的美妙蓝图：在释迦死后56.7亿年，人间有一座大城叫翅头末，国王名叫儴佉（ráng qū）。整个国家政通人和，到处都是奇景异色、珍花异草、金银珠宝，百姓夜不闭户，路不拾遗，安居乐业，长寿多福；年年五谷丰登，食物入口自然消化。这时弥勒下生在一个婆罗门（最高贵的种姓）家庭。以后他将在龙华树下成佛，用佛教的真理，分3次共度脱282亿人成为阿罗汉。这是佛教徒心目中理想的未来世界，他们信仰弥勒，造弥勒偶像，就是为了来生能托生到弥勒世界中去。

武则天凭借怀义和尚进奉的《大云经》要让天下人相信，弥勒世界已经到来，她就是弥勒佛的化身，当女皇是天经地义的事。同年九月，67岁的武则天登上皇帝位，成为中国历史上唯一的女皇帝。与此同时，她还命令把《大云经》颁布天下，在全国各州都要建立一座大云寺。

为了响应这个神学预言，东都洛阳掀起一股大造弥勒佛像的风气。695年，怀义和尚在洛阳明堂北侧建造一座一千尺高的功德堂，里面安置一尊高九百尺的夹纻大佛像，仅佛像的一个脚趾就能坐进去数十人。704年，武则天让普天下的和尚、尼姑出钱，在洛阳北邙山的白马阪制作了一身大佛像，耗资上亿。当年冬天完成后，武则天亲自率领百官前去礼拜。虽然唐代及以后的文献并没有明确记载此二大像表示什么佛，但从当时的宗教风气来看，应该是弥勒佛。在中国佛教艺术中，弥勒佛是一种双腿下伸、呈倚坐姿势的佛像。因为它是未来佛，在三世佛组合中，按道理应该排在侧面，但由于当时的政治和宗教气氛，它却往往被安置在最主要的位置。龙门石窟就形象地反映出了这种极端的信仰倾向。

早在673年，长安法海寺的惠暕和尚就为高宗和武则天以及太子、周王“圣花无穷”“福延万代”，在龙门山开凿了一所石窟（惠暕洞），正壁的主像就是倚坐的弥勒佛。在武则天执政期间，伊河两岸山崖间开凿了众多的石窟，其中像敬西洞、摩崖三佛龛、双窑北洞、擂鼓台中洞这样的中型洞窟，都以倚坐弥勒作为主像（图139）。

武则天制作的两尊超级弥勒巨像，在石窟发展史上是有传统可循的。浙江新昌宝相寺的一处大佛龛内，雕刻了一尊高15.63米的大佛，现存的样子是结跏趺坐式。据专家们研究，它原来应该是倚坐式的弥勒佛，大约制作在梁朝的513—516年。河南浚县的大伾山也有尊高约27米的倚坐弥勒佛像，是北齐时代的作品。但将倚坐佛像确定为下生的弥勒佛，还是在唐朝。

图139 河南洛阳龙门东山擂鼓台中洞正壁主佛（武周。20世纪20年代拍摄）

武则天的举动大大影响了全国的佛教徒们，制作大型弥勒像的风气波及全国各地。即使武则天死后，这种信仰仍然持续流行了一段时间。据不完全调查，全国现存的著名石窟大弥勒像有下面几例。

敦煌莫高窟第96、130窟都塑着一尊高大的倚坐弥勒佛像，高度分别是33米和26米。96窟的塑像俗称北大像，是695年由禅师灵隐和居士阴祖等人制作的。130窟的塑像俗称南大像，是唐玄宗开元年间（713—741）由和尚处谚和乡人马思忠建造的（图140）。宋代以后，北大像被人多次重妆，仅头部维持唐代原貌。南大像的右手是后来加上的。这两尊大像健壮丰满，神态庄重，给人一种气势雄伟的稳重感觉。

永靖炳灵寺第170号是一尊高约30米的大弥勒佛像，它的上方就是著名的169窟（图31）。这是由凉州观察使（考察州县官吏政绩的官员）薄承祧于唐玄宗开元十九年（731）修建的。

四川仁寿县牛角寨第30号摩崖有一尊半身大佛像，高约16米，双肩高耸，双手在胸前合十，相传也是弥勒佛，全国罕见。据当地的碑刻记载，它是唐玄宗天宝年间（742—756）雕成的。

四川内江县翔龙山的倚坐弥勒佛像高约3.9米，是在唐僖宗广明元年（880）雕成的。

图 140　甘肃敦煌莫高窟第 130 窟南大像（唐开元年间，713—741 年）

图 141　宁夏固原须弥山第 5 窟倚坐佛像（高 20.60 米，唐。筱溪听泉拍摄）

还有几尊没有明确纪年的唐代大弥勒佛像：甘肃甘谷大像山石窟第6窟的倚坐佛像，高23.3米；宁夏固原须弥山第5窟的倚坐佛像，高20.6米（图141）；山西太原天龙山第9窟的倚坐佛像，高约8米；甘肃庆阳北石窟寺第222窟的倚坐佛像，高4.5米。

中国大佛之冠，也是世界第一大佛，是四川乐山凌云寺的大倚坐弥勒佛。这尊巨像身高71米，713年开雕，803年完成，历时90年。大弥勒佛双手扶膝，正襟危坐，表情庄严肃穆，两脚各踩着一朵巨型莲花。乐山是一个山清水秀的地方，大佛背靠着山，雄视着滔滔江水，与大自然融为一体，使这里的景色更加壮丽（图142）。

中国出了一位女皇帝，紧跟着创造出这么多巨大的雕塑佛像，为佛教信徒们的顶礼膜拜提供了许多方便。未来的弥勒世界却并没有降临人间，昔日女皇的风采早已成为历史，只有这些巨型佛像，仍在注视着世人，使分外妖娆的山河，披上了一层神圣的灵光。

图142　四川乐山凌云山大弥勒佛（唐，8—9世纪）

4. 繁荣的艺术　灿烂的群星

由于李治和武则天的极端崇佛，政府官员的竞相仿效，佛教僧侣的积极呼应，全国的信徒们都沉醉在为祈求来世幸福而大造功德的幻想之中。长安和洛阳的寺院艺术，龙门的石窟艺术，成了他们学习模仿的范本。现存各地数不清的唐代石窟和摩崖石刻造像，绝大多数是在初唐时完成的。这个时期的石窟艺术普遍呈现统一的初唐艺术风尚。但在某些具体做法上，各地区仍存在一些地方特色。下面的一些重要例子，可以使我们窥见初唐石窟艺术遍地开花的繁荣景象之一斑。

唐代的山西太原天龙山，处于开窟造像鼎盛时期，留下了15所洞窟。它们的形制以方形平面覆斗顶的三壁三龛式为主，其次是马蹄形平面的列像窟形式。有的窟前立面雕成仿木构建筑的样子，窟门两侧一般有金刚力士把守。西峰第9窟，是唐代石窟中规模最大的一所，居于天龙山石窟的中心位置。第9窟的前面原来建造着三重檐的高阁，内部分成上下两层：上层平面呈凸字形，正中雕着一尊高7.55米的倚坐弥勒佛像；下层正中是一尊十一面观音菩萨立像，这是佛教密宗所尊奉的观音的一种变化像，两侧分别是乘象的普贤菩萨和骑狮的文殊菩萨（图143）。

天龙山的唐代雕刻像都有匀称丰腴的体格，肌体表现得柔软而富有弹性。特别是菩萨像，无不具有自然的姿态，变化丰富多样，面部呈现宁静冥想的神情，显示了唐代高超的雕塑技艺。

遗憾的是，天龙山石窟精美的佛教雕刻作品，在20世纪20年代遭到了日本古董商会——山中商会的严重破坏，有150多件雕刻流散国外，收藏在日本和欧美各国的大小博物馆内，还有一些被私人收藏。现在，已经在世界各地找到47件天龙山的雕刻，其中大部分是佛头，有29件可以确认是从天龙山的哪一所洞窟中凿走的（图144）。

在山东省济南城南40多公里柳埠镇东南不远处，有一个地方叫朗公谷。从南向北分布在山崖间的千佛崖造像，是朗公谷佛教胜迹的重要组成部分，包括六所大龛和若干小龛。其中一所龛中雕刻着两尊坐佛像，右侧的一身头部和膝部已经残缺不全；左侧的一身还保存完好，头顶有低平的肉髻，丰满的身体和面部，属于不太成熟的唐代雕刻作品。龛间保存的铭文题记显示这是唐太宗贞观十八年（644）由一位和尚主持雕凿成的。有两所龛是在唐高宗显庆二年（657）完成的：一所龛内雕的是结跏趺坐佛，造像主人是南平长公主；另一所龛内主佛是倚坐弥勒，龛外两侧分别浮

图143　山西太原天龙山第9窟下层十一面观音、普贤菩萨、文殊菩萨（唐代）

图144　山西太原天龙山第21窟北壁坐佛（唐代。美国哈佛艺术博物馆藏，编号1943.53.22）

雕一身勇猛的金刚力士，由刘玄意出资造立。刘玄意是南平长公主的丈夫，而这时他的官职是齐州（今济南）刺史。南平长公主是唐太宗的女儿，她的第一位丈夫是王敬直。王因为获罪被流放到岭南以后，她才再嫁刘玄意。龙门宾阳南洞有一尊高大的力士像，是刘玄意在任汝州刺史时单独雕造的。在齐州任上，他们夫妻二人联袂建立功德，不失为李唐皇室崇佛史上的一段佳话。

还有两所左右毗邻、大小相仿的坐佛像龛，是公元658年由赵王李福（634—670）出资建造的（图145）。李福是唐太宗李世民的第十三子，公元639年被封为赵王，小龛旁边的题记显示，李福在雕造这处佛时，官职是行青州刺史。这尊佛像指明是为唐太宗敬造的阿弥陀佛像，并且祝愿“四夷顺命，家国安宁，法界众生，普登佛道”。李福造的佛像和龙门石窟宾阳南洞里魏王李泰为母亲造的正壁大佛十分相似，左肩都垂着一条带子系着袈裟，这是比较特别的做法，恐怕并不是偶然的巧合（图129）。千佛崖的造像，无疑是济南地区佛教艺术中比较重要的一处。

图145　山东济南千佛崖赵王李福造双坐佛像龛（唐显庆三年，658年）

图146　宁夏固原须弥山第105窟中心柱左面龛地藏菩萨及其胁侍菩萨（唐）

丝绸之路沿线的宁夏固原，唐代时进入须弥山石窟艺术的繁荣期，保存至今的窟龛数量也最为丰富，主要分布在大佛楼、相国寺、桃花洞三区。第105窟俗称桃花洞，是中国石窟中较为罕见的一所唐代中心柱窟，中心柱的每一面，除北壁里龛仅雕了一尊立佛外，其余各龛都有主像和胁侍菩萨（图146）。这些菩萨像的头顶梳着高高的发髻，身上绕着飘带，形体优美，亭亭玉立，展现了大唐特有的艺术风采。窟室左壁的后部还雕了一身展开双臂站立的接引佛，是阿弥陀佛正在迎接众生进入西方极乐世界的形象。

相国寺区分布着一系列成组的唐代佛殿窟，一般是方形平面，沿着正、左、右三壁设置有倒凹字形的宝坛，在坛上雕着佛与胁侍的二弟子、二菩萨、二天王（或二力士）像。这种窟是提供给僧侣们拜佛讲经说法用的。它们的下方分散着系列成组的僧房和修行用的禅窟，构成一个庞大的崖间寺院体系。

在甘肃庆阳，唐代信佛的地方官吏仍旧促进着陇东石窟艺术的繁荣，因为北石窟寺的唐代窟龛约占总数的三分之二以上。第32窟平面为不规则的长方形，窟内凿有一座中心柱，柱的四面开龛造像。在窟内东壁长方形大龛内雕着一佛、二弟子、二菩萨、二力士像，其余各壁均开佛龛（图147）。据东壁龛内南侧的阴刻铭文记载，武则天大周如意元年（692）四月八日，也就是佛诞日，奉义郎、行泾州临泾县令杨元裕敬造阿弥陀像一铺。可知该窟开凿于武周如意元年（692）以前。窟内的造像虽有残损，但身躯优美，衣纹流畅，雕刻技艺高超，尤其是力士肌肤的健美，反映了唐代工匠们功力之深。另外，根据第257窟窟门北壁上部的铭文题记，该窟是在大周证圣元年（695）六月廿五日由丰义县令安守筠为世代父母、见存眷属及十界苍生开凿完成的，主要造像也是一佛、二菩萨、二弟子，同样具有唐代独特的造像艺术魅力，是研究北石窟寺唐代雕刻的代表性作品。

甘肃永靖炳灵寺的唐代窟龛现存有134处，大部分是露天的摩崖小龛，只有少量的平面方形、圆形或者马蹄形洞窟，窟顶大部分是平的。这些唐代窟龛中的造像多数是佛和二弟子、二菩萨、二天王相组合的形式，窟龛中的主要崇拜者有阿弥陀佛、药师佛、弥勒佛、观世音菩萨等。这些造像人物体态丰满，婀娜多姿，有着夸张的身段，身体的表面还加绘色彩，用来表现人物的肤色或衣饰的细节特点（图148）。在洞窟的造像之间与顶部，往往绘制

图147　甘肃庆阳北石窟寺第32窟内景（唐。唐大华拍摄）

图148　甘肃永靖炳灵寺石窟第23龛（唐）

精美的壁画。

在长安和洛阳初唐佛教艺术的影响下，甘肃敦煌莫高窟造就了120多所精美的洞窟，时代属于初唐和盛唐，而敦煌接受中原文化的影响总是要晚几十年时间。有不少洞窟还保存着有确切年代的墨书题记，展示了莫高窟佛教艺术全盛时期的基本面貌。

初、盛唐时代的莫高窟，一般都有前室和后室。后室即主室，平面呈方形，窟顶是覆斗形的藻井，大部分洞窟只在正壁上开出一所大龛，使室内具有了宽敞的活动空间，僧侣和在家信徒们可以在这里举行各种讲经、说法、礼拜等佛事活动（图149）。这种佛殿窟类型在唐代的莫高窟中已经绝对性地占据了主导地位。隋代的旧制仍有少量的保存，如：第332、39等个别窟仍然是中心柱和人字披顶的形式；第46、225、386等窟还在南北两侧壁各开一

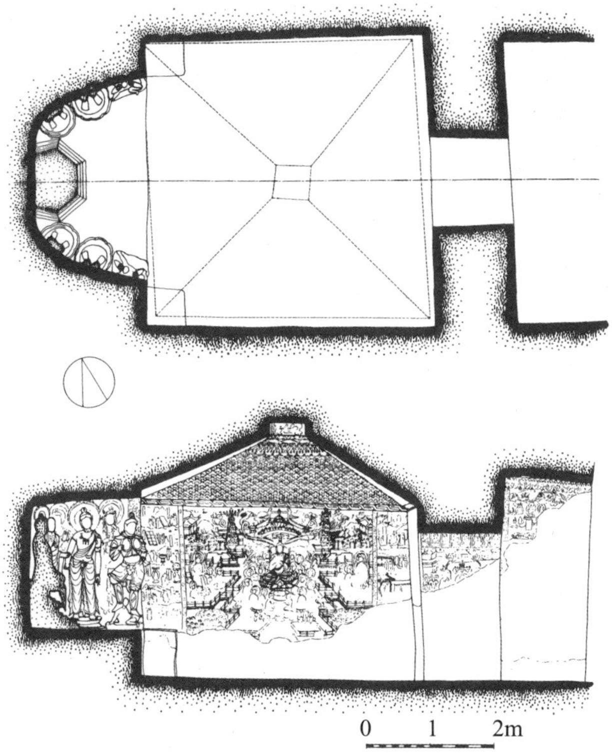

图149 甘肃敦煌莫高窟第45窟平、剖面图（盛唐，8世纪上半叶。采自敦煌研究院《中国石窟·敦煌莫高窟》第3卷）

图150　甘肃敦煌莫高窟第45窟正壁龛彩塑（盛唐，8世纪上半叶）

龛，组成了三壁三龛的结构；第57、322等窟虽然也是单龛式，但还是承袭了隋代双层龛口的遗制。还有个别的洞窟，如第205窟，在窟室的地面中心设置一个佛坛，坛上安置塑像，已经预示了晚期洞窟的发展趋势。

洞窟内的塑像与壁画的分布，一般都是经过周密设计安排的，在前朝的基础上出现了新的意境。正壁大龛内一般是安置佛正在向大众说法的场面，它是洞窟内最主要的崇拜偶像（图150）。在佛的两侧，由近至远、按身份等级特意安排了成对侍立的弟子、菩萨、天王，或再加胡跪姿势的供养菩萨。龛内的一组像少则七身，多则十余身。另外，在龛内塑像的身后，还往往绘制出众弟子、菩萨、诸天等形象，既表现了众圣听法的宏大场面，也使有限的龛内空间具有了无限的视觉与想象空间。

壁画仍然是洞窟内起宣扬思想内容作用的辅助性表现形式，宣扬佛法智慧无边、佛国世界快乐无比的各种经变画，已经占据窟内大部分壁面。所谓经变，就是用图画的形式说明佛经内容。在正壁大龛外两侧，一般画菩萨像与小型的《维摩诘经变》，一边是维摩诘居士，另一边是号称智慧第一的文殊菩萨，表示这两位大士正在问答佛法。有的洞窟则是在一边画佛传中的《乘象入胎》，在另一边画《逾城出家》等，表现的是释迦牟尼出家前的一些神异故事。南北两侧壁，一般是利用整幅壁面画出大型经变画，如《阿弥陀经变》、《观无量寿经变》（图151）、《弥勒经变》、《法华经变》、《药师经变》等。这些经变画结构布局严谨而精巧，场面富丽而宏伟，能真正体现出大唐盛世的精神与气魄。东壁是洞窟主室的前壁，唐朝的艺术家们利用被门洞一分为二的壁面，绘制出左右对称的两组画面，《维摩诘经变》画是最常见的。门洞的上方往往画佛的说法图，或者是三佛并坐像、二佛并坐像，巧妙地利用着这里的壁面空间。在覆斗形的窟顶中部，绘有色彩绚丽的华盖式藻井，窟顶的四个坡面画千佛或者经变画等，地面还要铺上莲花纹砖，这样，整个洞窟就被装扮得像佛教中的清净乐土。如果没有长安、洛阳寺院中壁画艺术的影响，很难想象在敦煌会出现这样辉煌的作品。

图151 甘肃敦煌莫高窟第172窟《观无量寿经变》壁画（盛唐，8世纪上半叶）

图152　新疆库车库木吐喇石窟外观

在新疆库车县西南约30公里处，有一个叫作库木吐喇的地方，是维吾尔语，意思是“沙漠中的烽火台”。这个名称目前已成为古代龟兹地区第二大石窟寺群的代名词。库木吐喇石窟群分布在渭干河下游东岸的山麓和断崖上，分为南北两区，彼此相距约有3公里，其中北区有编号洞窟80个，南区有编号洞窟32个（图152）。这个石窟群的开凿时间比克孜尔要晚一些，大约在公元5世纪，而最晚的洞窟则完成于11世纪或稍晚。

库木吐喇石窟的洞窟形制主要是中心柱窟、方形窟和僧房窟等。早期的中心柱窟形制和克孜尔石窟的差别不大。但有一批中期以后开凿的洞窟却出现了新的情况，如第10—14窟，第15—17窟，第68—72窟，第42、45窟，第74、75、79窟，第7—9窟等，洞窟形制虽然还是龟兹人所创造的固有样式，但里面的壁画内容却大为改观。

第15—17窟是统一设计开凿完成的，排列成品字形。第16窟居于三室的主要地位，是一所中心柱窟。有趣的是，在这个龟兹式的礼拜窟主室两侧壁，却绘着场面巨大的经变画。北壁画的是《药师经变》。据玄奘翻译的《药师琉璃光如来本愿功德经》等经典的记载：药师佛是东方净琉璃世界中

图153 新疆库车库木吐喇石窟第16窟主室南壁《观无量寿经变》壁画中的“未生怨”局部（8—9世纪）

的教主，当他还是菩萨的时候，曾经发过十二大愿，要解救所有苦难中的生灵。药师成佛以后，凡是敬奉他的人，死后可以不坠入畜生和地狱道中，可以摆脱生、老、病、死、盗贼、难产等等痛苦，甚至可以免掉九横死（即九种非正常性的死亡）。这幅大经变画的中间部分已经看不清楚，两侧相配合的条幅画中，西侧是“十二大愿”，东侧是“九横死”的情节，而且都有汉文的墨书榜题把内容写得明明白白。

第16窟主室南壁画的是《观无量寿经变》，这是根据刘宋畺良耶舍（383—442）《观无量寿佛经》的内容绘制的以无量寿（即阿弥陀）佛为主宰的西方极乐世界的繁华场面。画面的中间部分，在天空中悬浮着各种不奏自鸣的乐器，下面有汉民族样式的水榭楼台和歌舞伎乐等，好一派幸福欢乐的情景。在画面东西两侧的条幅画中，表现的是经中“未生怨”和“十六观”的故事情节，描绘古印度的阿阇世王心生恶念，幽禁自己的父王母后（图153）。王后韦提希祝愿自己能脱离苦难的现实，往生到西方极乐世界中去，于是释迦牟尼前来为她讲说十六种可以往生的观法的情景。画面的旁边也都有汉字解说榜题。

这种大幅经变画，在新疆地区还没有发现相同的例子，但敦煌莫高窟的唐代石窟中却能看到不少同样题材的壁画。另外，第16窟经变画中的人物，无论是佛还是菩萨、天人，都是标准的汉族地区唐代佛教人物形象，表现出了浓郁的汉族绘画风格，人物所在的环境也是汉民族式的建筑与院落（图153）。与此同时，在库木吐喇其他具有同样汉风的洞窟中，有的在中心柱窟的甬道、后室侧壁画出立佛和立菩萨，然后在像的旁边用汉文题写着“南无阿弥陀佛”“南无救苦救难观世音菩萨”等名称；有的壁画下面绘出了头戴幞头、穿盘领窄袖长袍的汉族供养人像，也就是出钱开洞窟的主人自己的模拟画像，他们的服装完全是唐朝式样的。看来，在公元8—9世纪间，确实曾有不少来自内地的唐朝画工在这些洞窟创作描绘壁画。

在古代的龟兹，怎么会有这么多汉人绘制的佛教壁画呢？翻开历史书，就会发现在唐朝建国之初，唐太宗李世民曾于公元648年把控制西域的安西都护府转移到龟兹，下面统辖着焉耆、于阗、疏勒以及龟兹四个镇。到了武则天执政时期的公元692年，再一次确立了龟兹重要的军事地位，并派遣了多达3万人的汉兵驻守。从此，内地的汉文化便在龟兹地区产生了巨大影响。那些远离故乡的戍卒，身居大沙漠的腹地，在孤寂的军旅生活中，是非常需要一种精神寄托的，更需要西方的佛祖保佑他们能早日与家人团聚。于是，龟兹地区的汉人寺院建立起来了，一些内地僧人来到这里主持佛事活动，传播着来自长安、洛阳的佛教信息。

图154　四川广元千佛崖摩崖造像（王静娴拍摄）

初唐的佛教艺术还波及四川北部地区。四川省北部的广元市位于嘉陵江上游。在城北5公里的地方，有一处千佛崖石窟群，拥有大小雕像7000余躯（图154）。其中的一批佛坛窟很有趣

图155　四川广元千佛崖第30窟（弥勒窟）内景（唐，7世纪末—8世纪初）

味：它们一般是方形平面，外口部敞开，在窟内的中心部位凿出一个方形或长方形的佛坛，在坛上雕刻一组列像，坛的背部雕出两棵娑罗树形的镂空大背屏，直通窟顶。如第23窟（菩提瑞像窟），佛坛正中是一尊亦佛亦菩萨形的结跏趺坐佛像，右手施降魔印，表现释迦牟尼在菩提树下成道时的形象，两边设置二弟子、二菩萨、二力士。释迦的身后刻着椅子靠背，靠背两侧各雕一株通顶的娑罗树，表面还有一些天神形象。根据窟内的一方唐代碑刻，可以知道第23窟开凿于710—712年间，在同类洞窟中属于年代较早的一所。第30窟（弥勒窟）方坛上雕刻的是倚坐弥勒佛及其胁侍像（图155）。第2窟（多宝窟）是一所敞口的方形平顶窟，中央有一个长方形的大坛，坛上雕出释迦、多宝佛与二弟子、二菩萨六尊像，背后有一通顶的大背屏，也是初唐晚期的作品。

看到这样的佛坛窟，会使人联想到中心柱窟。的确，它们同中心柱窟有些相似，绕着佛坛行走一周，同样可以达到礼拜塔柱的功能。但佛坛窟不存在塔柱，因此作为佛殿的性质会更多一些。

中国大地上，保存着数不清的木构佛教寺院，有些还是旅游观光的主要景点。稍加留意就会发现，这些佛殿里的地面中央，一般都有方形或长方形的佛坛，上面放置着各种各样的雕塑偶像。佛坛的后面立着一个木质大背屏，直通大殿的顶部，人们可以围绕着佛坛行走一周。在大背屏的后部，有的还塑着天神或观音像。这是从古至今仍在使用的佛殿基本构造，而且已很明显地融入了绕塔礼拜的思想。原来，这里的佛坛窟是模拟地上的木构佛殿开凿的，是石窟寺中国化的又一项重要创作。

当然，初唐时代留给人们的佛教艺术远远不止上述这些。河南浚县千佛洞石窟、河北隆尧县宣雾山石窟、四川通江千佛崖摩崖造像、甘肃张掖马蹄寺千佛洞中区的第6窟等，都有初唐时代的艺术作品，应该还有更多的初唐神秘佛窟等待着人们去发现。同时，洛阳和长安佛教艺术的影响力，也不仅仅局限于当时的中国境内，对同时代的朝鲜半岛和日本列岛，对以后中国佛教艺术的发展，都有着不可低估的推动作用。

5. 奇妙神秘的偶像——密教造像的起源

公元四五世纪的印度笈多王朝时期，出现了一种新的宗教——印度教。印度教是在古代印度传统的婆罗门教基础上，再吸收包括佛教在内的其他宗教的教义而形成的。它的教义简明易懂，并且能同传统的民间宗教观念相结合。因此，它很容易被人们接受，有着广泛的群众基础。而那时的大乘佛教教义烦琐深奥，一般人很难理解，逐渐失去群众的信仰，佛教面临着严峻的挑战。这种形势迫使佛教徒必须广开门路，更多地吸收一些以前他们认为是外道的东西，来为自己服务。另外，佛教寺院这时已经建立起了雄厚的经济基础，上层的佛教僧侣追求物质财富和享乐的欲望逐渐增长，也不愿再为深奥的教义和苦行费心。这就要求佛教必须进行改革，去适应各阶层的需要。

公元7世纪，佛教纯正的密教在印度诞生，盛行于德干高原等地。本书前面提到过的三身佛中的法身佛叫毗卢遮那，意思是“遍一切处”，就是指他的光明像太阳一样能普照四方，所以他又叫“大日如来”。这位法身佛，实际上是把佛所说的真理（佛法）加以人格化而形成的真理佛（法身），因此它的话就具有绝对的真理性。密教自称就是由这位法身佛大日如来直接传授了深奥的秘密教旨，才形成他们的基本教义，因为都是“真实”言教，所以称为密教，他们口里念诵的咒语叫“真言”。但学术界认为，密教是印度大乘佛教的部分派别与婆罗门教相结合的产物，是将大乘佛教的烦琐理论运用在了简化通俗的诵咒祈祷方面。在他们的组织形式上，婆罗门教的咒术、仪礼以及其他的民间信仰都被吸收进来，具有了术士与神巫的性质。

密教主张秘密传法，传承着大日如来授予的真言、秘咒。人们只要信仰密教，不需要经过累世修行，只要按照这个教义的规定，口诵真言（语密），手结契印（身密，就是把手放成规定的姿势），心作观想（意密），三密同时相应，就可以立即（即身）成佛。成佛这样方便，人们都愿去试试，于是佛教又有了些市场。但是好景不长，由于它把宗教过于程式化，也就必然会把自身引向灭亡。因此，密教是印度大乘佛教发展的后期阶段。

当时印度著名的那烂陀寺里有一位僧人叫善无畏（637—735），相传是释迦族的后裔，正拜达摩笈多为师，潜心研究密教的教义。有天，师父告诉他说："你命中与中国有缘分，应该去那里弘扬我们的密教。"于是善无畏遵从师命，经过多年的跋涉，直到唐玄宗开元四年（716）才到达长安，这时他已经80岁了。725年，他遵照唐玄宗的旨意，在洛阳的大福先寺与中国的一行和尚（673或683—727）合作，翻译出了密教的根本经典《大日经》，据说密教的理论基本在这部经里了。善无畏来到唐朝4年以后，南印度的密教高僧金刚智（669—741）也携同他的弟子不空（705—774），经由南海、广州抵达洛阳，大力弘扬密教。从此，在中国逐渐形成一个新的佛教宗派——密宗。

印度的密教崇拜着特殊的偶像。传到中国以后，它们就与唐代流行的艺术风格相结合，创作出了独特的密宗专有的神秘偶像。

密教徒们在诵经或修法时，需要先选择一个清净的地方，画一圆圈，或建一个土坛，然后在坛上安置佛、菩萨、护法等像。这种坛场叫做"曼荼罗"。中国和日本的密教徒常常把曼荼罗和坛中的佛像画在纸帛或墙壁上。密教的最高尊神大日如来通常被安置在曼荼罗的中央，在他的四方还分布着东方的阿闳佛、南方的宝生佛、西方的阿弥陀佛、北方的不空成就佛。密教认为五方佛具有五种智慧，而大日如来兼而有之；为了教化众生，他还可以化现五方佛。这五佛是密教崇拜的主要偶像。

密教创造了多种多样的菩萨和明王像，在各种曼荼罗中都指定了他们的具体位置。密教的菩萨像，主要是长着很多面孔和很多臂、手上拿着各种法器的形象，其中以观世音菩萨的多种变化身为主。如千手千眼观音、十一面观音、如意轮观音、马头观音、准提观音、圣观音、不空罥索观音、数珠观音、白衣观音等，还有千臂千钵文殊菩萨、地藏菩萨等。

密教特有的明王，是佛与菩萨的各种变化身，是为了教化众生，特别是那些贪愚者以及教敌而显化的愤怒威猛相的尊神。明王的“明”，是指用佛、菩萨的智慧光明，能摧破众生的烦恼与业障。他们一般也是多面多臂、手持各种法器的形象。明王有五大明王、八大明王、十大明王等，主要是不动明王、降三世明王、军荼利明王、孔雀明王等。

此外，密教还造立四大天王像，特别是盛行北方的毗沙门天王，还流行地藏与地狱十王变相等。

中国的佛教密宗，虽然是在唐玄宗时代形成的，但是密教所尊崇的偶像在初唐时代就已开始流行。656—659年，玄奘法师曾翻译《十一面神咒心经》和《不空罥索神咒心经》，义净和尚在武则天时代也翻译了不少密教的经典。这些都很对武则天的胃口，因为她不仅爱好佛教，还特别相信那些秘密神奇的预言和占卜吉凶的说教，密教的思想可以满足她这方面的需求。因此，密教形象在武则天时代出现也就不奇怪了。

龙门石窟东山的擂鼓台，南北向排列着3所中型石窟。北洞的平面呈马蹄形，在正、左、右三壁前各雕了一尊大坐佛像。其中正壁的主佛非同一般，它的头上戴着宝冠，身上穿袒裸右臂式的大衣，颈上装饰着华丽的项圈，右臂上还戴着臂钏。它的形象介于佛和菩萨之间，表现的很可能是释迦牟尼刚刚成佛时的形象——降魔成道像。它位居石窟的中央，地位显然超过两侧的普通佛像。这三身佛像很可能表现着三世佛，也可能是三身佛，即法身、应身、报身佛。

北洞前壁门两侧还分别浮雕着四臂观音和八臂观音像（图156）。前壁南侧雕有八臂观音像一尊，通高1.97米，头顶饰高发髻，身材丰满窈窕，上身袒裸，饰有项圈，身挂长璎珞与帔帛，下身穿长裙，基本服饰和唐代普通观音菩萨像相同。但他有八臂，每臂都戴有手镯，右侧四臂均残（图156左）。前壁北侧雕有四臂观音一尊，体形服饰和南侧八臂观音相似，通高2.05米，前后两臂方向相反，四个手姿各异（图156右）。这两尊观音像的头部都已经佚失。根据前人的研究，四臂观音的头部有十一面，是十一面四臂观音。日

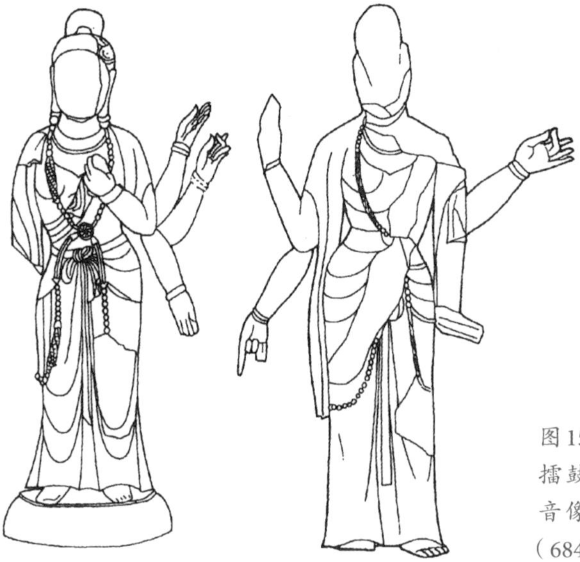

图156　河南洛阳龙门石窟擂鼓台北洞前壁南侧八臂观音像、前壁北侧四臂观音像（684—693年）

本仓敷市大原美术馆收藏着这件十一面观音头像，高53.5厘米，呈现初唐风格，主面为单面，头上一层雕七面，二层雕三面，最上为一佛面。也有学者认为这个头像属于南侧的八臂观音。

北洞窟门外门上方有一横长方形浅龛，编为第2065号。中雕一坐佛与二立菩萨像，周围刻有七层共五十四身排列整齐的小坐佛，北侧上有一身右舒坐菩萨，下有一身立菩萨；南侧上有一身左舒坐菩萨，中有三小坐佛，下有一身右舒坐菩萨；最南端雕了一身八臂观音像，通高56厘米，面部已残，服饰与北洞前壁的二观音菩萨相同。他的身体左侧四臂最前一臂弯曲于胸前持物，其余三臂平均展开，一臂下伸提净水瓶；右侧四臂最前一臂贴身下垂，其余三臂平均展开。这个浅龛应该是北洞完工以后补刻的，时代稍晚于北洞。

这些多臂观音像都是观世音的变化身，属于密教尊崇的偶像。多臂观世音在唐代阿地瞿多编译的《陀罗尼集经》中曾提到过，如第五卷说在道场的“正当北门作莲华座，安八臂观世音”，第十二卷说：“当院门中……次安六臂观世音座。”经中还说在中央一院的“北面西头第一座主名六臂观世音……第三座主名九臂观世音……（北面西头）第六座主名四臂观世音”。龙门擂鼓台北洞的八臂与四臂观世音像为什么要安排在窟内前壁门两侧，还不容易确定究竟出自何种经典。不过，这个位置原本是雕刻二天王的，把两尊多臂观音安置在这里，很可能有用观音的大慈悲来护佑佛法的用意。

在万佛沟高平郡王洞的左下方，有一所平面呈长方形的平顶小窟，编为第2141号，高1.32米，宽1.7米，深1.3米。东壁下部有一矮坛，坛上壁面浮雕着一身高1.1米的千手菩萨像，身体部分已被盗凿，残像的身后呈一圆幅面展开的无数只手臂保存完好，各手臂都是向外伸直，手掌展开，雕工细致精美（图157）。该像表现的是千手眼观世音，但每一个手掌心却没有刻出一眼，推测原先可能是在各掌心画有一眼，因岁月久远而消磨殆尽。这个小窟的开凿应在武周时期。

在第2141号的左侧有一所长方形浅龛，编为第2142号，高0.92米，宽0.82米，深0.34米，平顶（图158）。龛内正壁上部刻有一坐佛，还有东西两侧的左右舒坐菩萨与立菩

图157　河南洛阳龙门石窟万佛沟千手观音小窟（第2141号）东壁千手观音残像（武周，690—704年）

图158　河南洛阳龙门石窟万佛沟八臂观音像龛（第2142号）（武周，690—704年。贺志军拍摄）

萨各一身，五尊像的身下都有莲梗相连的仰莲；下部正中刻坐佛一身，下有高坛，东西两侧各立一身八臂观音像。龛内的佛与菩萨像也具有武则天执政时期的龙门时代特点，两身八臂观世音像的性质，应该与擂鼓台的同类像相同。

在龙门万佛沟，从第2141号经过“西方净土变龛”向东不远，就到了“千手千眼观音龛”，现编为第2133号（图159）。它是一所长方形浅龛，高2.4米，宽1.75米，深0.4米。龛内浮雕一身菩萨立像，高1.79米，身躯呈直立姿势，面相丰满，表情肃穆，双目细长下视，额上竖刻一眼，头顶高束发髻，宝冠上有化佛，是观音的重要标志。他的身体左右两侧最前部刻着十二只手臂，分别以不同动作向四周伸展，有的手中还持有法器或梵箧等物。在菩萨的十二大臂后部和身躯的周围刻满了小手臂，呈放射状向四周伸

图159　河南洛阳龙门石窟万佛沟千手千眼观音像龛（第2133号）（武周，690—704年）

展，手掌相互叠压交错，生动自如，似孔雀开屏一般，而且在每只手掌心都刻着一只眼。这所龛的雕刻时代也可能在武则天时期。

密教经典中说：观音菩萨曾在过去听千光王静如来说法，之后他发誓要使众生安乐，获得最大的利益，于是身上就长出了千手千眼，用千手来保护众生，用千眼来观察人间的疾苦，表现了观音菩萨大慈大悲、解救万民痛苦的高尚情操。

在龙门西山众多的显教窟龛造像中，有一处密教小窟值得注意。在惠晾洞上方有一座小窟，现编第571号。它的平面呈半马蹄形，券顶，高2.23米，宽1.39米，深1.08米。正壁雕了一立菩萨像，是普通的观世音菩萨形象，具有典型的龙门武则天时期风尚。最引人注目的是南壁的十一面三十四臂观音立像，他的颈上长出11张脸，重叠向上排列，呈宝塔样（图160）。十一面是象征这位菩萨已经修完了大乘菩萨的10个阶位，到达了第11阶位（佛果），真正功德圆满了。

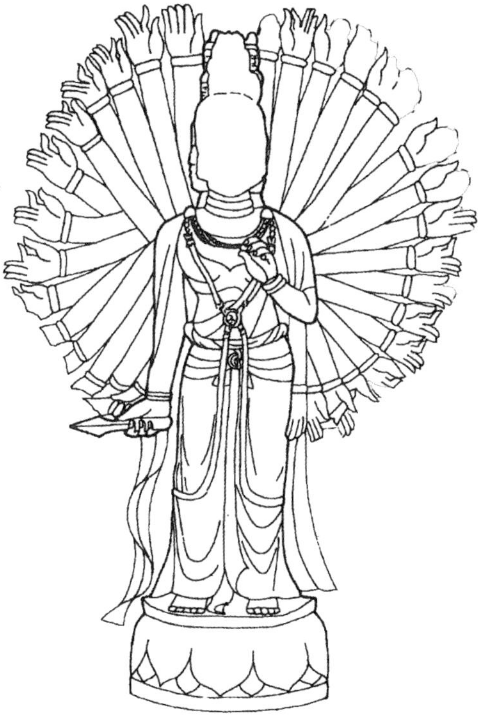

图160　河南洛阳龙门石窟惠晾洞上方第571号小窟南壁十一面多臂观音像（武周，690—704年）

供养并念诵十一面观世音神咒，可以消除一切疾病、忧恼、灾难、噩梦、恶心，包括所有的妖魔鬼怪。玄奘翻译的《十一面神咒心经》中说，在信徒斋戒供养十一面观世音像之后，该像当前一面就会“口中出声，犹如雷吼”。如果遇到外敌入侵，就把像左边的瞋面对着敌人的方向，可以令敌军不得前进。如果要消除国中人畜得的疾疫，可以“取绯缕作七咒结，一咒一结，系置最

图161　河南洛阳龙门石窟极南洞南侧下方五佛洞（第1954号）内景（唐，8世纪纪初。贺志军拍摄）

上佛面顶上，能令疫病一切消除”。如果有鬼魅害人成病，可作用于当前的慈悲面。如果有仇人加害，可求助于左侧的瞋面。

龙门还有一些石窟造像也可能与密教有关。前面谈过，密教信奉五方佛，以大日如来居中，有四方佛位于东、西、南、北。五佛洞（第1954号）在西山极南洞的南侧下方，平面呈长方形，高1.5米，宽1.2米，深2米，在正、左、右三壁下部凿出倒凹字形基坛，在正壁坛上雕一结跏趺坐佛像，右手施降魔印。在主尊两侧的左、右侧壁分别雕着二立佛、一菩萨、一天王像，共有五身佛像（图161）。它会不会是以龙门武周期典型的佛殿窟形式来表现密教的五方佛题材呢？很值得思考。

东都洛阳是密教最早在中国活动的重要地区，密宗的创始人善无畏、金刚智死后都埋葬在龙门。初唐时代，龙门的密教形象种类虽然还不多，但说明早在密宗建立以前，中国僧侣们就已根据印度传来的密教经典制作主要崇拜偶像了。西京长安和东都洛阳，应该是这种新的造型艺术的起源地，当然也是参考了印度的蓝本。至于密教偶像的大量出现，自然是唐玄宗时密宗成立以后的事。

第八章

富贵超凡的世尊风貌

——盛、中、晚唐石窟寺

705年，武则天病重，宰相张柬之（625—706）率领文武大臣入宫逼其退了位。82岁的武则天就在这一年死去。此后的8年中，由她的两个儿子唐中宗、唐睿宗轮番执政。到712年，武则天的孙子李隆基登基做了皇帝，他就是唐玄宗，历史上也称唐明皇。在唐玄宗长达44年的执政年代（712—756）里，唐朝的社会发展到最高点，国家的殷富也达到开国以来从未有过的高峰，因此人们把这段时间称为盛唐。

756—820年为唐代中期（中唐），地方上兴起了一股藩镇割据势力，同中央政府发生了激烈的矛盾斗争。821—907年是唐朝的后期发展阶段，也称晚唐。这一时期，皇帝的统治权力已逐渐衰落，而皇帝的家奴——宦官的势力却占据了优势，他们甚至可以随便废立皇帝。地方割据势力最后成为唯一的军事力量，唐朝灭亡。

在唐玄宗时代，经济文化空前繁荣，但与此相反的是，石窟寺的发展却逐渐走向低谷。主要原因是，玄宗和太宗有点相似，也是一位不信佛的皇帝。他刚当皇帝不久，就对一位佛教的首领说："佛对人民而言，到底有什么恩德，以致你们这些人连自己的君主、父母、妻子、儿女都舍弃了，去出家当和尚！你给我说说看，如果你有道理，我会替你们弘扬佛法，否则就要削除。"唐玄宗最信任的宰相姚崇（650—721）也乘机劝他对佛教加以限制，于是，全国上万名和尚、尼姑被强迫还俗。唐玄宗还命令拆除了一批寺院，不允许民间再任意建新佛寺，并且还一度禁止造像写经。与此同时，他对道教的思想越来越感兴趣，许多自称法术高超的道士都同他保持着密切交往。唐玄宗最宠爱的杨贵妃（名玉环，719—756），原来是他的儿媳。为了使他们的关系名正言顺，唐玄宗先让杨玉环去太真宫当女道士，然后再册立为贵妃。唐玄宗晚年更加迷信道士的长生不老术，竟然在宫里立坛炼丹。但唐玄宗只是限制佛教的膨胀，对于一般的佛教活动并不禁止。所以，盛唐时代的佛教艺术，也有着一定规模的发展。

755年爆发的安禄山（703—757）与史思明（703—761）叛乱，以及此后长达200年的分裂与割据，使石窟艺术的发展失去了一个统一安定的客观环境。满园春色的景观从此逝去，只有那些相对偏僻安宁的地方，还保持着风景独好的艺术繁荣。

1. 秾丽丰肥的姿容　雍容华贵的气派

713—741年，是唐玄宗李隆基一生政绩的辉煌时期。他曾5次前往东都洛阳，前后共居住了10年时间。当他瞻仰前朝高宗皇帝和武皇后造的举世无双的大像龛时，不禁感慨万分，发誓重新装饰大像龛，并在龛里补雕了49尊立佛像（再加上还没有完工的，有五十一身之多），作为自己的一项功德善事。与此同时，他的亲信、大宦官高力士（684—762）也积极配合，率领内侍省（负责宫廷事务和照料皇帝饮食起居的机构，专由宦官担任）的106名官吏特意在大像龛的北侧为唐玄宗造了一组无量寿佛像，祈祷他将来往生到西方极乐世界。

图162　河南洛阳龙门石窟奉先寺卢舍那大像龛左菩萨左侧的立佛像龛（唐开元十年至二十九年，722—741年。佛利尔与周裕泰拍摄于1910年）

唐玄宗造的众佛像，都是在奉先寺大像龛的大像之间插空雕刻的，没有一定的分布规律，最多的有5尊排在一起，最少的只是单独一尊（图162）。这些佛像的身高都在

1.9米左右，基本同人间的高个子相等，脚下都踩着八角形的亚腰莲台，身上穿着通肩或双领下垂式大衣。他们的体态与龙门初唐佛像已经完全不同了：头似圆球状，面部胖圆，双目俯视，鼓胸隆腹，身躯肥胖，近乎臃肿，丝毫看不出初唐时的那种健康苗条之美。从他们的身上，已领略不到前朝的开拓精神，而是流露着一种富贵气，一种更加超凡脱俗的华贵气质。

无独有偶，山西省五台山佛光寺东大殿内所藏的一件752年雕刻的坐佛像，河北省肥乡县发现的一尊742年造的坐佛像，都有这种肥胖太甚的感觉。四川省巴中始宁寺第3号窟盛唐期佛像也是这种风格。1957年，在西安市原唐代长安城大安国寺遗址出土过唐玄宗时代的菩萨头像，面部异常丰腴，表情极其动人（图163）。西安市内还保存着一些同时代的佛教雕刻，基本上都是这种风格。看来这种造型风格是从长安起源的，然后再被洛阳和其他地区所采用。

从现有文物资料看，追求极度丰满的人物造型，是从武则天时代开始的，不过那时是很偶然的现象，唐玄宗执政以后，才被定型为新的造型艺术风格，在社会上广泛流行。盛唐最著名的画家吴道子（约680—759），也是梁朝张僧繇的崇拜者，唐玄宗很喜欢他，专门让他在宫廷作画。吴道子很擅

图163　唐长安城大安国寺遗址出土的白石菩萨头像（唐玄宗时期，712—756年。西安碑林博物馆藏）

长画佛教人物，常在长安、洛阳的寺院中绘制壁画，他的造型风格继承了张僧繇的特点。

后来，这种崇尚丰满人体的画风进一步发展，就形成了一种新的画题——绮罗人物，专门描绘穿着华丽的贵族妇女，是当时十分时髦的一种美人仕女画。张萱和周昉就是这种画派的代表人物。张萱的《虢国夫人游春图》，描绘的是曾经得到唐玄宗宠遇、被封为虢国夫人的杨贵妃姐姐带领随从骑马春游的情景。周昉初学张萱，后来有了少许不同。他的画大部分反映的是贵族妇女优游闲逸的生活，而且个个人物都是容貌丰肥，色彩柔丽，纱衣透体，雍容华贵，颇为当时的宫廷皇室和贵族官僚阶层所欣赏。从周昉的传世作品《挥扇仕女图》《簪花仕女图》等画中都能看到这种风格（图164）。周昉也擅长作佛教画，就连雕塑家们也仿效他，称他的画风为“周家样”。

图164　周昉《簪花仕女图》局部（唐。辽宁省博物馆藏）

盛唐佛像的过于肥胖，正反映了社会上流行的这种艺术风尚。

张萱与周昉的人物造型，以及盛唐石窟中的胖佛像，都折射出了当时唐朝贵族阶层的审美情趣。著名诗人杜甫（712—770）《丽人行》诗中的“态浓意远淑且真，肌理细腻骨肉匀”诗句，就是对集体出游的贵妇人仪态的真实写照。西安地区盛唐墓葬中出土的女立俑，个个都是肥胖的姑娘形象，有的甚至腹部鼓起如孕妇。这都是盛唐美女的典型形象。历史记载唐玄宗宠爱的杨贵妃是“丰肌秀骨”，想来大概和胖女俑的形象差不多吧！

唐玄宗是一位半明半昏的皇帝，特别是晚年，自以为天下富足，国泰民安，便整日沉醉在声色犬马之中，过着极度奢侈的生活。他手下的大臣官吏们也纷纷效仿，社会上弥漫着追求享乐欢娱的腐朽风气，再也没有初唐时那种进取心了。他们已经不再赞赏健康向上和意气风发之美，只有极度的富贵和肉感，才能满足他们的感官需求。正是在这样的时代要求之下，才产生出“周家样”的艺术风格。

唐代段成式（约803—863）著《寺塔记》中曾提到，盛唐著名的画家韩幹（约706—783），在长安城道政坊的宝应寺内创作佛教释梵天女像，完全是按照当时名妓的真实形象画的。可见，盛唐佛教人物形象也是普遍采用世俗社会中美的典型作为模特儿的。现实生活中的美，必然要反映到佛教世界中去，这样才会有更多的人去信仰。

盛唐时这种衰颓的艺术审美倾向，一直延续到唐王朝灭亡。因此，中、晚唐时代的石窟艺术人物造型，基本特征都是这样的。

2. 一枝独秀的敦煌莫高窟

唐玄宗执政以后，中原地区的石窟寺艺术衰落了，但在偏僻的敦煌和四川两地却保存较多。敦煌莫高窟的盛唐艺术风格作品主要保存在中、晚唐的洞窟中。

公元755年安史之乱爆发后，唐朝政府被迫调动河西走廊一带的精锐部队前往中原平定叛乱，使河西地区守备空虚。吐蕃（今西藏）的军队乘此机会进入了河西走廊，敦煌等地的军民奋力抵抗，因寡不敌众，到公元781年，河西地区全部被吐蕃占领。吐蕃人也信仰佛教，他们对修建佛寺、开凿石窟是大力提倡的。所以，敦煌莫高窟仍然遵循着盛唐的轨迹，继续向前发展。

吐蕃人占据敦煌的时代，相当于中原一带的中唐时期。在这六七十年的时间里，敦煌的艺术家与工匠们共修补完成了盛唐的18所洞窟，开建了48所洞窟，共计66窟，其数量和规模都是相当可观的。在它们当中，主室平面呈方形、正壁开一大龛的佛殿窟，仍然是最主要的石窟形制。正壁大龛多做成方形盝顶形，少量的还做出双层龛口，在龛内依正左右下部，做一个马蹄形的坛床，呈倒凹字形（图165）。然后在坛床上安置坐佛与二弟子（阿难与迦叶）、二菩萨、二天王像。佛床的侧立面开出壸门，壸门内塑制伎乐人物。

佛殿窟的内容与布局也是有规律可循的。在前室的南、西、北三壁有的画出四大天王，甬道的两侧画供养人。主室覆斗形顶中央绘有华盖式藻井，周围有飞天旋绕。顶部四披的中间画佛说法图，周围布满千佛。正壁大龛的彩塑像内部，依龛壁画出约十扇屏风，在屏风内画佛的本生、因缘等故事。盝形的龛顶装饰着彩绘平棋图案，盝顶的四披绘制佛的瑞像图，多的可达

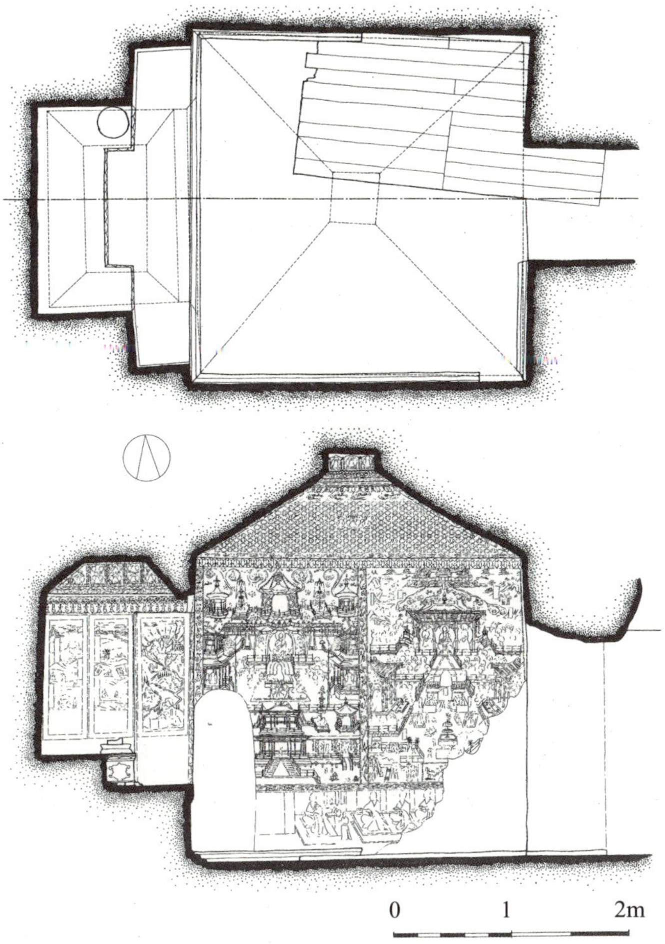

图165　甘肃敦煌莫高窟第361窟平、剖面图（中唐，8世纪末—9世纪初。采自敦煌研究院《中国石窟·敦煌莫高窟》第4卷）

四十余幅。瑞像图，顾名思义，就是能够表现出某种灵瑞和吉祥征兆的佛像图画。正壁龛外两侧分别画有小型的经变画，如《文殊变》《普贤变》等（图166）。南北两侧壁仍然画有各种经变画，但已不像初唐的佛殿窟那样通壁只画一幅经变，而是每壁绘出三大幅经变画，壁面下部还留出约三分之一的面积，以屏风的形式绘制每个经变中的诸品故事，也就是每个佛经的具体章节中的故事。其中，每幅经变画的下面大约有四联屏风画。这段时期常见的经变画有《观无量寿经变》《弥勒经变》《东方药师经变》《阿弥陀经变》《维摩

图166　甘肃敦煌莫高窟第159窟西壁（中唐，8世纪末—9世纪初）

诘经变》《法华经变》《天请问经变》《金刚经变》《楞伽经变》等十几种，也出现了一些初盛唐所没有的新的经变题材。在东壁的门两侧，各画一幅经变画，下部仍然绘四联屏风画。

在吐蕃时期的敦煌佛殿窟中，依然可以看到中原地区艺术形式的影响成分。前文已述，龙门石窟奉先寺以及其他著名的初唐中型洞窟，都是环绕正、左、右三壁设置倒凹字形的坛床，在坛床上雕刻出一组主要崇拜偶像。还有就是屏风画，同样也出现在西安地区初、盛唐时期的亲王公主和中唐时期的贵族壁画墓室中，一般绘制在内室。所以，我们可以想象，在唐代贵族家庭的寝室里，一定流行以设置屏风画的形式来装饰房间。这种现实社会中

的世俗实用艺术形式，被借来应用于出世间的佛殿窟内，是宗教艺术创作的必然现象。由此可以看到，敦煌虽然已失陷于吐蕃，但这里与唐朝中央地区的文化联系仍然是割不断的，之所以比中原地区某种艺术样式的流行晚了一个节拍，是由敦煌偏僻的地理位置造成的。

吐蕃时期的敦煌，还开凿出了一种大型的涅槃窟，很有特色。如第158窟，平面呈横长方形，盝形顶，在正壁的下部有一通壁宽的佛床，佛床上塑了一身16米长的巨大卧佛像，表示释迦牟尼已经涅槃（图167）。有意思的是，在卧佛的周围，还惟妙惟肖地画着众弟子、菩萨、天神、护法神等对释迦涅槃后的不同反应：众弟子的心情无比哀痛，如同失去了亲生父母，因为以后再也不能亲耳聆听佛祖的宣法了；菩萨们的神态却很安详，因为了解释迦的涅槃并非弟子们想象中的死，而是进入了一种摆脱轮回的不生不灭境界，从此，佛祖将与众生无处不同在。还有一部分是专门描绘各民族王子们举哀的场面，其中既有头戴冕冠、身穿大长袍的汉族王子，也有藏族、突厥族、南海昆仑以及南亚、中亚、西域等地的各族王子。他们有的穿毡褐、团花锦袍；有的上身袒裸，戴各种高顶毡帽，或扎白巾，系高发髻，或垂小辫；有的面貌棕黑，鬈发，深目高鼻，分别具有西域及南亚、中亚各国人的特点。根据本民族的风

图167　甘肃敦煌莫高窟第158窟内景（中唐，8世纪末—9世纪初）

俗习惯，他们表达悲哀的方法也不一样：有的拿刀割自己的耳朵，有的剜心，有的割鼻子，还有一位正在持剑剖腹，同时他们又都在号哭或悲泣，表示自己对释迦的虔诚敬仰和痛不欲生的哀悼心情（图168）。这幅巨大的涅槃变相图，构图严谨，人物造型生动逼真，整个画面气势磅礴，它以众人狂热的悲痛和卧佛沉静的安睡相对比，烘托出了佛入涅槃的崇高境界。

在吐蕃统治下的敦煌，一位英雄人物崛起了，他就是张议潮（799—872）。公元848年，张议潮乘吐蕃发生内乱之机，在敦煌率领民众起义，赶走了吐蕃的将领，并派他的兄长张议潭为首的十路使节向唐王朝报捷。公元861年，张议潮率领由7000人组成的军队向东拔掉了吐蕃王朝在河西走廊上的最后一个据点——凉州（今甘肃武威）。公元866年，张议潮的军队攻克了位于新疆的西州（今吐鲁番东南高昌城址）、北庭（今吉尔萨尔县北破城子）等城，使断绝了百年的丝路旧道暂时疏通，同时也打通了敦煌通向长安的道路。此后，敦煌就由张议潮家族统治，相继任沙州刺史与归义军留后，直到唐朝灭亡以后的公元920年。

张议潮家族时期的莫高窟有60多所，曾在吐蕃时期流行的正壁开凿方形深龛式的佛殿窟仍然为数最多。还有一种较特别的中心龛柱式洞窟，形状与北朝时期的中心塔柱窟很相似：洞窟的主室是长方形的平面，前部是覆斗形顶，后部是平顶，中央置一方形柱体，方柱正面开出方形盝顶深龛，龛内的三壁画有屏风画，下部有倒凹字形坛床。这实际上是把佛殿窟正壁的方形深龛转移到了中心方柱的正面。这类窟形并不多见，只有第9、14窟等屈指可数的几例（图169）。

较具特色的是一种中心佛坛式洞窟，它们一般都有宽而长的甬道，主室是方形平面，地面中央设置一个佛坛，环绕佛坛四周有通道可供礼拜。佛坛前面有登道，坛上起倒凹字形的佛床，佛床上正面置主尊佛像，两侧为弟子、菩萨、天王等像。在主佛像的背后，立了一个大背屏，很像佛座的靠背，直通窟顶（图170）。佛床的四周原有栏杆。藏经洞所在的第16窟，就是由高僧洪䛒建造的最早的一所中心佛坛窟。这种佛坛的背屏，就如同寺院殿堂建筑中的扇面墙。这种扇面墙一般立在大殿中部高坛上一组偶像的后面，环绕着

图168 甘肃敦煌莫高窟第158窟北壁《涅槃变》壁画中的各国王子举哀（中唐，8世纪末—9世纪初）

图169　甘肃敦煌莫高窟第14窟北壁前部（晚唐，9世纪下半叶）

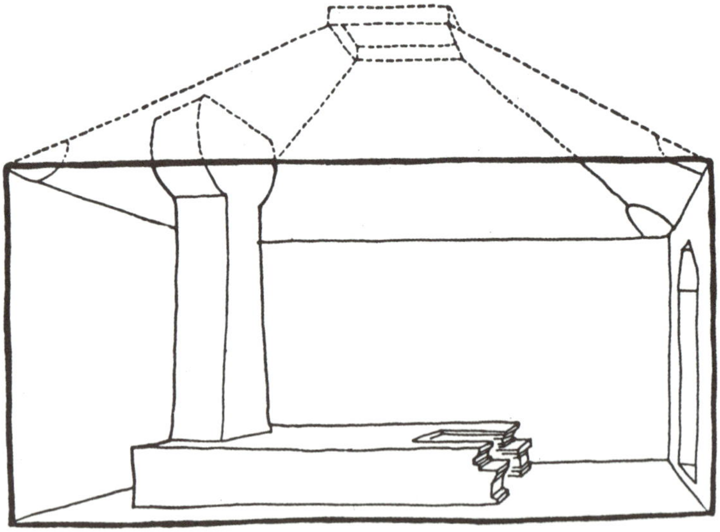

图170　甘肃敦煌莫高窟晚唐佛坛窟结构示意图（采自萧默《敦煌建筑研究》）

高坛也可以做礼拜。很明显，这种佛坛窟是模仿了木构寺院殿堂的形式，只是把原来位于佛殿窟正壁大龛里的一组彩塑移到了地面正中的佛坛上。

前文已述，在四川广元的千佛崖石窟中，早在初、盛唐之际就已经出现了类似的中心佛坛式洞窟（图155），同样也是模仿了木建筑佛寺中殿堂内的布置。这种洞窟在以后的五代时期还将进一步扩大和完善，表明盛唐以后的石窟寺越来越多地仿照地面佛寺的结构，已经成为一种时代潮流了。

晚唐时期的莫高窟，仍然流行吐蕃时期的经变画题材，但其中的《报父母恩重经变》《劳度叉斗圣变》《降魔变》《楞严经变》《密严经变》是新增添的内容。与前代相比，一所洞窟内的题材丰富多了，有的在一窟之中竟绘制了十六七种经变画，如前面提到的第156窟。张议潮的孙子张承奉于公元890—893年间建造的第9窟则绘制了7幅经变画（图171）。与此同时，经变画的内容也大大增多，如《法华经变》中有94方墨书榜题标明画中的具体故

图171　甘肃敦煌莫高窟第9窟南壁《劳度叉斗圣变》部分（晚唐，890—893年）

事情节，《维摩诘经变》的榜题有的增加到了50余方。还有许多反映现实社会生活的场面、一些包含了抽象佛教教义的说法图。与初、盛唐时期的经变画相比，在主题鲜明、结构精练、气魄宏伟等方面都已大不如前，反映了唐代的佛教艺术正在走向繁缛与衰落。

在个别洞窟内，如第85窟，出现了以《贤愚经》为依据绘制的屏风式故事画，像《海神难问船人品》《恒伽达品》《七瓶金施因缘》《金天品》《散檀宁品》等约20种故事画，都是晚唐莫高窟中新出现的内容。此前流行的“瑞像图”仍有继续发展的趋势，一种“佛教史迹故事画”同“瑞像图”结合在一起，形成了复杂的构图。这些图像大部分是画在洞窟甬道的顶部，信徒们在进入主室前通过甬道时，只要抬头就能看到。甬道两侧的斜坡上，绘出为数众多、排列整齐的单身瑞像图。如第9窟甬道顶部绘着《迦叶救如来溺水》《释迦度商主》《毗沙门天决海》《牛头山圣迹》《安世高故事》《刘萨珂禅修》等佛教史迹故事画，背景为统一的山水，如同单幅多情节的故事画。甬道两侧坡面似屏风的形式，绘着系列瑞像图。但是，这些壁画的艺术水平都已不及初、盛唐时期。

张氏家族时期的莫高窟，汉民族化的色彩与前代相比更加浓厚，一方面显示出佛教的信仰正在日益同现实的世俗生活相结合，一步步走向世俗化，同时也预示着佛教在中国的发展高峰终于过去，接下去将是夕阳的余晖。

3. 巴蜀招祥的来世乐土

四川位于长江上游，是中国西南经济文化最发达的一个省，自古就有“天府之国”的美誉。在盛唐时，四川的佛教艺术已经在同北方各地的争奇斗艳中大放异彩。755年，在东北边境掌握军政大权的安禄山领兵15万发动叛乱，不久攻破长安。唐玄宗不得已，带领亲王百官进入四川成都避难。880年12月，黄巢（？—884）率领的起义军攻入长安，唐僖宗（873—888年在位）向西出逃，第2年也到成都躲避。中、晚唐时的中原，战乱纷纭，灾祸频起，而相对安定繁荣的四川盆地，就成了唐朝皇室避灾的大后方。这两位皇帝相继入蜀，伴随的是大批北方文人、学者、画师和能工巧匠的南下，使这里成为当时的文化荟萃之地。在蜀中特定的社会环境里，佛教艺术也显示出了新的生机与活力。

图172　四川巴中南龛石窟局部外观（王婷拍摄）

在四川省和重庆市50多个县的丘陵地区和山麓中，分布着200余处石窟寺群和摩崖造像，构成宏伟的石窟艺术群落。唐代的佛教艺术是其中的一项重要特色，特别是盛、中、晚唐时期的艺术。

在四川北部、广元东部的巴中，南龛石窟位于巴中城南1公里的南龛山南面。在垂直平整的山崖表面，鳞次栉比地雕凿了130所华丽、玲珑剔透的佛龛，供奉着两千多身佛教人物雕像，还有12座石刻经幢和佛塔（图172）。这些崖中的佛龛，大部分是盛唐以后的作品。它们的装饰也很有特点，很多刻成了华美的床帐样子，佛和身边的弟子、菩萨、天龙八部护法神们都仿佛置身于一个个宝帐之中。只有两身赤膊袒胸、蹙眉怒目、气势逼人的金刚力士站立在宝帐外面的左右两侧，守卫着这块庄严神圣的领地。这一所所佛龛前后左右密集地排列在一起，好像是错落有致的琼楼玉宇、充满灵气的仙宫宝殿。置身于这处崖壁前的佛家弟子，内心深处会激起对佛国清净乐土的向往，面对那些崖间宫阙中的佛祖，由衷地发出祈祷与祝愿。

巴中南龛的第68龛是一所外方内圆的双重龛，内龛正面雕一位胖胖的中年妇女盘腿而坐，怀中抱着一幼儿，两侧还各有4个小孩在玩耍。碑刻中称她“鬼子母”，又叫诃利谛母（图173）。佛经中特别讲到了一个关于鬼子母

图173　四川巴中南龛第68龛鬼子母（唐，8—9世纪）

图174　四川安岳卧佛院第3号释迦涅槃变（盛唐，8世纪上半叶）

的故事。从前，在印度的王舍城中有一位独觉佛出世，要为众生开一个大法会。有500人相约一同去参加。路上，他们遇到一个怀孕的牧牛女，想带她同去。牧牛女高兴极了，情不自禁地跳了起来，没想到却因此而流产。牧牛女恼羞成怒，买了些果品供奉到佛面前，暗地发了一个毒誓："下辈子我还要生在王舍城，一定要把这里的小孩全吃光！"后来她果然转世投胎，成了沙多夜叉的大女儿，与犍陀罗国的半支迦夜叉结婚后，共生500个儿女，号称五百鬼子的母亲。鬼子母异常凶悍，每天都要吃掉王舍城中的一个小孩。佛为了教训她，把她的一个孩子藏了起来。鬼子母发现后悲痛欲绝，四处寻找，最后知道在佛那里，只得前去央求。佛说："你有500个孩子，丢了一个就这样痛心，而别的人家只有一两个儿女，都被你吃了，难道就不悲痛吗？"听了佛的话，鬼子母从此弃恶从善，不但成了保护寺院和僧尼的神灵，而且还能保佑家家户户多生子孙，没有疾病和痛苦。

第68龛的鬼子母像，被信徒们当作送子娘娘来供养，此龛雕刻出来的像是一张极富生活气息的全家福照片，没有任何宗教色彩。

地处四川省中部的安岳县，山石奇秀，卧佛院的摩崖造像就位于县北通贤区八庙乡卧佛村的几字形卧佛沟中。沟的右上部13米高的砂岩中部，雕刻了一尊长23米的大卧佛像，是这里最有代表性的石刻造像，属于唐玄宗时代的作品（图174）。这尊卧佛背山面南，头东脚西，面部安详，双目微闭，仪态端庄，双臂与两腿自然伸直，表现了释迦牟尼涅槃时的情景。卧佛的头顶后方立着一位半身环眼力士，左手握拳，转头凝视着释迦；卧佛双脚前也有一身横眉怒目的力士，正张臂护卫着佛祖。卧佛外侧大腿的前方，有一位弟子面佛而坐，右手正在抚摸佛的左手。这是释迦在临终时收的最后一位弟子——须跋陀罗。须跋是婆罗门教徒，当时已经120岁。在释迦涅槃之前，他皈依了佛教。在卧佛身后上方，表现的是释迦涅槃前最后一次说法的情形，在场的有9位弟子、2位菩萨，还有一排保护佛法的神灵。这组用石刻手法表现的宏大涅槃场面，全国罕见。整体构图严谨，细部情感处理把握到位，使整个崖面散发着一种庄严的气氛。

石笋山摩崖造像在成都市西南约70公里处的邛崃县。这里有一所高4.2米、宽4.8米、深1.8米的华严三圣龛，是大历三年（768）二月十五日雕刻完成的，属于中唐作品（图175）。龛的中部是毗卢遮那佛坐像，身边站立着阿难和迦叶两位弟子，左侧是普贤菩萨骑着六牙白象，右侧是文殊菩萨骑着青狮。文殊和普贤的身下各有一身牵狮和牵象的小奴仆，形象惟妙惟肖，活泼可爱。文殊以智慧知名，普贤以行愿著称。在中国佛教的四大名山中，文殊菩萨住在山西五台山，普贤菩萨住在四川峨眉山。文殊和普贤都是唐代佛

图175　四川邛崃石笋山华严三圣龛（唐大历三年，768年）

图176 重庆大足北山石窟第5号毗沙门天王龛（晚唐，9世纪下半叶）

教中的一个宗派——华严宗所推崇的，但时隔不久，他们又成了密宗的大菩萨。如果他们二位联合胁侍在毗卢遮那佛的左右，即合称“华严三圣”，这时已完全具有密宗尊神的性质。资中县重龙山摩崖造像的第93龛就属于华严三圣题材雕刻，是中、晚唐之交的作品。

大足区位于四川省的东南部、重庆市西部，共有10处重要的石窟造像地点。唐末与五代的造像，主要集中在城北的北山佛湾之中。这里有唐末开凿的第245号西方净土变龛、第57号阿弥陀佛龛、第51号三世佛龛。第5号毗沙门天王龛是巴蜀石窟同类题材中雕刻最精美的一处（图176）。这位天王高2.5米，身材魁梧，雄姿逼人，头戴宝冠，身披铠甲，脚下踏着两个夜叉，胯下还伸出地天的人头。天王的肩后两侧各刻一道牛角形的火焰，身旁分别侍立着一身面目丑恶的神将，稍前两侧分别雕刻男女供养人像，再前方还各有一位武士。这里的供养人，应该是开这所龛的主人。

毗沙门天王又名多闻天王，是佛教四大天王中的北方天王，属于护法神，还可以保护国土、消除灾祸。在于阗建国的神话以及龙门奉先寺大像龛中，他都曾经扮演重要角色。这位天王还被当作战斗之神，帮助唐王朝开创基业。相传，李世民跟随父亲李渊从太原起兵、反抗隋朝的时候，降临了一位天神，自称毗沙门天王，愿意帮助他们平定天下。李世民当了皇帝后，命令全国地方官府都祭礼毗沙门天王。742年，葱岭西部的五个国家发兵围攻安西城（今新疆库车），唐玄宗请不空法师作法，忽然看见一位金甲神人，不空说：这是毗沙门天王的第二子独健调动神兵救援去了。后来安西传来捷报，说是安西城的北门楼有一位天王现形，率领神兵击退敌兵，取得胜利。所以唐玄宗命令各军事重镇都供奉毗沙门天王像。后来军中的将士有的干脆在背上刺了天王像，希冀因此得到天王的佑护，在征战中会勇力倍增。唐懿宗（859—873年在位）时，十万南蛮兵曾围攻成都，城池眼看就要被攻破，幸亏毗沙门天王又显神威，才挽救了成都。这些佛教徒们编造的神话故事，显然起了非凡的作用，毗沙门天王已被密宗尊奉为重要神灵，盛唐以后在四川、重庆的石窟中大加开雕供养。

四川地区的唐代石窟造像地点还有很多，包含着大量的密教题材。此外，还流行着发端于首都长安的对西方净土世界的信仰。在艺术风格方面已开始趋向世俗化，并带着浓郁的地方气息。在多变与特殊的题材方面，在全中国的石窟中独树一帜。

第九章

从彼岸天国到世俗人间

——五代、两宋石窟寺

907年唐朝灭亡以后，中原地区相继建立了梁、唐、晋、汉、周5个短期王朝，历时53年。与此同时，南方先后出现了9个小国，再加上建都太原的北汉，共是10国。历史上把这段时期称为“五代十国”。960年，周朝的军事统帅赵匡胤（宋太祖，960—976年在位）轻而易举地夺取政权，建立北宋王朝，首都在汴梁（今河南开封）。在以后的十几年中，北宋削平所有小国，完成了南北统一的大业。

五代、两宋时期300多年间的佛教，出现了各宗派相互融合的现象，其中以禅宗和净土宗结合得最为密切。同时，佛教与中国传统的儒学、道教也互相融合，大文学家苏轼（1037—1101）也宣扬“三教归一”的思想。从宋朝开始，在哲学思想上占统治地位的宋明理学，就是从理论上吸收了若干佛教的思想才建立起来的。千百年来，儒家思想同人们的日常生活与道德行为一直是息息相关的。在新形势下，也促使佛教艺术不论是造型特征，还是思想内容，都更加接近世俗生活。这是佛教求生存的手段，也是这段时期佛教艺术所表现的重要特点。

五代与两宋时期的石窟寺艺术，在大江南北都有分布，但若与唐代相比较，已经没有了统一性的开窟造像中心区域。由于五代十国、两宋、辽、金、西夏、大理、回鹘等多个政治集团的参与，也没有了统一的样式与风格。同时，数量也大幅度减少，分布地点更加零散。从全国范围来看，在北方，主要有内蒙古的辽国开凿的巴林左旗前、后昭庙石窟与赤峰洞山石窟，甘肃敦煌莫高窟和安西榆林窟中的五代、北宋与西夏国石窟，陕西延安地区的北宋与金国石窟。在南方，最集中的地方是四川盆地，其次是浙江杭州西湖周围的吴越国与北宋、南宋石窟，江西省赣州市通天岩的五代与宋代摩崖造像龛，云南省剑川县石钟山的南诏与大理国石窟寺。

赣州市位于江西南部，地处大庾岭南北交通的干道。通天岩石窟位于赣州市西北约12公里处，这里风景秀丽、林木葱郁，现存摩崖造像龛共计315所，造像约359躯，历代题刻约128品。造像题材有佛、菩萨、罗汉等，大部分属于两宋时代，最早约开始于五代。其中第129龛雕毗卢遮那佛与骑狮的文殊、骑象的普贤菩萨（图177），四周分布众多罗汉像龛，依山势雕出，形成宏伟的众星捧月格局，是通天岩规模最大的一组雕刻。

唐时位于云南的南诏国（738—902），是以乌蛮蒙姓为国王、白蛮大姓为

图177　江西赣州通天岩第129龛毗卢遮那佛与骑狮文殊、骑象普贤菩萨（北宋）

辅佐的多部族国家。继南诏国统治云南的是大理国（937—1253），创建者段思平（893—944）是白蛮贵族，最后被蒙古人消灭，基本与北宋、南宋同始终。著名的石钟山石窟位于剑川县城西南25公里的石钟山，共有17所石窟，分布在三个地区，大部分属于大理国时期，最早的可以追溯到南诏国末期。其中规模最大的第6号窟保存有密教尊崇的八大忿怒明王等雕像，大体上是以汉族佛教密宗艺术为范本创作而成的。还有一些石窟着重表现的是大理国王室的群像（图178），丝毫看不到宗教的气氛，更像是一幅幅历史性的政治与生活画卷，对研究云南少数民族的历史与宗教有很高的参考价值。

图178　云南剑川石钟山石窟石钟寺区第2窟（大理国）

1. 火焰山下的回鹘清静乐土

在古典小说《西游记》里，孙悟空保护唐僧往西天取经，途经火焰山，向铁扇公主借用芭蕉扇的故事，早已家喻户晓。这个火焰山，就位于今吐鲁番市的东部。有趣的是，在火焰山下这片美丽富饶的绿洲之中，曾经培育出了耀眼夺目的佛教艺术之花，为火热的吐鲁番盆地带来了一缕清爽宜人的雅静空气。

相传，汉武帝曾经派遣一支征讨西域的军队，经过吐鲁番盆地时，有一部分人留下来不想走了。这批定居下来的汉朝官兵看到这一带地势高敞、市井昌盛，就把这个地区称作高昌。从此以后，高昌就成了内地政权经营西域的一个前沿重镇。公元460年，阚伯周（？—477）在高昌建立了一个相对独立的国家，以后，高昌国的国王相继由阚氏、张氏、马氏、麹氏担任。公元628年，玄奘西行到达高昌，被当时的高昌王麹文泰（？—640）尊为上宾。公元640年，唐王朝统一了高昌国，在这里设置西州，实行行政管理。公元840年，回鹘人又在吐鲁番地区建立了高昌国。

回鹘是中国北方一个古老的民族，以前主要在天山以北至蒙古草原上的克楞格河、鄂尔浑河流域过着游牧生活。直到公元1283年，回鹘王室臣属于蒙古人后被迫东迁到甘肃永昌，在吐鲁番盆地生活了近400年时间。据历史文献记载，唐代高昌人口已达到37000多人，佛教寺院有50多所，都是唐朝廷赐的寺额。这一带除了佛寺以外，还有摩尼教的寺院，来自中亚波斯的僧人，都严格遵守着自己的宗教法规。吐鲁番盆地成为内地汉文化、中亚的波斯文化，以及回鹘民族文化的交汇点。

吐鲁番一带保存至今的吐峪沟、柏孜克里克和雅尔湖石窟，清晰地反映出了这些文化相互碰撞的艺术面貌。吐峪沟石窟位于鄯善县西南约40公里处，高昌故城东北约15公里的吐峪沟内。这里的洞窟有40多所，仍然保存有壁画的却不到10所，时代上限可到北朝时期，即唐代以前的高昌国时期。位于吐鲁番市西约10公里处、交河故城西南河谷南岸的雅尔湖石窟，现存的洞窟有7所，属于回鹘高昌国时期的作品。柏孜克里克石窟则是吐鲁番地区最大的石窟群。

柏孜克里克石窟，位于新疆吐鲁番市东北约50公里的木头沟内、木头沟水西岸的断崖之上（图179）。这里的石窟结构比较特殊，一种是在崖间开窟，前面再由土坯垒砌成前室；另一种则完全是用土坯砌成，再装饰成石窟的样式。洞窟的形制主要是方形窟、长条形窟和中心柱窟。其中，平面呈长条形的洞窟最有特色，其进深是宽度的好几倍。有的洞窟在正壁筑出像坛，用来

图179　新疆吐鲁番柏孜克里克石窟外景（黄智青拍摄）

安置佛像，有的则在洞窟的左右壁塑出立像，这些塑像都已经不存在了。中心柱窟的数量虽然不多，但有一种是将塔柱的体内凿空，形成独立的方形窟，而顶部则高高隆起呈穹隆状，是较为别致的做法。目前，在柏孜克里克发现的石窟超过80所，最早的大约开凿在唐代，绝大部分属于回鹘高昌国时期，个别的则可以晚到元代初年。

柏孜克里克是维吾尔语，意为“美丽的装饰之所”。的确，这一带石窟里绚丽多姿的壁画艺术，曾经令外国探险家们叹为观止。1904—1905年间，德国探险家勒柯克（Albert von Le Coq，1832—1918）在这里剥取了数百箱精美壁画。1914年底来这里的英国考古学家斯坦因，后来在他的《西域考古记》中赞美柏孜克里克说：“就丰富和美术方面而言，吐鲁番盆地中任何同样的遗址都比不上，而同敦煌千佛洞丰富的古画可以相抗衡。”

柏孜克里克最具特色的壁画，首推因缘故事画，它们大都画在窟室的左右侧壁或甬道的侧壁上。所谓因缘，是指形成事物、引起认识和造就“业报”等现象所依赖的原因和条件。佛教认为，人们在现实社会中所遇到的各种痛苦和疑难问题都是由某种因缘造成的，只有虔诚地信仰佛教，才能正确地认识到现象后面的本质。在佛教世界各式各样的人物当中，释迦牟尼自然是向人们讲解因缘的最佳人选。所以，因缘故事画，一般是以佛为中心，而位于佛的下角部位的人物则往往代表着这个故事所反映的内容。龟兹石窟中的菱格因缘故事画就是这样。柏孜克里克石窟里的因缘故事画都比较壮观，都是长方形的画面，一尊高大的立佛像占据画面中央绝大部分面积，在立佛的两侧空隙处填充着弟子、菩萨、诸天神、护法金刚力士和各种世俗人物等形象。点明画面主题的情节和人物，一般是画在立佛下方的两侧。

德国柏林亚洲艺术博物馆收藏的一幅取自柏孜克里克第20窟北甬道内侧壁的壁画，是该石窟因缘故事画中的代表作。这幅画高3.6米，宽2.3米，画幅上端的垂帐下面，有用中亚婆罗密字夹梵文写成的一句话，大意是：当本商主看见天宫具力神驾临河边时，随即将这尊神渡往河的对岸。画面中央是一尊高大的立佛，右手举起，像正在说法的样子。佛站在一只平底木船上，船置于水波之中（图180）。立佛的两侧，共画着九位供养礼拜人物，其中上方是二弟子与二菩萨，并不表示特殊的含义。下方的五位世俗人物跪拜供养于水池岸边，应与这个画面的情节有关：有黑须黑发红眉绿眼者，有褐须红眉黑眼珠者，有须发全白的老者，有发黑须灰眉黑眼尖鼻长者。这五位人物的帽子与服装完全是来自中亚波斯国的样式，在画面的左下侧还能看到驮着圆顶宝箱的骆驼和灰毛驴。因此，这五位世俗人物，正是当时来自中亚波斯国商旅的真实写照。

除了因缘画，经变画也是柏孜克里克石窟的重要壁画题材，一般画在洞窟的侧壁和顶部。其中《涅槃变》《净土变》《法华经变》《药师经变》等，在构图上有的和敦煌莫高窟的唐代经变画有明显相似的地方，说明了回鹘佛教是深受中原地区影响的。千佛壁画也是这里常见的题材，在有的千佛像背后还画着悬幡佛塔，有的用汉文题写着佛名。位于窟门两侧前壁上的回鹘族供养人像，很具有时代与民族地方特色：其中的男供养人像身穿盘领长袍，

图180　取自柏孜克里克第20窟北甬道内侧壁的因缘故事壁画（9—12世纪。德国柏林亚洲艺术博物馆藏）

图181 取自柏孜克里克第20窟的“沙利家族人像”壁画（9—12世纪。德国柏林亚洲艺术博物馆藏）

腰间束带，头上戴着桃形高冠，颌下留着胡须。德国柏林亚洲艺术博物馆收藏的第20窟的“沙利家族人像”是男供养人中的佳作（图181）。该博物馆还收藏了一幅取自第20窟的女供养人像，画的是两位手持鲜花的回鹘族少女，皮肤白净，表情虔敬，右侧的回鹘文榜题写的是“喜悦公主殿下尊像”，应该是回鹘贵族女子的真实形象。在柏孜克里克晚期的洞窟中，又出现了蒙古族的供养人形象。

回鹘高昌国时期，吐鲁番盆地与中原、河西走廊的文化交流相当频繁，所以，在柏孜克里克石窟，既能看到中原佛教艺术对这里的强烈影响，也能看到回鹘族本身具有的艺术特色，还能看到一些来自龟兹和波斯地区的文化因素。吐鲁番盆地真不愧是东西方文化和各民族艺术的交汇区域。

柏孜克里克还有丰富的摩尼教洞窟。摩尼教又称明教，公元3世纪中叶由波斯人摩尼（Mani）创立。一般认为，摩尼教主要吸收犹太教和基督教等教义而形成自己的信仰，同时也采纳了不少古波斯的琐罗亚斯德教（即祆教）教义。传播到东方以后，又染上了一些佛教色彩，有自己的戒律和寺院体制。它的主要教义是二宗三际论。二宗指明暗，即善恶。善宗即光明王国，恶宗被称为黑暗之王（魔王），住在黑暗王国里。三际指初际、中际、后际。初际阶段，明暗是分开的。中际阶段，黑暗侵入光明，光明与黑暗斗争，两者混合。后际阶段，明暗重新分开，黑暗魔王将被囚禁。摩尼教在唐武则天执政时期（690—704）正式传入中国，于公元763年又传入回鹘，受到回鹘统治者的大力扶持。公元840年，回鹘西迁，在吐鲁番建立高昌王国，摩尼教继续处于回鹘国教地位。公元10世纪回鹘改信佛教之前，吐鲁番地区留下了大量文献和石窟寺院、壁画、绘画等遗物。

在柏孜克里克石窟，摩尼教徒对前期的一些洞窟作了改建，在壁面绘制摩尼教壁画。壁画题材有摩尼教的三干树、摩尼宝珠、守护灵、摩尼教伎乐等，都与讲解教义有关。如第38窟拱券部位的壁画表现摩尼教徒礼赞生命树的场景（图182）。根据摩尼教教义，光明王国中生长着生命树，它有三根树干，象征光明王国统治世界的东、北、西三方。三树枝叶繁茂，果实累累。摩尼教通常将教团比作善树，将教徒比作树上结出的一颗颗果实。画中的摩尼教徒多穿白衣，因为白衣象征着光明纯净，未染污秽。吐鲁番地区发现的摩尼教艺术品，是研究摩尼教在中国的发展史的珍贵实物资料。

图182　新疆吐鲁番柏孜克里克石窟第38窟摩尼教壁画（9—11世纪）

2. 五代、北宋时期的曹氏敦煌

公元906年，唐王朝行将就木，张议潮的孙子张承奉在敦煌建立西汉金山国，自称白衣天子。当时，在西汉金山国的东西两面，已经兴起了甘州（今甘肃张掖）和西州（今新疆吐鲁番）这两个由北方少数民族回鹘人建立的政权，完全堵截了丝绸之路的东西交通。公元911年，甘州回鹘军队包围了敦煌城，张承奉被迫与回鹘人议和，把金山国降格为“敦煌国”，白衣天子改称“敦煌王”，并且尊甘州回鹘为父，自己称子。

公元914年10月，张承奉去世，敦煌国寿终正寝。原金山国的吏部尚书曹仁贵（？—935）取代张氏掌握了敦煌一带的实权。他取消了敦煌国的建制，恢复了唐朝时候的归义军名号，自称为归义军节度使。曹仁贵后改名为曹议金，从此以后，曹氏家族统治敦煌一带达120余年之久。

曹议金为了巩固敦煌地方政权，着手办理了以下几件事：派遣使者向中原的后唐王朝进贡，使自己的归义军节度使地位得到后唐的承认与册封，使他在敦煌的统治进一步合法化。在处理与邻近国家关系的问题上，曹氏采取了西和于阗、东结回鹘的政策，还分别与这两国结亲，使敦煌同邻国的关系向友好的方向发展。同时，曹氏利用敦煌的世家豪族，恢复生产，内修政治，使人民的生活趋向安定。在曹氏家族统治时期，敦煌出现了相对的民族团结、经济繁荣、四塞通欢的升平景象。

在曹氏统治敦煌时期，其家族是莫高窟美术作品的主要资助者。石窟里的供养人形象，相对千佛和菩萨像而言，一般都是比较小的，但是在进入张氏归义军时期以后，莫高窟供养人的形象逐渐高大起来。张、曹两家的姻亲

图183　甘肃敦煌莫高窟第100窟《曹议金出行图》局部（五代）

贵戚，以及他们自己的形象成群结队地进入窟室，占据着比较醒目的位置，突出表现了他们的敬佛功德。

据统计，莫高窟现存以曹议金为中心的供养人像题名就多达163条。不仅如此，在第100窟的四壁下部，还模仿第156窟《张议潮夫妇出行图》的形式，画上了曹议金和妻子回鹘公主的出行图（图183）。南壁《出行图》的中部是曹议金，他身穿赭袍，足蹬乌靴，骑着白马徐徐而行，前有跳舞奏乐的艺人开路，后有侍从奴婢和回鹘等各族骑士跟随。北壁的《出行图》以回鹘公主策马扬鞭为主导部分，前部也有舞乐艺人，后部是奴婢和车马、肩舆等。南、北两壁这浩浩荡荡的行进队伍，都向着西壁主佛龛的方向推进。与第156窟《张议潮夫妇出行图》不同的是，它表现的并不是人们为摆脱异族统治而发自内心的喜悦，只是反映双向和亲政策带给敦煌的歌舞升平的安定局面，表明曹氏集团为稳定敦煌的政局所采取的措施是卓有成效的。

曹氏政权在莫高窟共开凿了66所洞窟，大部分是由崇信佛教的曹氏家族一手策划、亲自督建完成的。除此之外，他们还在长达1公里的露天崖面上绘制壁画，修建石窟前面的木构窟檐和通道，并且重新装修描绘了许多前代的洞窟。公元966年，曹议金的儿子、第四任曹氏归义军节度使、西平王曹元忠和凉国夫人翟氏亲临现场监督，指挥重修初唐的第96窟大弥勒像工程。翟氏曾经亲自为三百多名工人做饭，可以看出他们非同一般的敬佛心态。为了顺利地营造佛教寺院和石窟，曹氏政权还仿照中原朝廷设立画院，聚集了一批包括石匠、塑匠、画师和管理人员在内的石窟营造工程所必需的专门人才。在这段时期的石窟供养人画像题记中，清楚地写着很多这样的专业人员的职位与名称。正是这些技艺纯熟的匠师统一规划、集体制作，才形成了曹氏莫高窟艺术既继承又发展的独特风尚。

在现存莫高窟的所有洞窟中，几乎很难找到没有被曹氏政权染指过的。他们或者把全窟抹泥覆盖重新绘制壁画，或者把窟门缩小，在门洞的两侧画上自己的供养像，或者是在北朝的中心塔柱的柱基部位画上几身供养像，也算是他们自己做了功德。曹氏政权时代新开的洞窟，为了避免破坏左右两侧的前朝石窟，大部分把进入主室的甬道加深了，这样可以深入崖体的腹部。

最典型的洞窟形制是始于晚唐的中心佛坛式。它们的平面略呈纵长方形，在窟室的中心偏后位置留出一个马蹄形的倒凹字形佛坛，前沿有上坛的登道，后沿有一个直通窟顶的大背屏，使信徒们可以环绕佛坛一周进行礼拜（图2:6、170、184）。洞窟的顶部仍然是覆斗形，装饰着藻井。与晚唐时代不同的是，窟顶的四角被挖进去一块，形成四个凹入的浅窝，内部分别画着一身护法天王像。这种中心佛坛式洞窟的规模都比较大，比如第55、61、9、108、146、256等窟，大部分开凿在崖壁的下层。

明代以后，曹氏开凿的石窟遭到严重破坏，原先在佛坛上安置的彩塑像大部分都不存在了，只有第55窟和261窟中还保留一些。第55窟的年代大约相当于北宋时期，佛坛上的一铺七身彩塑有倚坐佛三身，立菩萨两身，弟子和天王各一身。其中仅存的一身天王像，头戴兜鍪，两护耳向上翻卷，为忿怒相，双目圆睁，身披铠甲，双足穿靴，虽然双手已残，但仍然给人以手按兵器的感觉，显得孔武有力。它是莫高窟现存的一尊精品天王彩塑（图185）。第261窟的年代相当于五代，佛坛上有一身坐佛，两身胁侍立菩萨，半跏趺坐的观世音和大势至菩萨，再加两身天王像。这些彩塑的技艺已不如唐代精湛，但在总体造型与布局上，仍然保留了很多唐代的遗风。

这段时期的其他中小型洞窟，在主龛内多半只塑一身佛像，然后在龛内各壁画出十大弟子、四大菩萨和天龙八部等像，作为主尊佛的胁侍与护法像，而且都用墨书榜题把它们的名称写得明明白白，这样做显然比以前简化了。第100窟的形制比较特殊，它的窟顶四角画着天王像，但在地面中心却

图184　甘肃敦煌莫高窟第55窟内景（北宋）

图185 甘肃敦煌莫高窟第55窟佛坛上的天王彩塑像（北宋）

没有设立佛坛，而是仍然在西壁开出一所大龛，这是旧式的佛殿窟同新式的中心佛坛窟相结合的一种做法。

壁画，仍然是这段时期保留下来的主要艺术形式。从内容到形式，基本上承袭了晚唐时期的规范，但内容却大大丰富了。经变画仍是石窟壁画最主要的题材，共有19种，除《佛顶尊胜陀罗尼经变》是新出现的之外，其他18种都曾经在唐代流行过，但各种经变画中所描绘的各品内容和具体情节都或多或少地有所增加。例如，第61窟的《法华经变》共有大约70个场面，榜题有68条，几乎包括了《妙法莲华经》二十八品中的所有内容。另外，《维摩诘经变》有榜题59条，《报恩经变》和《华严经变》的榜题也都超过了40条。《劳度叉斗圣变》是曹氏时期规模最大的一种经变画，如第146窟西壁的一幅，有76条榜题，每条榜题都具体说明着一个故事情节，已经超过了《贤愚经》中的须达起精舍内容。所以，曹氏时期的经变画中很多被描绘的具体内容，是以当时流行的变文为根据的。有时画面上的榜题还直接写上变文中的文字，这样为说唱佛经而服务的经变画，就更加容易被信徒们接受了。

除经变画之外，还有故事画，包括佛传、本生、因缘故事。有几幅根据《贤愚经》绘制的故事画是新出现的内容。佛传、本生、因缘画的形式都有所更新。唐代流行的佛教史迹画和瑞像图，在这段时期有的被组合在一起进行统一构图，更加接近经变画的表现形式。例如第454窟的甬道顶部，以牛头山为中心，上部画西晋时吴淞口石佛浮江、东晋时扬都高悝得金像等，下部画泥婆罗水火池、纯陀故井、降服毒龙等内容（图186）；甬道顶部的两侧坡面各画出16幅瑞像图。刘萨诃和尚的史迹画，是这段时期最具代表性的

图186　甘肃敦煌莫高窟第454窟甬道顶部佛教史迹故事画（北宋）

图 187　甘肃敦煌莫高窟第61窟西壁《五台山图》局部（五代）

故事画。还有关于佛教圣地五台山的图画，基本上是按当时的实地情况绘出的，属于不可多得的佛教艺术瑰宝（图187）。

描绘被信徒们尊奉的佛教人物，如佛、菩萨、天王、天龙八部等的“尊像画”，也成为曹氏莫高窟壁画中的一大特色。在绘制窟顶的藻井图案时，往往把整个窟顶装饰成一个大华盖，更增强了石窟结构的整体感觉（图184）。曹氏时期壁画的艺术性虽然比不上唐代，但像色彩如新的第6窟，宏伟富丽的第61、98窟，形式新颖的第76窟，等等，仍展现了五代、北宋时期莫高窟所特有的艺术风采。

曹氏敦煌的佛教艺术，体现出了这一地区各民族的友好往来、互济互存。要制作出这么多的石窟，没有和睦安宁的社会环境是不行的，从这方面来讲，与中原地区的五代十国混战不息相比，敦煌一带的和平与安定是多么的来之不易！“六番之结好如流，四塞之通欢似雨。”敦煌藏经洞文书（P2481）中的这两句话，形象地概括了当时敦煌的兴盛与繁荣。

3. 西夏时期的安西榆林窟

党项族是羌族的一个分支，最初生活在今青海和四川的西北部，过着游牧和狩猎的生活。北宋初年，党项族逐渐迁移到了河套地区，并伸向甘肃的河西走廊。1038年，他们的首领李元昊（1003—1048）以兴庆（今宁夏银川）为首都，建立了“大夏”地方政权。李元昊自称皇帝，他通过兼并战争，控制了今甘肃、宁夏、青海和陕西、内蒙古的一部分，历史上称这个国家为“西夏”，与辽、金先后成为与北宋“三足鼎立”的政权。直到1227年，西夏国最终被蒙古族消灭。在这建国的190年时间里，西夏留下的文化遗产数目是相当惊人的，而佛教的石窟寺艺术就是其中灿烂的一章。

党项族的历代皇帝都崇奉佛教，开国皇帝李元昊本人从小就了解佛教的基本理论，而且学会了吐蕃和汉族的语言文字。在他们的提倡与扶持之下，西夏国的佛教出现了兴盛景况。目前所了解的西夏石窟艺术，绝大部分集中在河西走廊地区，因为这个地区自古以来就富有开凿石窟的传统。由于缺乏能工巧匠，西夏时期的石窟在相当程度上是对北宋原有艺术的学习模仿，以及对过去的石窟寺加以保护、装饰和利用；西夏中期以后，才逐渐孕育成了具有党项民族风格和特征的壁画艺术，穿着党项民族服装的世俗供养人也手拿着鲜花，堂而皇之地被画到了庄严佛殿的墙壁之上。武威天梯山、张掖马蹄寺、酒泉文殊山、玉门昌马、安西榆林窟、安西东千佛洞、敦煌莫高窟和西千佛洞，以及肃北蒙古族自治县的五个庙石窟中，都留下了西夏时期开凿或重新装饰的佛教艺术遗迹。

公元12世纪下半叶，西夏国发生内乱，当时的皇帝李仁孝（1139—1193

图188　甘肃安西榆林窟外景

年在位）一度被迫迁居敦煌和安西一带，整日祈祷佛祖保佑，大造功德。西夏独力开凿的新洞窟，就在这个时期出现了。位于安西（今瓜州）县城南约70公里处的榆林窟，又称“万佛峡”，开凿在榆林河东西两岸的峭壁上，共有41所洞窟（图188）。第29窟是一所方形平面覆斗形顶的洞窟，它的地面正中设置了一个方形佛坛，坛上有四层圆锥形塔状的佛座，座上安置佛像。可以看出，这也是一种佛坛窟，不过它的坛中央做得更像一座佛塔。第3窟也是一座方形平面覆斗形顶的洞窟，在窟内地面中央有一平面八角形坛，坛上安置一组彩塑像，应该是一个简单的曼荼罗。在窟顶绘制藏传佛教的曼荼罗坛城。按密教的说法，曼荼罗坛城以密教的最高尊神大日如来（即毗卢遮那佛）为中心，四周围绕着四方佛和诸菩萨、护法等，表现着密教的宇宙观。第3窟四壁相间绘制着藏传密教和汉传内容的壁画，是一所十分难得的汉藏合璧式洞窟（图189）。

位于安西东南约70公里处的东千佛洞，开凿在长山子北麓，共有9所洞窟。第2、4、5、6窟是在西夏国晚期开凿成的，它们都是长方形平面，前部

图189　甘肃安西榆林窟第3窟内景（西夏）

窟顶呈覆斗形，在正壁的中央位置开龛或者修凿基坛安排主像，在正壁的两侧再沿着左右侧壁向后面凿出环形甬道，这样就形成了类似龟兹地区的中心柱窟。这个时期出现这样的窟型是很特别的，榆林窟的塔形佛坛窟，也可能更多地具有这种环绕礼拜的功能。

西夏石窟中的壁画丰富多彩，除了沿袭唐、宋题材外，又增加了很多新内容，而且佛教密宗题材的壁画越来越兴盛。其中最能代表西夏壁画特色的，是一种水月观音画，增添了不少新鲜的感觉。

水月观音，就是正在观看水中月的观音（图190）。在画面上，观音菩萨宛如一位盛装的美丽少女，自由自在地坐在水边石上，有时她的一只脚还下垂踏着水中的莲花，观音的身后有很大的圆光。苍茫的天际挂着一轮明月，

图190　甘肃安西榆林窟第2窟西壁南侧水月观音壁画（西夏）

图191 四川绵阳魏城圣水寺石窟第7窟水月观音像（唐中和五年，885年）

观音菩萨正俯视着碧波中的月亮倒影。在绿水的远处，是峰峦叠嶂，再加上整个画面云烟缭绕，使人仿佛身临缥缈的仙境一般。

据历史记载，水月观音像最初是由盛唐著名画家周昉创作的，参考了《华严经》等书中的一些描述，以后越来越被人们喜爱。迄今所见最早的纪年明确的水月观音像保存在四川绵阳魏城圣水寺石窟第7窟中（图191），年代是唐中和五年（885）。今天能看到的最早的水月观音画，是敦煌藏经洞里发现的唐朝末年或五代时期的作品。入宋以后，水月观音题材才真正流行起来，其绘画作品在规模、内容、表现技巧等方面都大大地长进成熟了。当时，人们普遍喜欢山水画，特别欣赏画中透出的意境之美。西夏的水月观音画正好迎合了这种审美口味，信徒们不仅可以从中得到美的享受，还能自然悟出画中的哲理。

水中月、镜中花，都是不现实的虚幻中的东西。唐代著名诗人白居易（772—846）在一次目睹了水月观音画后，写下了这样的诗句：“净绿水上，虚白光中；一睹其相，万缘皆空。”世界上的万事万物、功名利禄，只不过

图192　甘肃安西榆林窟第3窟西壁南侧《普贤变》壁画（西夏）

图193　甘肃安西榆林窟第3窟西壁南侧《普贤变》壁画中的唐僧和猴行者（西夏）

是虚无缥缈的过眼云烟；只有佛祖的伟大思想，才能揭示这个真理，并且引导人们进入绝对的快乐幸福世界。这就是水月观音画的真正含义。

更有意思的是，榆林窟和东千佛洞的几幅水月观音壁画以及普贤变画中，还画出了唐僧玄奘和他的徒弟猴行者拜谒观音或普贤菩萨的情景。在河岸边的大树下，画着一位中年僧人，他的身后是猴行者牵着一匹白马，他们正遥望着观音（或普贤），恭敬参拜（图192、193）。唐玄奘西天取经的故事家喻户晓，妇孺皆知，传到五代和北宋时，已经有说书艺人向群众说唱了。在广泛流传的过程中，艺人们不断地加入神话色彩，最后，终于形成了一部作为评书底本的文学作品——《大唐三藏取经诗话》。在这本书中，唐僧取经就多亏了一位神通广大、变化多端、善能降妖的猴行者的帮助，才能逢凶化吉，屡脱险境。其中正好就有一段猴行者保护唐僧在虚白光中向观音菩萨敬礼的情节。佛教石窟中的壁画加入了市民阶层中流传的神话故事内容，这在前朝是看不到的。也只有在佛教及其艺术不断地世俗化与生活化的历史背景下，才能出现这样奇怪的、在当时却是合理的作品。因为在普通市民眼里，唐僧与猴行者的故事并不是神话，而是现实。这样神通广大的人物，也对观音如此恭敬，就更增加了画面的神圣境界与艺术感染力。这时的唐僧只有一位徒弟，在明代吴承恩的小说《西游记》中，猴行者取名悟空，还有了猪八戒与沙和尚两位师弟，上西天取经就更热闹了。

除了水月观音画外，西夏石窟的壁画内容大部分是形象比较单一的千佛、供养菩萨等，画幅的规模都比较大，还有一些根据佛教经典绘制出的《西方净土变》壁画。榆林窟第3窟中的《文殊变》和《普贤变》图，分别以骑狮的文殊师利菩萨和乘象的普贤菩萨为中心，前后簇拥着侍从，后面是青山绿水、云烟环绕，山中林木葱郁、楼阁掩映，构成了气势雄浑的山水画卷，也是西夏石窟壁画中的佳作（图192）。

西夏王朝早已成为历史，党项族也已经被汉族等融合，然而他们遗留在河西走廊的佛教石窟艺术，在中华民族的文明史中，却构成了一个光辉的篇章。

4. 黄土坡上的宋、金艺术奇葩

黄河流经的黄土地带，曾经培育出了古老的华夏文明，而外来佛教思想的侵入，也在这里留下了引人瞩目的稀世瑰宝。位于陕北黄土高原南部的延安地区，就有几处艺术水平相当高的石窟寺，堪称中国石窟艺术发展史上的一个重要环节。

钟山石窟，位于子长西约15公里的安定镇东钟山南麓，背依钟山，面临延河。这里具有代表性的杰作是主窟，创建于北宋英宗皇帝治平四年（1067）。它的平面呈长方形，宽16.4米，深9.5米，高5.5米。窟内中央凿了一个长方形的大佛坛，坛上立八根方形石柱，前后互相对称，横列两排，直通窟顶。佛坛上安置了三组佛像，坛上的石柱四周以及窟的四壁面雕满大小不等的佛、菩萨、罗汉形象，展现出了一幅幅气韵生动、个性鲜明的立体图像（图194）。规模类似的北宋佛坛窟有：黄陵县双龙镇峪村境内的万安禅院千佛寺石窟，开凿于北宋哲宗赵煦绍圣三年（1096）前后；延安市城东的清凉山万佛洞第1窟，大约建成于北宋神宗元丰年间（1078—1085）。

延安地区的北宋佛坛窟，完全是根据地面佛殿的基本结构，去做全新的设计与布置。坛上安置的主要崇拜偶像，也是大致遵照木构佛殿中塑像的排列方式。当然，佛坛上的方柱与石屏连接窟顶的做法，也可能是一种石窟内独特的设计，但它们较前朝更多地模仿地面佛寺，在佛坛窟本身的发展上应该是一种进步。

延安地区宋代石窟中的佛像，时代特征非常鲜明。大衣都显得比较厚，衣纹自然而流畅，胸部袒裸；头顶的肉髻很像戴了一个圆顶长帽；面部如卵

图194 陕西子长钟山石窟主窟内景（北宋治平四年，1067年）

状，饱满圆润，再加上富态的身躯，就如同人间的贵妇人形象。和唐代风格相比，人物的精神内涵削弱了，取而代之的是程式化的纯熟技巧，不过生活气息却增强了。能够真正显示唐代以后雕塑艺术水平与工匠们聪明才智的，是那些起辅助作用的罗汉像。

所谓罗汉，是指那些修行到了相当高的程度（阿罗汉果）、永远不会再投胎转世遭受生死轮回之苦的人。子长钟山、黄陵千佛寺、延安清凉山等宋代石窟中，就有很多这类神态动人的罗汉雕像，表现为有道行的真实人物形象，被赋予千姿百态、表情生动的人性特点，突破了宗教固定格式的局限。在黄陵千佛洞石窟的后壁，众多的罗汉被穿插在释迦牟尼普渡众生的场景当中。钟山石窟主窟前壁的下方，特意刻了一排16尊罗汉像，在佛坛前一立柱上也刻有十六罗汉（图195），他们有的合目诵经，有的恍然深思，有的微笑，有的怒视，每个形象都有不同的特征。这16尊罗汉在佛经中都有具体名字。他们都是释迦牟尼的弟子，谨遵佛的嘱托，不入涅槃，专门留在人世间

图195 陕西子长钟山石窟主窟柱上的十六罗汉（北宋治平四年，1067年）

为众生造福。以后，十六罗汉又增加了两位，发展为十八罗汉，经常被供奉在佛寺内大雄宝殿的两侧。

图196 陕西黄陵县万安禅院千佛寺石窟阿育王施土浮雕（北宋）

延安地区北宋石窟的雕刻，有很多是代表特定佛教故事情节的。比如，黄陵县万安禅院千佛寺石窟左壁前侧有一个大佛龛，雕了一尊高2.55米、雍容大度的立佛像，左手捧钵，向下俯视着；佛的左侧有一座七级佛舍利塔，立在云朵之上；塔的下方有两个小男孩，一个双手合十，另一个左手握着东西，右手扶着伙伴的肩膀，正仰望佛祖。佛龛的上部有两身飞天正在向下方散花（图196）。过去人们一直认为，这是一尊能治病消灾的药师佛像。其实，这里表现的是“阿育王施土”的故事。

传自印度的西晋安法钦译的《阿育王传》中讲：有一天，释迦牟尼在王舍城中捧着钵乞食，与弟子阿难走进一条小巷中。他们看见两个小男孩在巷里玩耍，其中一个名叫德胜，是上等人家的孩子。这两个孩子拿土在做游戏。他们把土围成一座小城市，在城里做了住宅和仓库，然后又撮了几把土当作炒熟的面粉放进假设的仓库中，很像中国小孩子的过家家游戏。两个孩子刚做完这一切，便抬头看见释迦向他们走来，立即欢喜跳跃起来。德胜心想，应该向佛奉献我最心爱的东西，可在这里他想象中最宝贵的东西就是那土城“仓库”里的“粮食”。于是，德胜毫不犹豫地从“仓库”中捧了一大把“面粉”献给了释迦。另一位小孩也在旁边向释迦合掌致敬。释迦牟尼对阿难说："我涅槃一百多年以后，这个孩子将转世成一位振兴佛教的国王，叫阿育王。他要把我的舍利分散开，兴建成八万四千座宝塔，去为众生谋福利。"

阿育王施土的艺术题材，早在十六国时代就已经有了，但这里却是面积最大、表现最生动的一处。

女真族是生活在中国东北地区的少数民族之一，1115年建立了金国政权。1125年，他们消灭了雄踞北宋北部的大国——辽国，紧接着开始南下掠夺北宋的财富。1127年，金兵攻入北宋首都汴京，俘虏了宋徽宗（1082—1135）、宋钦宗（1100—1161）以及亲王、后妃、公主等，连同他们搜刮来的金银财宝，全部运回了大后方。同年，宋徽宗的第9个儿子赵构（宋高宗，1107—1187），在南方以临安（今杭州）为首都建立了南宋政权。从此，北方大部分地区被金国占有。

石泓寺石窟，又叫川子河石窟，位于延安地区富县直罗镇以西40公里处，共有7所洞窟，其中第2窟是大型的佛坛窟，坛上有4根大石柱连接窟顶，主佛像的头顶上方也有仿木构的藻井装饰（图197）。窟内保存下来的造像题记显示它是金熙宗皇统年间（1141—1149）雕造完成的。这所大窟的雕刻非常密集而华丽，石柱和洞窟四壁刻满了排列整齐的小千佛像，中间还夹杂着佛传故事以及佛、菩萨、罗汉等形象，窟顶有华丽的图案装饰。从基本特征来看，它仍然是这一带北宋风格石窟的继续发展。

图197　陕西富县石泓寺石窟第2窟内景（金皇统年间，1141—1149年）

5. 西子湖畔的吴越、两宋洞窟

浙江杭州，以秀丽的西湖著称，也是唐代以后东南中国的经济与文化中心。从唐朝末年开始，钱镠（852—932）割据浙江，建立吴越国（907—978）。当时中原一带群雄称霸，战乱不断，而吴越国境内却相对安定，经济发展很快。钱氏家族三代共五位国王都很信仰佛教，建寺造像的活动一直没有停止过。今天的杭州城，就是当年吴越国的首府，在北宋时期是中国的佛教中心之一，又是后来南宋王朝的实际首都，西湖周围现存众多的佛教石窟造像为这座古老而又崭新的城市增添了一份神秘奇妙的色彩。圣果寺、资贤寺、天龙寺、石屋洞、烟霞洞、飞来峰、大石佛院、南观音洞等，已成为杭州著名的游览胜地。

杭州凤凰山圣果寺的摩崖西方三圣像龛，是现存吴越国规模最大的一处佛教艺术工程，龛高约12.1米，宽约23米，进深约5.3米。圣果寺始建于唐昭宗乾宁年间（894—898），而位于寺后崖间的西方三圣像龛则完工于五代后梁开平四年（910），二者都是由吴越国的开国君主钱镠出资建造的，应该与他的以佛教功德祈福国祚永隆的愿望相关联。这所西方三圣像龛表现的是阿弥陀佛和他的两个胁侍——观音和大势至菩萨，都呈结跏趺坐之姿，上承唐代风格，下启吴越国的艺术风尚，引领了吴越国西方三圣崇拜的潮流（图198）。三大像的表面虽被后代严重损毁，但在吴越国佛教艺术史上意义巨大，从它的残迹仍可以想象雕造技艺的高超与当年宏伟巨制的风采。同样位于胜果寺废址上的十八罗汉像也应造于吴越国时期，可能与西方三圣像龛同时雕造，也可能稍晚于西方三圣像龛。这组十八罗汉像表现出浓重的民间风

图198　浙江杭州凤凰山胜果寺摩崖西方三圣像龛（后梁开平四年，910年）

格，应当不是吴越国王室的赞助项目，极可能是由普通官吏或平民僧俗信徒出资雕造。这是迄今极少见到的五代时期的十八罗汉像，对研究中国罗汉崇拜的发展，特别是罗汉造像的中国化进程有重大意义。

位于慈云岭资贤寺遗址上的摩崖造像共有4龛，其中的第1、3龛雕造于吴越国时期，应该属于资贤寺的一个重要组成部分。南宋潜说友（1216—1277）撰《咸淳临安志》卷八十二记载：在慈云岭下有一座上石龙永寿寺，是天福七年（942）由吴越国王钱弘佐（941—947年在位）出资建造的，旧名叫“资贤寺”。资贤寺第1龛内雕着僧装的半跏趺坐地藏菩萨像，龛楣上刻着六道轮回图。根据佛经记载，地藏菩萨是解脱众生于六道轮回之苦的大菩萨，常常现沙门形。所以，自唐代开始，沙门形的地藏菩萨像便在中国雕造起来，并且有时会伴随着六道轮回图。这里的地藏菩萨与六道轮回图，是中国现存规模最大、表现手法最为精美的一处该题材造像。资贤寺第3龛的造像题材仍是西方三圣像，以坐姿的阿弥陀佛、观音、大势至为中心，再胁侍以二立菩萨与二天王像，龛楣上还有七坐佛与骑狮的文殊、骑象的普贤菩萨（图199）。它是现存规模最大、保存最完整的一处吴越国西方三圣龛像。以解脱已故坠入六道众生的地藏，同人们所向往的阿弥陀净土世界相结合，宗教目的是为了超度一切生灵到达涅槃境界。

杭州天龙寺由吴越王钱俶（948—978年在位）出资建于北宋乾德三年（965），现存天龙寺遗址中的第1、2龛造像应雕于斯年前后，且是统一规划、雕造完成的。第1龛的主尊是未来的倚坐弥勒佛，很有唐代遗风。同龛内的二弟子、二菩萨、二天王雕像则具有鲜明的吴越国地方特征。二天王手执长柄钺，同慈云岭资贤寺的二天王像一致。第2龛内只雕一尊结跏趺坐的阿弥陀佛（图200）。二龛结合，反映了吴越国佛教信徒对西方极乐世界和未来弥勒佛国所寄寓的期望。

在南高峰和青龙山之间，遍布着大小天然溶洞，其中以石屋、烟霞二洞最为闻名。

满觉陇前的“石室胜景”，洞府高敞，轩朗如屋，所以被人们称作“石屋洞”。它是一所天然溶洞，在大洞的左方外部高处另有一洞，叫“石别院”。大洞里面又有小洞，洞洞相连，嵌空玲珑。在大洞岩壁最醒目的位置，

图199　浙江杭州慈云岭资贤寺第3龛西方三圣与胁侍像（吴越国。20世纪50年代拍摄）

图200　浙江杭州天龙寺第2龛阿弥陀佛像（吴越国。2005年拍摄）

原来有一所佛与弟子、菩萨、天王的造像龛，在其他壁面上遍布着小罗汉像，大约有五百尊。据历史文献记载，石屋洞的造像题材是五百罗汉和十六罗汉，共有五百一十六身罗汉像。石屋洞是杭州地区造像最多的洞窟（图201）。有一方元代永隆和尚的造像记中说：石屋洞是在五代后晋开运年间（944—946）开山建院的。洞内罗汉像旁的题记中还有五代后晋、后周朝的其他年号，充分说明了石屋洞造像是在吴越国时期陆续雕刻出来的。

烟霞洞的十八罗汉像是依靠洞的两侧壁向纵深分布的。他们面相各异，姿态不同，有的沉思，有的禅定，有的仰瞻，有的俯视，有的玩狮，有的伏虎，栩栩如生，雕刻技巧娴熟（图202）。在十八罗汉像间，有一则题记上刻着“吴延爽舍三十千造此罗汉”。吴延爽，是吴越国王钱元瓘（887—941）的妃子吴汉月（912—952）的弟弟，那么这些作品无疑属于吴越国时期。其实，在最初雕造各罗汉像时，都刻有题记，以标明各罗汉的名称。保存较好的另外八则题记中，有的还记载着资助雕造罗汉的人与施钱数量。其中一身罗汉的题记刻的是“庆友尊者”。庆友，又叫难提密陀罗（Nandimitra），出生在释迦涅槃八百年后的狮子国（今斯里兰卡），是当时著名高僧，也是唐僧玄奘翻译的《法住记》一经的作者。十八罗汉来自印度的十六罗汉，而十六罗汉的经典依据便是《法住记》。大约在10世纪，中国信徒在十六罗汉的基础上增加了两位，形成了新的十八罗汉组合，庆友被认为是新增加的两位罗汉之一。因此，“庆友尊者”题记有力地证明了烟霞洞的罗汉群组原本是十八尊，是中国迄今保存最早的一组十八罗汉雕像。不幸的是，在20世纪50年代调查时，烟霞洞的十八罗汉像仅剩15尊了。烟霞洞口还有两尊引人注目的观音菩萨像，一个手持净瓶，一个手挂念珠，姿态雅静，容貌端庄，身材潇洒柔丽，也是吴越国雕刻中的佳作。

怪石嶙峋、风姿卓绝的飞来峰，位于著名的禅宗名刹灵隐寺前。飞来峰相传有72所洞穴，现在的2所著名洞穴——青林洞和玉乳洞，分布在飞来峰

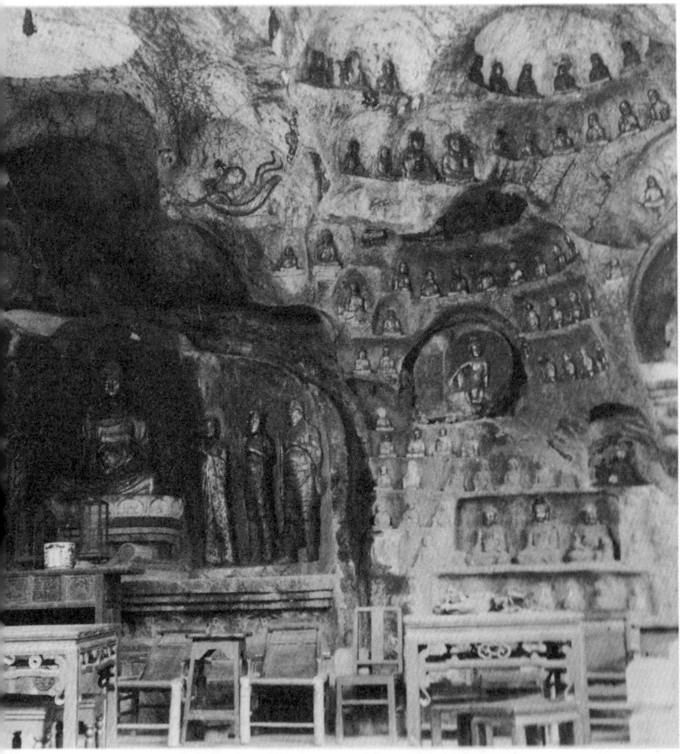

图201　浙江杭州石屋洞造像局部（吴越国。1966年以前拍摄）

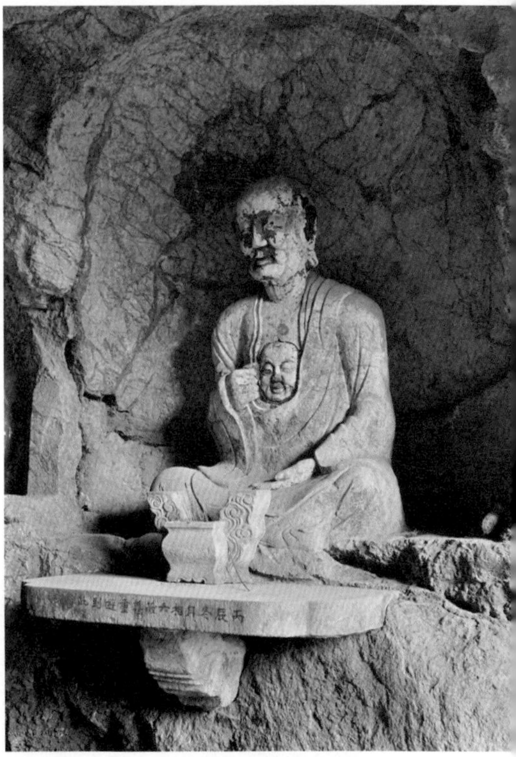

图202　浙江杭州烟霞洞东壁“心中现佛罗汉”（美国杜克大学图书馆藏，编号132A-742。西德尼·大卫·甘博拍摄于1919年）

的东部和北部。

在青林洞的入口处，有几个吴越国的小佛龛，洞内石壁上布满姿态各异的小罗汉像，是北宋真宗皇帝咸平年间（998—1003）陆续雕成的，应该是一组没有完成的五百罗汉像。青林洞口还有一个公元1022年雕完的佛龛，内雕卢舍那佛和他的胁侍共17尊像，主次分明，造型生动，是青林洞最优美的雕刻。青林洞石床里壁的十八罗汉像和另一个出口处的十八罗汉像，都是北宋时期的作品。

青林洞北侧的玉乳洞，保存了三十多身与真人大小相仿的罗汉形人物雕像，包括一组十八罗汉、几身单尊罗汉和禅宗六位祖师像。十八罗汉像姿态各异，有的旁边还以虎和龙相伴，应是降龙和伏虎罗汉。所有罗汉的造型都比较刻板，形象划一，身体表面的衣纹仅用阴刻线，没有写实感，和四川地区北宋造像的写实性形成了鲜明的对比。在一侧洞口还有六尊与罗汉像相似的坐姿人物雕像，身旁的石刻文字表明它们是公元1026年雕成的禅宗“太祖”和“六祖”等像（图203）。它们的造型和同一所洞内的十八罗汉像很相

图203　浙江杭州飞来峰第28号玉乳洞禅宗六祖师像（北宋天圣四年，1026年）

似，不带有任何威严神秘的气质。中国佛教禅宗僧侣所崇拜的前六位师祖，指从印度来中国传法的初祖菩提达摩、二祖慧可、三祖僧璨、四祖道信、五祖弘忍、六祖慧能。至今在河南嵩山少林寺旁，还有当年达摩面壁修行的洞穴。这里提到的“太祖”与“六祖”，就是二祖慧可与六祖慧能，另外四身坐像则是出资雕造这六尊像的某个禅寺的开山祖师像，这个禅寺很有可能就是飞来峰对面的灵隐寺。宋代，禅宗已经是流传最广的佛教宗派，玉乳洞的十八罗汉与六位禅宗祖师像，很可能同禅宗的思想有关。

位于冷泉溪南侧的大肚布袋和尚像，是飞来峰上最惹人喜爱的艺术作品，雕刻于南宋时期。这尊盘坐在巉岩石壁间的胖大身躯，欢眉大眼，喜笑颜开，袒露着能包容天下难容之事的大肚，一手拿着布袋，一手提着念珠，可敬可亲。布袋和尚的周围雕刻十八罗汉，它们依着山势，有的静坐，有的合掌而立，有的肩荷锡杖，有的手捧经塔，有的展示画卷，动作舒展，形象传神，既有夸张的艺术效果，又有浓郁的生活气息（图204）。

根据佛教历史文献记载，布袋和尚确有其人。他出生于晚唐，是浙江奉化人氏，于公元856年出家当了和尚，法名契此，号为“长汀子布袋僧”。他长得很肥胖，经常背着锡杖，挂上一个布袋，出外云游乞讨，晚上就随便找个地方睡。他平时说话令人不可捉摸，疯疯癫癫的不像正常人。他很喜欢小孩子，很爱和他们嬉戏玩耍。公元917年，布袋和尚在岳林寺端坐涅槃，他死的时候向人们念了一首“辞世歌”：“弥勒真弥勒，分身千百亿；时时示世人，世人不自识。”言下之意说他就是弥勒佛的化身，来到人世间走了一遭，但世人却不认识他的本来面目。于是从北宋开始，大肚布袋和尚就被当作弥勒佛的化身，普遍受到信徒们的顶礼膜拜。

思净，俗姓喻，是杭州佛教史上的著名僧人，活动于北宋末至南宋初年，南宋绍兴十年（1140）冬圆寂，终年约70岁。他于杭州妙行寺出家为僧，创建了云水接待站。他很有艺术造诣，擅长绘画与雕塑，因为喜欢图绘阿弥陀佛像，被人们称作“喻弥陀”。他最著名的作品是位于杭州宝石山东南麓大石佛院的半身弥勒佛大像，雕于北宋宣和七年（1125）左右。当时的大石佛所在地被人们称为“大石佛院”。这尊巨大的半身佛像高8.7米，具有饱

图204　浙江杭州飞来峰第68号布袋和尚与十八罗汉像（南宋。薛宁刚拍摄）

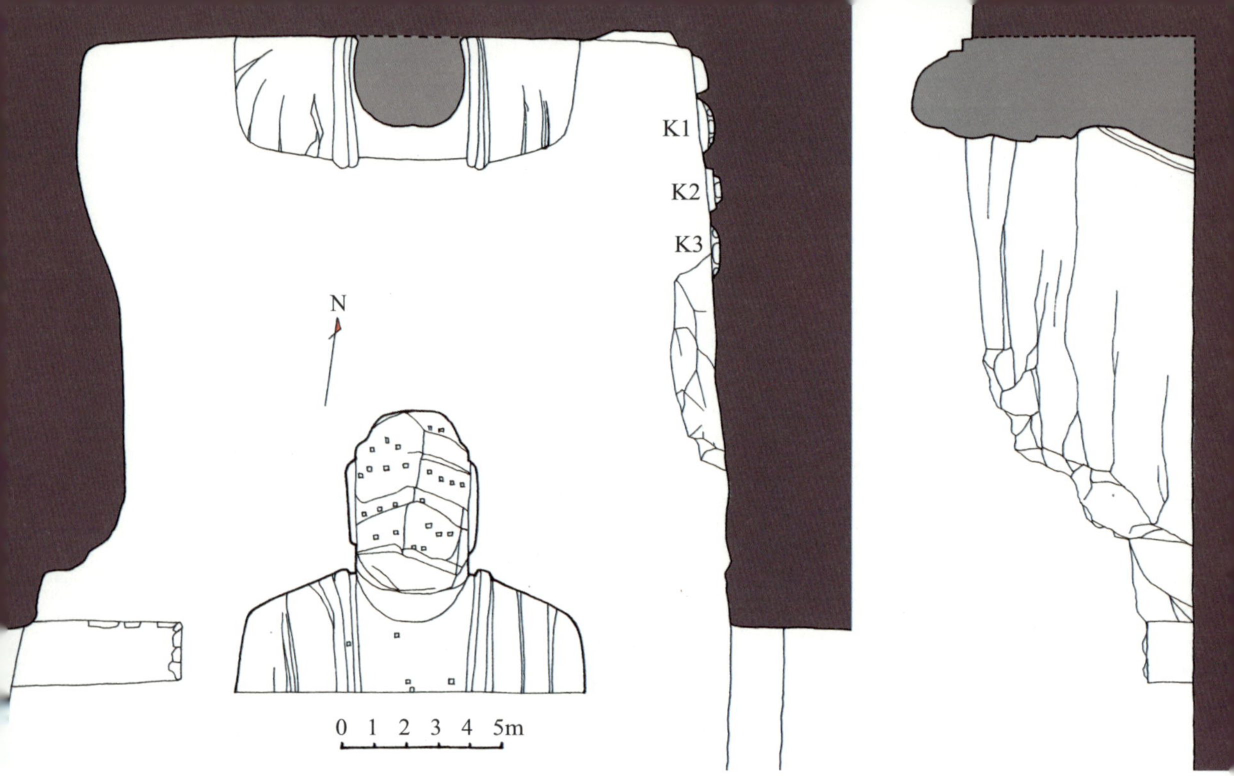

图205 浙江杭州宝石山大石佛院平、剖面图及弥勒佛大像立面图（北宋宣和七年，1125年）

满的面相和身躯（图205）。可惜的是，大石佛院毁于元代末年的至正十九年（1359），石像表面剥损严重。大石佛院的半身弥勒大像对研究中国弥勒信仰史与半身像的雕造史均具有重要的历史与艺术价值。

开宝仁王寺（又称仁王讲寺）摩崖造像位于杭州市上城区紫阳山南麓白马庙巷内，坐北面南依石崖雕就，是原寺院的一个组成部分。这里原来有一座开宝仁王寺，是继承了北宋首都东京汴梁开宝寺的仁王院，于绍兴五年（1135）在杭州兴建成的，主要服务于南宋皇室。如今寺院已经没有了，只留下三龛造像。第1龛内只雕了一尊释迦牟尼坐像。第2龛表现的是身材高大的阿弥陀佛和观世音、大势至菩萨像（图206）。这两所龛的雕凿时代可能在南宋绍兴五年之后不久，造像身体表面大部分已毁坏，可能与南宋至元代开宝仁王寺多次被毁有关。第2龛是这处摩崖造像的主要部分，西方三圣题材可以与杭州历史上的阿弥陀佛及西方净土崇拜传统相关联。第3龛内是一尊体量颇大的僧人坐像，表面细部已风化不清，没有在南宋至元代受到人为损坏。因此，第3龛的雕凿时代当晚于第1、2龛，可能与开宝仁王寺在明代初年归

图206 浙江杭州开宝仁王寺第2龛西方三圣像（南宋。2005年拍摄）

入华严宗门下有关，即表现华严宗的一位祖师或开宝仁王寺的开山祖师。

从慈云岭南坡的左侧转弯，就到了南观音洞。这是一个清幽怡情的天然洞穴，洞口宽约2米，洞深约8米。两侧壁有南宋开禧年间（1205—1207）雕刻的十八罗汉与二天王像，虽然每身像的高度还不到半米，但却布局严谨，相映成趣。南宋嘉定年间（1208—1224），信徒们开始在洞内壁面的剩余空间补雕罗汉等像，主要是在位于下层诸罗汉像上方的空间。明代仍在补雕，但明代的补做仅位于侧壁中上层。位于上层的文殊与普贤菩萨像相互对称，也许是最初的设计，也可能是后期的补做。嘉定之后补雕的诸像，在造像的配置方面没有统一规划，并且题材雷同，有很多尊白衣观音与罗汉像可能属于个人的不同功德。

可惜的是，上述杭州资贤寺、石屋洞、烟霞洞、南观音洞等造像，大部分毁于1966—1969年间，有些洞内的造像重塑于1986—1991年间。但这些石窟造像遗迹，仍为我们述说着吴越与两宋杭州的佛教信仰旧事。

6. 构思奇巧的南宋宝顶道场

据说，唐朝末年，四川盆地有个姓柳的居士，是嘉州（今乐山）人，对佛教密宗的大法很有研究。他精通秘密咒语，擅长驱赶妖魔鬼怪，还能行医治病，当时的人们都称他为“柳本尊”。柳本尊在传播密教时，使用了许多残酷的行为，如刻目、割耳、断臂等，终于取得了许多群众的信仰。十国之一的前蜀国统治者王建（907—918年在位）也大力支持他，封他为成都的“瑜伽教主”。

南宋时，有一位名叫赵智凤（1159—1249）的大足县（今重庆市大足区）人，承袭了柳本尊的说教，成为一个虔诚的密教徒。赵智凤改革了柳本尊的一些传教方法，他云游四方，募化了很多钱财，终于在宝顶山建成了南宋的密教中心。

宝顶山位于重庆大足东北15公里处，异峰突起于丘陵之中。这里苍松翠柏，山谷壁立，清泉下流，是佛教徒修行非常理想的地方。宝顶道场里所有的石窟和摩崖造像，都是赵智凤一手策划建造成的，从1179年到1249年，共用了70年时间。它们彼此之间统一安排的合理性，以及设计者的因地制宜、借境发挥，将山峦溪泉与佛教圣像熔为一炉的构想，都是无与伦比的。

宝顶山大大小小的石刻造像共有1万多躯。设计者以大佛湾为中心，在周围一里左右的小道上开凿了12处小石窟群，像众星拱月一般簇拥着大佛湾。大佛湾是一道幽深的马蹄形山湾，总长约500米，崖面高约15—30米。在东、南、北三面的悬崖上或石窟中，共有31处大型雕像（图207）。东崖长31米的巨型释迦牟尼半身涅槃像，以及佛身前好像从地下涌出的弟子和

图207 重庆大足宝顶山大佛湾石窟北岩摩崖造像局部（南宋）

天神的半身雕像，组成了整个大佛湾的中心内容。在大佛两边的南、北崖壁上，形象地展示了佛教的主要思想。每一个内容都有一幅大的画面，画面彼此间又有着内在和外在的联系，力求把各种教义贯穿成一个完整的体系。例如，将《父母恩重经变》和《大方便佛报恩经变》连在一起，体现了行孝的思想内容；《观无量寿经变》和《地狱变》相连，使天堂和地狱形成了强烈的对比。另有一些，如宣扬柳本尊传教事迹的《十炼图》，属于密宗造像的华严三圣像、毗卢洞、圆觉洞、孔雀明王窟、千手千眼观音菩萨像、十大明王像、广大宝楼阁，属于禅宗的《牧牛图》，以及根据中国古代民间神话雕刻的《雷音图》，都在设计与安排上富于创造性。后人曾经称赞宝顶山的造像包括了所有的佛教内容，这虽然有些夸大其词，但南宋佛教的基本思想，似乎都能从这里找到一些形象说明。

唐代以后的佛教艺术开始明显地加深世俗化，艺术家们在创作的过程中，会有意无意地在宗教艺术中留下当时的社会情况和人情世态。这方面，宝顶道场的造像流露得更直接、更深刻。

图208　重庆大足宝顶山大佛湾石窟北岩摩崖造像《牧牛图》群雕局部（南宋）

《牧牛图》群雕像，原来的用意是以牛比喻人心，用收服牛性比喻调伏心意，展示修行禅观锻炼思想的全过程。但在这组高5.5米、长30米的整幅雕刻面前，人们看到的却是在崎岖的山路上，在幽静的林泉间，牧童和牛的各种生动意态，展现着生活美感：有的牛翘尾狂奔，牧童用力在拉绳；有的牧童在挥鞭赶牛；一位牧人在吹笛，牧童高兴地在一旁拍手相和（图208）；还有一个牧童开怀敞衣，对天仰卧，舒坦地沐浴着阳光，一只调皮的猴子正在拉扯他的衣裳……浓郁的乡土气息、田园的芳香和生活的情趣已经冲淡了空泛乏味的宗教教义，雕刻家们用写实的艺术手法直接再现了当时农村生活诗一般的意境。

《地狱变》群雕，采用的是时空交错的构图形式，把生前犯的“罪”和死后应受的苦结合在一起。按照佛教的戒律，人是不准饮酒的，否则就要堕入地狱。为了宣扬这种思想，匠师们特意设计了几组可笑的戏剧性场面：父亲喝醉了，儿子和他说话，他斜着醉眼，全然不睬；丈夫醉了，妻子温存地拉他的手，他却无动于衷；哥哥醉倒在地，弟弟关切地扶着他；姐姐醉得前仰后合，妹妹搀着她……（图209）只有依靠切身的生活体验，才能有如此观察入微的艺术佳作。

在恐怖的《地狱变》中，还出现了一位勤劳朴素、贤惠美丽的养鸡女。她面带微笑，正打开鸡笼，两只鸡在争啄戏弄一条蚯蚓。佛教认为，养鸡必然杀生，因为鸡总是要吃小虫子的，所以养鸡的人死后也要下地狱。但是，人们却对这位养鸡女产生不出丝毫憎恶的情绪，反而被她那生动的喜悦形象所征服。

在提倡儒、佛、道三教合流的社会背景下，佛教艺术也开始极力歌颂儒家的孝道。为此，佛教徒们不惜篡改佛传故事，把释迦牟尼描绘成了行孝的典范。《大方便佛报恩经变》组雕就是颂扬释迦牟尼行孝精神的。在组雕的左下方，先刻了不信佛教的外道们正在诽谤释迦不孝，然后在中心画面雕刻释迦为了孝养父母，剜自己的眼睛、取自己的骨髓供父亲做药，割自己身上的肉供父母亲食用。父亲死后，释迦亲自抬着棺材等等（图210）。它的目的是让那些善男信女感化于佛祖的孝道，反省自己以往的言行，彻底拜倒在释迦的足下。

图209　重庆大足宝顶山大佛湾石窟《地狱变》组雕局部（南宋）

图210　重庆大足宝顶山大佛湾石窟《大方便佛报恩经变》组雕中的释迦担父王棺（南宋）

为了进一步说明问题，雕刻家们还根据中国和尚造的一部伪经《父母恩重经》创作了一幅经变组雕：从父母亲祈求生子、十月怀胎，直到子女长大成人。在人的一生中，父母的恩情是说不完的，即使活到80岁，百岁父母照样对子女是关怀担心的。最令人感动的还是“推干就湿恩”：小儿夜里把床尿湿了，母亲怕孩子不舒服，把床上的干处让给孩子睡，自己睡在尿湿的地方（图211）。这是多么伟大圣洁的母爱啊！这些恩情，是每一个人都应该牢记一辈子的。这幅组雕，也是在增强人们行孝的观念。其实，对自己的父母亲尽孝，一直是中华民族的传统美德，从这个方面来讲，宝顶山的雕刻不仅是宋代现实生活中人性的折射，对于我们今天的社会道德观念教育也是有积极作用的。

大足的宝顶道场，宛如一幅幅生动形象的连环画，再现了南宋社会的世俗生活和宗教思想，给衰落中的佛教艺术增添了新鲜的意趣。

图211　重庆大足宝顶山大佛湾石窟《父母恩重经变》组雕中的“推干就湿恩”（南宋）

第十章

晚霞辉映

——元、明、清石窟寺

蒙古族自古以来就生息在中国北方草原上，是一个历史悠久、勤劳勇敢的游牧民族。13世纪初，一代天骄成吉思汗（1162—1227）使这个古老民族觉醒、振兴，建立了蒙古汗国，相继征服了中亚、西亚、欧洲东部、西夏和金国，形成了一个横跨欧亚大陆的大帝国。1271年，成吉思汗的孙子忽必烈（元世祖，1260—1294年在位）把首都定在了燕京（后改称大都，今北京），改国号为“元”。1279年，元朝最终消灭南宋，大江南北归于统一。

蒙古国的创始人成吉思汗曾经命令他的子孙们，要给各种宗教以平等的待遇。在以后的大元帝国中，佛教和儒教、道教、回教、基督教、摩尼教都能够和平共存、共同发展，儒、佛、道三教合一的思想更加根深蒂固。比较而言，元朝的开国皇帝忽必烈更加看重的是藏传佛教——喇嘛教。

喇嘛教是藏传佛教的俗称，它是由印度传入的密教、汉族地区传入的大乘佛教与西藏原始宗教“苯教”相结合的产物。喇嘛是对僧侣的尊称，是“上人”“师长”的意思，因为西藏佛教教导信徒们首先要尊崇上层喇嘛，从生产到日常生活都要接受他们的指导，并用大量的财物和劳役为寺庙服务。喇嘛教是在佛教教义的基础上，吸收了苯教的一些神祇和仪式形成的一种独具特色的地方佛教。在他们的世界当中，大日如来仍然是最高的本尊，很多为喇嘛教特有的佛和菩萨为降伏妖魔而变化出的忿怒形象，至今还在教化着各民族的佛教信徒们。

喇嘛教的兴起，为汉族地区衰落中的佛教注入了新鲜血液。在忽必烈时代，西藏著名的僧人八思巴（1239—1280）来到中原，被忽必烈聘请为帝师，受命管理全国佛教，还兼统领藏族地区的政治与宗教大权。八思巴死后，元朝皇帝迎请其他西藏大喇嘛来担任这一重要职务。可见，元朝喇嘛教的地位显然是高居汉族其他佛教派别之上的。这个时期的佛教艺术虽然还在缓慢地向前行进，但是神佛队伍中，却挤进了一些从青藏高原下来的陌生神灵。

1. 点缀杭州风景的梵式神祇

根据明朝宋濂（1310—1381）等人编撰的《元史》记载，1260年，忽必烈刚刚登上皇帝宝座，就命令帝师八思巴在西藏建一座黄金塔。建塔的工匠是从尼泊尔地区选来的，其中一位叫阿尼哥（1245—1306），年仅17岁，但极其聪明，对于绘画、雕塑以及铸造金像无所不通。阿尼哥的才华深得八思巴的赏识，让他担任监工。宝塔建成后，阿尼哥被八思巴带到京城，推荐给了忽必烈。忽必烈也很器重他，封他做工匠总管。以后，凡是京城大寺中的重要佛像，都是阿尼哥经手或指导完成的。阿尼哥还培养了许多藏、蒙、汉族的弟子，他们共同制作了大量的喇嘛教偶像，元代人称这些像叫“西天梵像”。

西天，是古代中国佛教徒对印度的通称。“梵”字常放在与印度有关的事物前面，如梵语、梵文、梵僧等。所以，梵式造像也就是来自印度的密教造像样式。不过，这种造像已经逐渐形成了西藏自己的民族风格。如今，北京——昔日的元大都造像已经毁灭殆尽，而杭州的石刻梵像却依然存在，表现着藏传佛教艺术风格。

西藏的佛教神祇又是怎样来到西子湖畔的呢？这要从南宋灭亡的时候说起。1276年，元朝的军队攻占了临安。第二年二月，忽必烈任命他宠信的来自西夏地区的和尚杨琏真伽出任江南佛教总统，总统所就在今天杭州飞来峰前的永福寺。这个作恶多端的坏和尚在杭州留下了种种劣迹。杨琏真伽曾将杭州凤凰山上的南宋宫殿改建成了五所寺庙，经皇帝批准，他还把民众五十顷水陆田地的收入作为这五所寺庙的日常费用。最可恶的是，他带人在绍兴、钱塘一带大肆盗掘南宋皇帝以及宗室大臣的陵墓，获取无数的金银珠宝，并在原来的宫殿上修建了一座喇嘛教的白塔，取名“镇南”，意思就是“镇压南方”，严重伤害了江南人民的感情。不仅江南人民对杨琏真伽痛恨万分，就连和尚们也很气愤，骂他是“掘坟贼”。

杭州是南宋国的实际首都，也是过去南方人反抗元朝政权的大本营。即使元军占领了杭州，这里不满的情绪还是普遍存在的。杨琏真伽为了向元朝皇帝表示忠诚，就在景色秀丽的西湖周围，大肆建造喇嘛教的梵式建筑和造像，号称要借这些新王朝的佛教尊神，来压一压南宋故都的风水，一定要在精神层面征服这里的人民，并且祝愿蒙古皇帝万寿无疆。飞来峰便是他开龛造像的主要地点。飞来峰的元代造像大约有116尊，是中国现存元代造像最多的一个群体。造像风格可分为汉民族式、藏传梵式、汉藏合璧式三种，前两者数量较多。从雕造的高超技艺来看，应该是出自同一个艺术家群体，很可能来自大都（图212）。飞来峰的元代汉式造像基本遵循宋代样式，没有什

图212　浙江杭州飞来峰部分元代龛像

图213　浙江杭州飞来峰第89龛无量寿佛（元至元二十六年，1289年）

图214　浙江杭州飞来峰第73龛杨琏真伽和福闻、允泽肖像（元）

么创新性。因此，飞来峰元代造像的真正价值体现在这批梵式造像身上，它们是传入汉族地区的新样式。飞来峰第89龛通高2.72米的藏传风格无量寿佛坐像龛，就是杨琏真伽于1289年亲自建成的（图213）。佛像的下面，还刻着时任灵隐寺方丈的净伏和尚吹捧杨琏真伽的颂扬文字。从佛像本身来看，表现出了典型的梵式风格：佛像的额头平广，额角的转折度比较大；人体的比例协调妥帖，肩宽，腰细，不胖也不瘦；坐姿端正，形象体魄很有男性的剽悍阳刚气质；还有一些细节上的装饰，都是不同于汉族地区佛教造像的。

杨琏真伽在飞来峰雕刻佛、菩萨像的同时，把自己的肖像也混杂进去了。第73龛正中雕了一身胖大的和尚像，身穿藏族喇嘛的僧衣；左腿盘起，右腿下舒，如同观音菩萨的坐姿；左肘部位靠着隐囊（供人倚靠的软囊。犹今之靠枕），一副闲适的姿态。主像的左右两侧分别侍立着一位手中捧物的弟子像，也是藏族僧人装束。这就是杨琏真伽和他的帮凶闽僧福闻、剡僧允泽的肖像龛（图214）。这样做的目的是想让人民把他也当作佛来顶礼膜拜。

然而，事实却恰恰相反。1368年元朝灭亡后，江南人民对杨琏真伽的痛恨一直难以消除。到了1543年，明朝的杭州知府陈仕贤来到飞来峰这所石龛前，大骂“秃贼”，命令将石像斩首示众，在场的人无不拍手称快。今天，这三身石像的头部都是后来重新修补上去的，它们的脖颈和胸部，仍然可以清楚地看到当年被刀砍过的痕迹。在当时，这算是理直气壮的正义举动。但如今看来，飞来峰现存的近50尊元代梵式雕像，再现了无名匠师们的精湛技艺，是研究元大都阿尼哥等艺术家造像风尚的重要参考。

飞来峰喇嘛教的菩萨形造像，是由印度密教的菩萨发展来的。与唐代密教菩萨相似的是，它们中间有很多也是多面多臂的形象，有的和汉族地区的菩萨名称相同，但形象却不一样。它们的体态很少表现出柔弱的感觉，都是比例适度，姿态自然，洋溢着饱满的生命活力。有的观音像很像一位体魄健美的男子，在威严中透露着慈祥。

菩萨形造像还包括汉地造像中没有的佛母像。佛母是藏传佛教艺术的一种特殊图像。关于佛母的含义，《大方便佛报恩经》卷六说：佛陀以佛法为自己的老师，佛是从佛法中诞生的。因此，佛法就是佛母，佛依靠着佛法而住。由此可知，佛法就是众佛之母，而众佛的存在离不开佛法。大乘佛教认为，完美的智慧是诸佛之母，因为智慧的培养可以使人看到佛法的真正本性。由此可见，佛母是对那些能获得并运用佛法的智慧去救度、觉悟众生的佛教尊神的象征性名称，他们可以获取和运用佛教智慧将有情众生渡往觉悟的彼岸。这种尊神不能理解为释迦牟尼或其他佛的亲生母亲。尽管元朝以前的汉、藏文经典中都记载了许多佛母，但他们的图像并没有被汉族佛教徒和艺术家制作，却为藏族人情有独钟。早在宋元时期，佛母图像就随着藏传佛教一起进入西夏国。入元以后，汉地以大都为中心继续制作藏传佛教艺术，佛母图像也从西藏传到汉族地区，于是飞来峰也就出现了佛母造像。

飞来峰第52龛雕刻的是一尊姿态优美的大白伞盖佛母像，头微微向右下方倾斜，左手当胸握着一柄白伞（图215）。密教认为，这位佛母能放射出无限的光明，覆盖一切众生，大白伞盖就是光明广覆的意思。元朝首任帝师八思巴在忽必烈的御座上安置了一顶白伞盖，象征授给这位皇帝与大白伞盖佛母同等的宗教功能。之后，元朝皇帝每年都要带领大臣们举行盛大的迎引白伞盖佛母的典礼，将此神的意义融入人们的社会生活。飞来峰的大白伞盖佛母像可能就是在这种宗教环境下创作的。

喇嘛教的护法神像也和汉族佛教不同。第75龛的多闻天王像，是护法像中最优秀的作品（图216）。这位天王骑着一头大狮子，总高约2米。这尊天王还是喇嘛教特殊的财神。它身穿甲胄，右手执胜利幢幡，以表示战无不胜；左手拿着一鼬鼠，鼬鼠的口中正在向外吐着珠宝。它既可以护法，又能掌管财宝，给人们带来福寿和如意，所以它的俗名又叫“多宝天王”。这尊多闻天王像是由来自元朝首都大都的资政大夫、行宣政院使杨某谨发诚心、捐舍净财雕造的，时间是至元二十九年（1292）。宣政院是元朝中央政府设立的管理西藏和内地宗教事务的机构。他的造像发愿文上还写着祝愿皇帝万岁，国泰民安，将礼佛和蒙古皇室的福祉紧密地联系在了一起。

另外，还有一种奇怪的护法神像，那就是理公塔旁第32龛的金刚手菩萨像，是元至元二十九年（1292）来自大都的荣禄大夫、行宣政院使脱脱的夫人造的。他身高1.6米，身材粗短肥壮，右手举着密教的法器三股金刚杵，右腿弓步前趋，左腿向后蹬伸，胖胖的脸蛋，大眼圆睁，面露愤怒的表情，

图215 浙江杭州飞来峰第52龛大白伞盖佛母像（元）

图216 浙江杭州飞来峰第75龛多闻天王像（元至元二十九年，1292年）

头发向上飘扬。这是喇嘛教中的五大力士菩萨之一，是专门为信仰佛教的国王保护天下太平的，把它雕刻在这里，看来也有同样含义。但是艺术家在创作的时候，却突破了宗教仪轨的约束，展现的简直就是一个稚气未脱、天真逗人的顽童形象。

当年元军进攻南宋的襄阳城，守城军民进行了顽强抵抗。相传有一天，襄阳人向道教的真武大帝祈祷，希望能得到他的佑护，没有想到真武大帝却降下一张纸符，上面写着：“有一个大黑神带领兵将从西北方来了，我也要出去躲避一时。”顿时城中大乱，元军没费多少力气就攻占了襄阳。后来，元兵围困临安城时，又见那位大黑神带了很多天兵天将从天而降。1276年，南宋恭帝赵㬎（1275—1276年在位）等人被元军俘虏后押送大都，途中见到一座神殿，里面正好供着大黑神，他们惊奇地说：“在我们那里经常看见一个大黑人出现在你们军中，原来这个大黑人就住在这里！”

这位帮助元兵打仗的大黑神，是喇嘛教的护法神，名字叫麻曷葛剌，就是“大黑天”的意思。喇嘛教认为，大黑天是一位战神，祭祀他，就可以增强军威，战无不胜。他是大日如来为了降伏恶魔而变化的忿怒形象。在皇宫大内，也供奉着大黑天像。为了进一步降伏江南人心，大约在元朝初年，亲元的僧人特意在南宋旧都杭州的宝成寺内造了一龛大黑天像。1322年，钦差大臣、左卫亲军都指挥使伯家奴重庄此龛。

宝成寺在紫阳山麓，这里的崖壁上一共开了3所大龛，均坐西面东，依南北走向排列。第2龛位于中部，龛内雕三世佛像，属于元代的藏式风格。第3龛位于南侧，龛内主像已不存，原来可能有一尊观音像，龛旁的小龛边上还保存着观音救难的浮雕。位于北侧的第1龛主尊就是大黑天，是一位大腹短腿、鬈发虬髯、瞪目怒视的忿怒黑神，双手抱着人头，两肩下也各挂着一颗人头，脚下还踩着一人。这尊大黑天的身体很不成比例，头大身矮，也许是艺术家有意加以夸张，以进一步渲染这位战神的声威（图217）。大黑天的左右两侧是骑狮与骑象的胁侍，也完全没有汉族佛教艺术中那种美好的雅相，而换上了一副凶神般的面孔，手里握着兵器，坐骑下还挂着人头，很像两位得胜而归的凶悍的蒙古将军。有学者认为，龛中的骑狮胁侍应为具善大黑天，骑象胁侍应为帝释天，是一不符合常规的造像布局，风格独特。从艺术处理手法来看，这两身迄今没有可比图像资料的胁侍像应是汉、藏、蒙艺术的结合：汉式的头饰，藏式的髑髅璎珞、人皮荐等装饰及兵器，蒙古式的面相与相似的发型。

图217 浙江杭州宝成寺第1龛麻曷葛剌与胁侍像（元至治二年，1322年）

在麻曷葛剌的上方，刻了三只金翅鸟，均作展翅欲飞状。三鸟都是鸟首人身，生有双翅，头戴宝冠，冠上出露发。这组三身金翅鸟的右下侧刻有一鸟，向着南侧飞动，身后刻有三束卷云。三身金翅鸟的左下侧刻有一兽，向着北侧跑动，身下亦刻流云。有学者认为，它们是西藏佛教萨迦派宝帐怙主的重要标志性眷属——黑鸟与黑狗，而龛内的主尊麻曷葛剌的身份其实就是萨迦派的宝帐怙主。

喇嘛教认为，人世间存在着各种各样的恶人和魔鬼，如果去教化降伏他们，用保护好人的那种美丽的佛母或菩萨等形象就不灵了，必须采取以毒攻毒的方法，使佛和菩萨们具有更加恐怖和令魔鬼们都会畏惧的形象与神力，才能在精神上彻底战胜他们。这就是宝成寺麻曷葛剌像龛雕造的目的。

透过宗教的面纱，我们可以了解到，杭州的这些梵式神祇，实际上是为元朝的统治服务的。如果单从佛教艺术的成就来看，元代匠师们这种独辟蹊径的艺术创造，为中国急剧衰退的石窟艺术增添了新的活力，形成了一道夕阳返照的奇异光彩。它们无疑也是中华民族文化宝库中一份珍贵的财富。

2. 汉藏合璧——河西走廊的元代石窟

公元1224年，成吉思汗在结束西征回军的路上，对西夏西部边境的重镇敦煌进行了一次试探性的攻击，遭到西夏敦煌军民的英勇抵抗。经过一个多月的激战，蒙古人的进攻终于被打退。公元1227年3月，蒙古大将速不台（1176—1248）再次率军进攻敦煌。西夏军队顽强抵抗，终因寡不敌众，敦煌城被攻陷。敦煌比南宋早半个世纪接受了蒙古人的管辖。

元朝统治者很重视中原与西方各国的交通以及敦煌这个战略重镇，经常派宗室诸王去驻守。例如，公元1314年，元朝在敦煌和安西设立了屯储总管府，之后特地派遣镇西武靖王搠思班的儿子阿剌忒纳失里出镇敦煌城。敦煌莫高窟现在还保存有一块用汉、八思巴、藏、梵、西夏、回鹘等六种文字刻成的“六字真言碑”，就是由当时镇守敦煌的西宁王速来蛮和他的妃子等人于公元1348年共同建立的。他们还在莫高窟重修了皇庆寺，开凿了洞窟。西宁王牙罕沙也曾由四川前来敦煌驻守。

元代的敦煌，是一个农业经济有所发展、社会环境相对安定、商业贸易往来频繁的西北军事重镇。同时，佛教在敦煌乃至河西走廊也得以继续发展，并且产生了一批汉藏合璧的艺术瑰宝。甘肃张掖的马蹄寺石窟群、安西榆林窟，以及敦煌莫高窟，都出现了一系列与元朝喇嘛教信仰有关的石窟或摩崖造像，正是当时藏传佛教进入这一地区的见证。

在莫高窟，现存的元代洞窟约有10所——第1、2、3、95、149、462、463、464、465、477窟，大部分是新开凿成的。另外，在部分前朝洞窟中补绘了一些新壁画。元代新开凿的洞窟形制，大体可以分为三种。一、平面呈方形的覆斗顶窟，一般在西壁开出一所佛龛，如第1、2、3窟，仍然是隋唐时代流行的佛殿窟形式。二、主室的平面呈长方形，在后部立一个中心塔柱，柱的正面开出一所佛龛，如第95窟。三、主室的平面呈方形，地面中心设立一个圆坛，如第465窟。另外，第477窟中心有马蹄形佛坛，第462窟的前部是人字披顶，后部为平顶，第463窟后部有平棋的形式，很可能是重新整修前代的洞窟后造成的。其中第三种洞窟的内容，就是来自西藏的喇嘛教艺术。

根据密教的教义，僧侣们在修持秘法的时候，为防止魔鬼的侵入扰乱，要在修法的地方画一个圆圈，或者建一个土坛，在上面再画或摆放佛、菩萨等像，以表示这里充满了佛与菩萨。这种被画为圆形或方形的修法坛场，印度梵文称为“曼荼罗”。中国和日本有些被画在纸帛上的秘法坛场图形，也称作曼荼罗。

大曼荼罗的中心，一般摆放着密教最尊崇的大日如来像，在它的四周，按东西南北的方位，放置四方佛。在五方佛的外围，还有八大菩萨、各大护法神以及呈忿怒相的明王等，构成了一组全面完整的密教神祇崇拜体系。莫高窟元代的第465窟，就是按这种密教曼荼罗的基本构想来安排洞窟形制和壁画内容的（图218）。主室地面中心设立的四阶圆形坛，就是密教徒们在修法时所使用的坛场。它的窟顶作覆斗形，在藻井的中心画着大日如来像，顶部的四披面分别画一铺佛像，代表东西南北四方佛。在五方佛的周围，分别画着其他的佛和众多的菩萨和眷属。这种做法，实际上是把原来应该画或安放在坛上的五方佛和众神祇像，全部画在了洞窟顶部的五个坡面之上，仍然代表着密教特有的曼荼罗。它既是有碍于窟内空间的狭窄而采取的权宜措施，同时也更能给信徒们带来一种密教的神秘感，因为如果在这里修秘法，他们面对的将不是地面坛上的众佛与菩萨像，而是抬头仰望着仿佛从天而降，又好像是位于遥远而缥缈的天国之中的神灵。窟顶五方佛的形象，都是袒裸右臂、宽肩、细腰造型，具有男子的雄健之美，这正是传自西藏的典型元代喇嘛教佛像样式。

第465窟主室四壁绘制了11幅曼荼罗图，也就是秘法坛场的示意图。这

图218　甘肃敦煌莫高窟第465窟内景（元）

四个壁面上保存着六身男女双身合抱的多臂欢喜佛像（图219），在它们周围画着一二十个框格，格内描绘欢喜佛的眷属以及有关的祖师像，还有一些生动活泼的舞蹈人物，也可能与修行秘法有关。东壁的门上方画了五位护法金刚像，中间一身是喇嘛教里著名的大威德像。

安西榆林窟的第4窟是一座汉藏合璧式洞窟。它的平面近方形，顶部隆起，中央画着藏传佛教的曼荼罗图。地面中心有一坛，坛上安置的是密教曼荼罗中的主要偶像。四壁的壁画是汉式的经变画与藏式的曼荼罗图相间排

图219　甘肃敦煌莫高窟第465窟北壁欢喜金刚壁画局部（元）

列，完美地再现着汉、藏佛教文化艺术的交融。

除了来自西藏的喇嘛教内容之外，莫高窟的元代石窟还有汉族地区自唐以来流行的密教图像。例如，第95窟中心柱东面的盝顶形龛内塑一身六臂观音像，两侧各塑一身天王、二身菩萨像。礼拜道的南侧口上方，画了一幅水月观音像。甬道顶部与中心柱东向龛顶部，画着六字真言团花。中心柱的南、北面和窟的西、南、北三壁，画有十几身罗汉形象。可以看出，第95窟所表现的主要是汉族地区的密教和显教内容。第149窟的南、北壁分别画了一幅文殊菩萨变相图，东壁门上方画一身火焰金刚像，门的南侧画着一身四臂观音像，门北侧则有一身铃杵观音像。第61窟是曹氏时期开凿的，元代在窟内南壁画了一幅炽盛光佛群像。

第3窟是保存状况最好的一所元代石窟，它虽然只是一所大约3米见方的小型佛殿窟，但却是根据汉族地区新的密教图像样式制作出来的。窟内的覆斗顶藻井中心浮塑四条龙，四个坡面绘制毯纹装饰。在前壁门上方画五方佛像，窟门两侧各画观音像一身。南北壁分别绘有一铺十一面千手千眼观世音像（图220）。正壁开出一所盝顶龛，龛内中部悬塑山石，主像已经不存，原来应该有一身坐于山石间的水月观音像，山石的两侧画着双勾墨竹。正壁龛外两侧各画四身菩萨像。

从第3窟的主要内容来看，这里应该是以供奉观世音菩萨为主的观音堂，可能是元代晚期制成。这所小窟不仅内容很特殊，其壁画艺术也显示了元代绘画的高超技艺。窟内的整体壁画均设色清淡典雅，完全承袭了中原地区的绘画风格。绘制人物时所使用的线描技术纯熟，并且有丰富的变化：以圆润秀劲的铁线勾勒人物的面部和肢体，用折芦描表现衣褶的写实感，用顿挫分明的丁头鼠尾描来表现金刚力士身体上隆起发达的肌肉，用轻利飘逸的游丝

图220　甘肃敦煌莫高窟第3窟南壁《千手千眼观音变》壁画（元）

图221 甘肃张掖马蹄寺北寺石窟群外观（2019年拍摄）

描画出蓬松的须发。为了刻画出人物身体上不同的质态，当时的画师灵活地运用中国传统的多种线描技巧，使这些菩萨、护法等形象更加真切感人。

饶有趣味的是，在第3窟西壁有作画人的题记："甘州史小玉笔。"在第444窟的西壁还发现了这位画师在至正十七年（1357）五月十四日来莫高窟上香的题记。史小玉的名字虽然没有被历史文献所记载，但他的高超技艺将同敦煌莫高窟一样，永远被载于中国有形的佛教美术史中。

河西走廊上的另一处元代喇嘛教石窟艺术保存在张掖马蹄寺的北寺。张掖马蹄区公署背面的马蹄山中部崖壁上，南寺和北寺石窟群遥遥相对。北寺有大小窟龛30多所，第8窟又称作马蹄殿，是一所平面方形的大中心柱窟。相传在这个窟的地面上有马蹄印，是二郎神（也有说是西藏的格萨尔王或清朝的乾隆皇帝）的马路过时踏下的，所以这个地方才叫马蹄寺。这一带最醒目的，还是元朝开凿的巨大的第3窟和第7窟。

第3窟，又名"三十三天"，最高处距地面42米，从外观上看分为五层：第一、二、三层都是并排开凿的5所洞窟，第四层有一排3窟，最上层只开1窟，共有19所洞窟，很像一座宝塔（图221）。各层之间与各洞窟之间都有石台阶和通道相连。因此，它们是一个统一的整体。这19所洞窟的形制可以分为两类：一是平面方形的人字披顶窟，二是平面方形的覆斗式四面坡顶窟。每窟的正壁都开了一个大龛，龛内塑一身坐佛像，四壁还满满地粘贴着压模印制的小方块泥塑千佛像，上下左右排列得很整齐。造像的内容虽然简单，但都是典型的元代来自印度和尼泊尔地区的梵式作风。关于“三十三天”名称的来历，有一种说法是因为登上最高一层佛洞的石阶共有33级而得名。

第7窟位于第3窟的西侧，俗称站佛殿。关于它的修建，当地人是这样传说的：从前有一位印度来的大法师杀死了一个恶魔，把它的头和尾巴埋在这所洞窟内的青石板下面，并在上面造了一尊站佛来镇压它，以免这个魔鬼再出来害人，所以就有了“站佛殿”的名称。这是一所平面呈纵长方形的巨大平顶佛殿和中心柱复合式洞窟，深33.5米，宽26.3米，高15米。最前面开了三个窟门，进门以后是一个宽敞的横长方形前庭，前庭后面正中开一所平面呈纵长方形的佛殿窟，佛殿的正壁凿三个圆拱形佛龛，龛下还有一条长方形的基坛。佛殿窟入口的两侧分别向后开出了甬道，并且环绕连接起来，形成一条礼拜道。这条礼拜道的两侧，总共开凿了46个佛龛，每个龛内都有一尊坐佛像，也是属于元朝喇嘛教的艺术风格（图222）。从总体情况看，可以把第7窟看成是一个大中心柱窟，只是在这个巨型中心塔柱的正面，又开凿出了一所大佛殿。

中国的中心柱窟，进入唐朝以后就逐渐消亡了，为什么这个时期又会突然出现呢？如此大的规模，且在塔柱中间掏出了佛殿，是前朝的中心柱窟从来没有的情况。既然窟内的梵式佛像风格是从印度来的，只能再去印度寻找它的原型。

印度的特姆纳尔（Dhamnar）石窟，位于拉普塔纳的恰尔勒巴登西南约77公里处，共有六七十所洞窟。在主要窟群偏东处有一所石窟，窟前的露天小院中央立着一座佛塔，塔的后面开了一所小佛殿窟，正壁有一尊坐佛像。这个小佛殿的周围也开着可以环绕礼拜的甬道，与上述第7窟情况完全相同。另外，在特姆纳尔东南约35公里的地方，还有一处克洪尔维（Kholvi）石窟群，这里最显著的特点是出现了大约七座圆形的佛塔。有一座高约6.1米的

图222 甘肃张掖马蹄寺北寺第7窟侧壁龛中的佛像（20世纪80年代拍摄）

大塔名叫阿尔均庙，里面开了一所佛殿，中间供着一尊坐佛像。还有一所中型规模的塔堂窟，中间直径仅2.4米的佛塔也被掏空，并且在里面安置了佛像。这些例子都是印度塔堂窟发展的最后形式，年代大约在公元7—8世纪。

可以看出，马蹄寺北寺的这所大型喇嘛教中心柱式佛殿窟，正是从印度地区学习来的，应该称它为梵式石窟。

与此同时，西藏的喇嘛们把印度的覆钵式塔直接引进汉族地区。马蹄寺的南寺和千佛洞区的北段，保存着众多的浮雕佛塔，都是仿照印度覆钵塔的

图223　甘肃张掖马蹄寺千佛洞区浮雕佛塔群局部（2019年拍摄）

形状刻成的（图223）。这种塔的中部是略呈半圆形的覆钵体，在它的上面刻着高大挺拔的塔刹，塔刹分刹座、重叠的相轮、刹顶三个部分；覆钵的下面有一个高大的须弥座。这些浮雕塔的覆钵塔中部，一般都开有一个方形深龛，用以安放高僧骨灰。因此，它们仍然属于坟冢性质。这些崖面峭壁间的塔林，正是喇嘛们圆寂安息的地方。

目前，在中国有确切年代的最早的一座大型喇嘛教覆钵式塔，是位于北京妙应寺的白塔，由来自尼泊尔的元朝佛教艺术大师阿尼哥亲自设计并主持修建。著名的北海公园内的白塔虽然也是同一种类型，但它却是清朝顺治皇帝时代（1644—1661）建造的。毫无疑问，在马蹄寺石窟群一带，元朝的喇嘛教香火是极其兴盛的，地上盛大的寺院，崖间巨型的石窟，峭壁间庄严的塔林，组成了一个相当完美的喇嘛教佛寺体系。幽静的山谷和清澈见底的河水，为喇嘛们提供了一个良好的修行环境。我们今天再去身临其境，也不能不被那些宏伟的喇嘛宝窟所震撼！

3. 最后的浪潮

1368年，朱元璋（明太祖，1368—1398年在位）推翻元朝的统治，建立了明王朝。这个新政权开始就确立以正统的儒家思想作为治理国家的根本工具，对道教和佛教思想也都加以利用和提倡，这三大教因此得到进一步合流。为了保证西南边陲的安宁，朱元璋虽然仍像元朝那样封赏了许多藏族僧人，但却不允许内地汉族人信仰喇嘛教，喇嘛教在元朝时的优越地位不复存在，以前靠政治力量推行的喇嘛教活动和泛滥的艺术品也像大潮一样迅速退去。喇嘛教开始了纯宗教式的自然传播，即以青藏高原为根据地，逐渐向四川、甘肃、蒙古、宁夏、陕西等地区渗透，在这些地区的石窟寺和寺庙当中，又慢慢地出现喇嘛教的绘画和雕塑偶像。

位于西藏拉萨布达拉宫西南0.5公里的药王山查拉路甫石窟特别引人注目。这是一所不规则的中心柱窟，窟内保存着71尊喇嘛教的雕像，属于元明时代的作品。拉萨北郊德母党山南麓的曲布桑摩崖造像以及药王山超过5000尊的摩崖石刻像（图224），琼结青瓦达孜山石窟，喜马拉雅山北麓的岗巴县昌龙乡乃甲切木石窟，札达县皮央石窟等，都是研究西藏地区喇嘛教艺术的宝贵资料。

明朝政府和佛教界对佛教艺术制作的基本原则是恢复汉民族的文化艺术传统。相对于元朝的喇嘛教而言，所谓汉族的传统，当然指的是宋代，甚至唐朝的佛教艺术样本。因此，明朝的佛教艺术造型没有多少创新，更多的只是对唐宋的风格加以继承或利用参考。明白了这点，我们就不会奇怪，麦积山上七佛阁之中明代补做的彩塑，为什么总是感觉既像唐又像宋的作品。宁

图224　西藏拉萨药王山摩崖造像部分（后弘期。全湛霞拍摄）

夏中宁县的石空寺石窟佛教彩塑也有这样的特点。这处石窟群开凿在腾格里沙漠南缘的石空堡双龙山上，是1984年才从积沙中清理出来的。这些明代的石窟是采用制作壁画和彩塑的方式修建成的，有两所大型的石窟分别供奉的是三世佛像和罗汉群像，其他中小型石窟的内容有道教的真武大帝和四大天王像、道教的三清像、佛教的阿弥陀佛像，以及中国民间神灵中的某位娘娘像和龙王像等（图225）。这种杂糅多种信仰的石窟群体，也许正是明朝民间佛教发展的特点。在金灯寺石窟中也可以看到一些类似的做法。

金灯寺又叫宝岩寺，位于山西省平顺县与河南省林州市（旧称林县）交界处、西南距林州市三十余里的洪谷山上。这一带地势陡峭，形势险要，整个寺院依山势而建，殿堂亭阁颇为壮观。由于它们经常处于白云缥缈之中，所以素有“云中古刹”的美誉（图226）。这里的石窟寺群是坐北面南、依崖壁开凿而成的，分布在一条东西向狭长的地带里。石窟共有14所，它们的前方大都保存着一定规模的木构建筑殿堂，由东向西共分布了14个院落。这些石窟的外观都雕成仿木构建筑的屋檐样子，因此，它们实际上是所在院落的最后佛殿。

第5窟居于金灯寺石窟群的中心位置，也是规模最大、时代最早的洞窟。窟外的崖面上同样雕出了仿木构建筑的三间大殿堂的外观，中间有一条踏道可以拾级而上进入窟内。洞窟内部的平面是长方形的，宽10.5米，深8.8米，高3.2米，在中部靠前的位置立了两根八角石柱，下面有柱础，柱头上雕出了平柏枋、额枋和斗栱等仿木构件，向上与窟顶连接。在中部靠后的位置凿了一座横长方形的佛坛，坛上立着通顶的大背屏，背屏前面是3尊坐佛

图225 宁夏中宁石空寺石窟洞窟之一内景（明。刘晓华拍摄）

图226 山西平顺金灯寺外景（张建军拍摄）

图227　山西平顺金灯寺石窟第5窟水陆殿内景（明弘治十七年，1504年）

像，这也是窟内崇拜的最主要偶像（图227）。背屏后面有3尊坐菩萨像，环绕着佛坛，信徒们可以做右旋礼拜。这所佛坛窟继承了延安北宋时佛坛窟的传统，与地面上的佛寺殿堂内部构造几乎没有什么两样。这是模仿木构佛殿最像的一所佛坛窟，中国石窟寺发展到这种地步，实际上已没有必要再继续开凿，因为一直保持着盛势的地面木构佛寺，已使这种缺乏创新性的石窟形制失去了它们本来拥有的特殊意义。

金灯寺第5窟内的石刻造像也很有意思。在它的后壁中央雕刻了三身佛像，左右侧壁上方都雕有一排坐佛像。最关键的是，在壁面的中下方，整齐地排列着一幅幅长方形的浅浮雕画面，刻工很精致，共有69幅。这些画面中，有的是前朝的文武英烈，有的是道教的各路神仙，有的是历史上人们崇敬的贞洁命妇（图228），还有佛教中的护法神将等。这些都属于“水陆画”

图228 山西平顺金灯寺石窟第5窟水陆殿右壁水陆浮雕之“贤臣孝子烈女众”（明弘治十七年，1504年）

浮雕，所以第5窟的俗名又叫作水陆殿。

水陆画是专供佛教举行水陆法会时悬挂的组画，属于人物画的范畴。水陆法会，又名“水陆道场”或“水陆斋”。因为这个法会是以供给饮食为主，为超度水上陆地的一切亡魂而设的，所以有“水陆”的名称。还有一种解释是，开设法会时把供给神仙或高级人物的食品放在流水里，给鬼魂的食物则抛撒在陆地上。据佛教文献记载，水陆法会是南朝的梁武帝（502—549年在位）创始的。有一天，梁武帝梦见一位神僧对他说：“六道中轮回的阿修罗、地狱、饿鬼、畜生等生灵，正在忍受着无边无际的苦难，陛下为什么不做个水陆大斋来帮助他们解脱呢？”于是，中国佛教史上第一个水陆法会诞生了。

水陆法会在宋代以后开始流行，并且很快普及全国，特别是在战争以后，成为朝野经常设立的一种超度亡灵法会。

举办水陆法会，要按照严格的仪式进行。一间宽敞的用来悬挂水陆画的大殿是必备的。画中的人物大体可以分成三类：佛教中的神灵，包括佛、菩萨、罗汉、天王、护法神等；道教和民间信仰中的诸神，包括三清、五岳、二十八宿、八仙等；还有佛道和民间信仰混合的人物，比如龙王、阎王、地狱中的饿鬼、畜生、一切死亡后进入六道轮回中的鬼魂，包括历史上的著名人物等等。可以说，从天堂到地狱，一切生灵无不包罗在内。水陆画一般都采用卷轴画的形式，悬挂某一幅画，就是表示这次法会将要招请这些神灵。法会完毕后，还要恭送他们，然后再将画轴取下卷起，以备下次再用。山西省右玉县宝宁寺至今仍保存着一堂明代的水陆画，共有139幅。

金灯寺第5窟就是专门为举办水陆法会而开凿的。把众多的水陆画以浮雕的形式永久地刻在大殿的墙壁上，在全国各大寺院中只有这一例，这也许是石窟寺独特的表现方法。这样做，既可以在法会上使用，也可以作日常性的供养，那么供养人的所谓功德，不就更加无边无量了吗！

有一方石刻题记证明，第5窟是在明孝宗朱祐樘的弘治十七年（1504）完成的。另外，金灯寺还保存了一通明代的碑石，使人们从中了解到，其他的13所小型石窟，都是在明世宗朱厚熜的嘉靖元年至二十七年（1522—1548）间陆续完成的。这些小窟一般是方形平面、覆斗形顶，下设倒凹字形基坛，坛上再安置偶像。基本上是学习唐代列像窟的传统，没有什么创新。只有第5窟忠实地反映出了明代三教合流的宗教特点，因为水陆法会本身就代表了佛教融合中国传统信仰的发展趋势。

1644年，发源于东北的满族人入关。在以后的近20年间，满族人在全中国逐步确立了清王朝的统治。佛教信仰仍在继续，地面的寺院仍有修建，但石窟的开凿就属于凤毛麟角了。清朝新开凿的石窟成了稀罕物。

四川宜宾市屏山县龙华古镇的八仙山大立佛，位于丹霞洞石窟群，通高32米，已完工部分22.2米，膝以下及莲座未完成。这尊佛像的头部显大，刻有螺发，右手下伸呈接引状，左手掌竖起于胸前作礼敬之姿（图229）。因此，他的身份很有可能是接引众生前往西方极乐世界的阿弥陀佛。他身穿袒裸右肩式大衣，在右肩处有覆肩衣，衣纹刻画没有写实感。具有浓重的民间艺术风格，是此像给人的总体感觉。

在摩崖大佛的旁边是丹霞洞石窟群，共有中型石窟5所。这些洞窟的形制有共同特点，就是在正壁开龛造像，龛前凿一供台，两侧壁下部凿出长长

图229　四川宜宾屏山县八仙山大佛（清，18—19世纪）

图230　四川宜宾屏山县丹霞洞石窟洞窟之一内景（清，18—19世纪）

的低坛，坛上安置列像。由于后期的破坏，龛内和坛上的造像都已不存（图230）。从五窟内的正壁龛上和龛两侧的题记内容来看，原窟内造像属三教合流内容。根据现存造窟铭文题记，石窟的开凿不晚于清道光二十一年（1841）。那尊摩崖大立佛的样式也属清代风格，雕造时期大致与石窟的开凿时间相同。因此，这里应是一处清代儒释道三教修习与崇拜的宗教场所。从中国石窟的发展在明代衰落的情况看，这处清代石窟群显得难能可贵，应该是全国现存最大的一处清代石窟群，也具有全国最大的一尊立佛像，对探讨石窟寺及三教合流在清代的发展意义重大。

类似的石窟在北方也有发现。陕西麟游常村石窟现存二窟，洞窟形制与宜宾丹霞洞石窟群有相似之处，即都在正壁前凿出佛坛，佛坛前有供台，两侧壁下部有条形基坛，坛上原安置有圆雕造像。这种窟形不见于元代及以前的历史时期，最早可以上溯到明代。甘肃合水平定川明嘉靖二十五年（1546）开凿的李家庄石窟也是在正壁前凿有佛坛，坛前中部凿供台，两侧壁下部有长条形基坛，为麟游常村石窟提供了年代学标尺。陕北神木高家堡开凿于明代的万佛洞石窟，规模颇为壮观，在窟内正、左、右三壁设坛的方式也与常村石窟相同。推测常村石窟的开凿时间当不早于明代，明代可能是其年代上限，下限或可至清代早期。

总之，在明清时期，中国佛教石窟寺的宗教使命基本完成。在明清的500多年间虽然还有零星的雕凿举动，但对中国佛教艺术的发展已起不到什么积极作用了。信徒们的目光，已经全部投向了地面上的佛寺殿堂，他们觉得，只有在那里，才能寻找到自己真正的精神寄托，才可以探出踏上未来极乐世界的道路。

结束语

明清时期，中国的大小石窟寺群逐渐衰败、荒废。在当时人的眼里，也和我们今天一样，这些过去僧侣们修行的理想场所，已经成为名胜古迹。石窟寺所在地，一般都是著名的风景区，所以，它们就成为文人雅士们游览观光、访古论今、抒发情怀的对象。在石窟寺的墙壁上，到处都可以见到“某年某月某日某某来游”的题记。有的文人在游览石窟之后，还特意创作了优美的诗篇。敦煌莫高窟第231窟是中唐时期开凿的，在西壁龛外南侧下部有一首清代嘉庆十八年（1813）赵吉学写的长诗，现抄录其中的几句供读者欣赏：

古郡敦煌远，幽崖佛洞传。建垣新日月，访胜旧山川。

宝启琳宫现，沙凝法相填。神工劳劈划，匠手巧雕镌。

……

大地形容盛，灵光绘画宣。庄严挥四壁，妙善写重巅。

……

色相嗟多毁，丹青讶尚鲜。问禅无释侣，稽首冷香烟。

字落残碑在，丛深蔓草缠。徘徊荒刹外，怀往意悠然。

这首诗形象生动地道出了敦煌莫高窟昔日的风姿和清代的荒凉景象（图231）。然而，今天的敦煌、云冈、龙门等石窟寺，都设立了专门的研究和保护机构，每日迎接着大量的中外游客，已成为人类古老而又年轻的乐园（图232）。

纵观中国佛教石窟寺的发展足迹，兼收并蓄，不断地改革创新，走民族化的道路，石窟寺才能兴盛；如果墨守成规，僵化地生搬硬套，只能导致石窟寺走向灭亡。这个经验很值得现代社会借鉴。

图 231　晚清的甘肃敦煌莫高窟部分洞窟外观（法国夏尔·努埃特拍摄于1908年）

图 232　今日的甘肃敦煌莫高窟部分洞窟外观（2019年10月27日拍摄）

（衷心感谢龙门石窟研究院贺志军先生给予本书的帮助！）

附 录

参考书目

1. Édouard Chavannes. *Mission archéologique dans La Chine Septentrionale*. Paris, 1909.

2. [日]小野玄妙、田中俊逸:《天龙山石窟》，东京：金尾文渊堂，1922年。

3. [日]常盘大定、关野贞:《支那佛教史迹》，东京：佛教史迹研究会，1926—1938年。

4. [日]水野清一、长广敏雄:《云冈石窟：西历五世纪における中国北部佛教窟院の考古学的调查报告》16卷32册，京都：京都大学人文科学研究所，1951—1956年。

5. 浙江省文物管理委员会:《西湖石窟艺术》，杭州：浙江人民出版社，1956年。

6. 夏鼐、宿白、金维诺，[日]长广敏雄、冈崎敬、东山健吾:《中国石窟》丛书，东京：平凡社，北京：文物出版社，1981—1995年。共17卷:《克孜尔石窟》3卷，《库木吐喇石窟》1卷，《敦煌莫高窟》5卷，《永靖炳灵寺》1卷，《天水麦积山》1卷，《云冈石窟》2卷，《龙门石窟》2卷，《巩县石窟寺》1卷，《安西榆林窟》1卷。

7. 宫大中:《龙门石窟艺术》，上海：上海人民出版社，1981年。

8. 王士伦、赵振汉:《西湖石窟探胜》，上海：上海人民出版社，1981年。

9. 敦煌文物研究所:《敦煌莫高窟内容总录》，北京：文物出版社，1982年。

10. 敦煌文物研究所:《敦煌研究文集》，兰州：甘肃人民出版社，1982年。

11. 大英博物馆:《西域美术》3卷，东京：讲谈社，1982年。

12. 延安地区群众艺术馆:《延安宋代石窟艺术》，西安：陕西人民美术出版社，1983年。

13.《新疆艺术》编辑部:《丝绸之路造型艺术》，乌鲁木齐：新疆人民出版社，1985年。

14. 甘肃省文物工作队等:《庆阳北石窟寺》，北京：文物出版社，1985年。

15. 敦煌文物研究所:《敦煌莫高窟供养人题记》，北京：文物出版社，1986年。

16. 李泽厚:《美的历程》，北京：中国社会科学出版社，1986年。

17. 阎文儒:《中国石窟艺术总论》，天津：天津古籍出版社，1987年。

18. 甘肃省文物考古研究所:《河西石窟》，北京：文物出版社，1987年。

19. 甘肃省文物工作队等:《陇东石窟》，北京：文物出版社，1987年。

20.《中国美术全集》编辑委员会:《中国美术全集》，北京：文物出版社，北京：人民美术出版社，上海：上海人民美术出版社，北京：中国建筑工业出版社，上海：上海书画出版社，1988—1989年。参考关于石窟寺艺术的12册:《寺观壁画》《敦煌壁画》(2卷)《新疆石窟壁画》《麦积山等石窟壁画》《敦煌彩塑》《麦积山石窟雕塑》《炳灵寺等石窟雕塑》《云冈石窟雕刻》《龙门石窟雕刻》《四川石窟雕塑》《巩县等石窟雕塑》。

21. 宁夏文物管理委员会等:《须弥山石窟》，北京：文物出版社，1988年。

22. 段文杰:《敦煌石窟艺术论集》，兰州：甘肃人民出版社，1988年。

23. 吴焯:《佛教东传与中国佛教艺术》，杭州：浙江人民出版社，1991年。

24. 河南省古代建筑保护研究所:《宝山灵泉寺》，郑州：河南人民出版社，1992年。

25. 温玉成:《中国石窟与文化艺术》，上海：上海人民美术出版社，1993年。

26. 龙门石窟研究所:《龙门流散雕像集》，上海：上海人民美术出版社，1993年。

27. 龙门石窟研究所:《龙门石窟研究论文选》，上海：上海人民美术出版社，1993年。

28. 晁华山:《印度、中亚的佛寺与佛像》，北京：文物出版社，1993年。

29. 龙门石窟研究所、中央美术学院美术史系:《龙门石窟窟龛编号图册》，北京：人民美术出版社，1994年。

30. 李域铮:《陕西古代石刻艺术》，西安：三秦出版社，1995年。

31. 宿白:《中国石窟寺研究》，北京：文物出版社，1996年。

32. 龙门石窟研究所:《龙门石窟一千五百周年国际学术讨论会论文集》，北京：文物出版社，1996年。

33. 北京大学考古学系等:《新疆克孜尔石窟考古报告》第1卷，北京：文物出版社，1997年。

34. 刘长久:《安岳石窟艺术》，成都：四川人民出版社，1997年。

35. Sherman E. Lee. *A History of Far Eastern Art*. New York: Harry N. Abrams, Inc., 1997.

36. 常青:《彬县大佛寺造像艺术》，北京：现代出版社，1998年。

37. 刘景龙、李玉昆:《龙门石窟碑刻题记汇录》，北京：中国大百科全书出版社，1998年。

38. 龙门石窟研究所:《龙门石窟内容总录》12卷36册，北京：中国大百科全书出版社，1999年。

39. 敦煌研究院、甘肃省博物馆:《武威天梯山石窟》，北京：文物出版社，2000年。

40. 李凇:《陕西古代佛教美术》，西安：陕西人民教育出版社，2000年。

41.《中国石窟雕塑全集》编辑委员会:《中国石窟雕塑全集》，重庆：重庆出版社，2000—2001年。

42. 刘建华：《义县万佛堂石窟》，北京：科学出版社，2001 年。

43. 刘景龙：《古阳洞》，北京：文物出版社，2001 年。

44. 刘景龙：《莲花洞》，北京：科学出版社，2002 年。

45. 李淞：《长安艺术与宗教文明》，北京：中华书局，2002 年。

46. 西北大学考古专业等：《慈善寺与麟溪桥》，北京：科学出版社，2002 年。

47. Stanley K. Abe. *Ordinary Images*. Chicago and London: The University of Chicago Press, 2002.

48. 重庆大足石刻艺术博物馆：《2005 年重庆大足石刻国际学术研讨会论文集》，北京：文物出版社，2007 年。

49. Amy McNair. *Donors of Longmen: Faith, Politics, and Patronage in Medieval Chinese Buddhist Sculpture*. Honolulu: University of Hawai'i Press, 2007.

50. 马世长、丁明夷：《中国佛教石窟考古概要》，北京：文物出版社，2009 年。

51. 刘景龙：《宾阳洞》，北京：文物出版社，2010 年。

52. 于春、王婷：《绵阳龛窟：四川绵阳古代造像调查研究报告集》，北京：文物出版社，2010 年。

53. Katherine R. Tsiang, ed. *Echoes of the Past: The Buddhist Cave Temples of Xiangtangshan*. Chicago and Washington DC: Smart Museum of Art, Arthur M. Sackler Gallery, 2010.

54. [日]石松日奈子著、筱原典生译：《北魏佛教造像史研究》，北京：文物出版社，2012 年。

55. 四川博物院等：《四川出土南朝佛教造像》，北京：中华书局，2013 年。

56. 谢继胜等：《江南藏传佛教艺术：杭州飞来峰石刻造像研究》，北京：中国藏学出版社，2014 年。

57. 颜娟英：《镜花水月：中国古代美术考古与佛教艺术的探讨》，台北：石头出版，2016 年。

58. 张宝玺：《河西北朝石窟》，上海：上海古籍出版社，2016 年。

59. 大足石刻研究院：《大足石刻全集》11 卷，重庆：重庆出版社，2017 年。

60. [英]罗德瑞克·韦陀编集解说、林保尧编译：《西域美术二·大英博物馆斯坦因搜集品》敦煌绘画 2，台北：艺术家出版社，2019 年。

61. 云冈石窟研究院：《云冈石窟全集》20 卷，青岛：青岛出版集团，2019 年。

62. 常青：《长安与洛阳：五至九世纪两京佛教艺术研究》（上、下册），北京：文物出版社，2020 年。

63. 常青：《西湖佛迹：杭州石窟造像调查与研究》，北京：中国书店，2020 年。

图片索引

主要石窟（摩崖造像）分布表

所在省市区	所在地	石窟（造像）名称	保护级别	始凿朝代
北京	房山	万佛堂孔水洞石窟	全国重点文物保护单位	隋
河北	邯郸	南、北响堂石窟	全国重点文物保护单位	北齐
		水浴寺石窟	全国重点文物保护单位	北齐
		涉县中皇山石窟	全国重点文物保护单位	北齐
山西	太原	天龙山石窟	全国重点文物保护单位	东魏
		晋源龙山童子寺大佛	全国重点文物保护单位	北齐
		晋源蒙山开化寺大佛	市级文物保护单位	北齐
		晋源龙山石窟	全国重点文物保护单位	元代
	大同	云冈石窟	全国重点文物保护单位	北魏
		焦山寺石窟	省级文物保护单位	北魏
		吴官屯石窟	省级文物保护单位	北魏
	长治	平顺金灯寺石窟	全国重点文物保护单位	明
内蒙古	赤峰	真寂之寺石窟	全国重点文物保护单位	辽
	鄂尔多斯	阿尔寨石窟	全国重点文物保护单位	明
辽宁	锦州	义县万佛堂石窟	全国重点文物保护单位	北魏
江苏	徐州	云龙山摩崖造像	省级文物保护单位	北魏
		楚王山千佛洞石窟	市级文物保护单位	唐
	南京	栖霞山千佛崖	全国重点文物保护单位	南朝
		定林寺摩崖石刻	省级文物保护单位	宋
	连云港	孔望山摩崖造像	全国重点文物保护单位	东汉
	苏州	虎丘剑池及摩崖石刻	省级文物保护单位	唐

续表

所在省市区	所在地	石窟（造像）名称	保护级别	始凿朝代
浙江	杭州	飞来峰造像	全国重点文物保护单位	吴越国
		西湖南山造像（含烟霞洞造像、慈云岭造像、天龙寺造像）	全国重点文物保护单位	五代
		余杭南山造像	全国重点文物保护单位	元
		宝成寺摩崖造像	全国重点文物保护单位	元
		通玄观摩崖造像	省级文物保护单位	南宋
		西湖北山造像（含大石佛院、宝石山造像、黄龙洞造像、紫云洞造像）	市级文物保护单位	吴越国
		石龙洞造像	市级文物保护单位	吴越国
		开宝仁王寺摩崖造像	市级文物保护单位	南宋
	绍兴	新昌大佛寺弥勒像和千佛岩造像	全国重点文物保护单位	南北朝
福建	泉州	永春魁星岩摩崖造像	全国重点文物保护单位	南宋
		瑞像岩造像	省级文物保护单位	北宋
		碧霄岩造像	省级文物保护单位	元
		弥陀岩阿弥陀佛立像	省级文物保护单位	宋
	福州	乌山摩崖石刻及造像	全国重点文物保护单位	闽国或北宋
		永泰名山室石窟	全国重点文物保护单位	北宋
		福清瑞岩寺弥勒造像	全国重点文物保护单位	元
	晋江	西资岩摩崖造像	全国重点文物保护单位	南宋
		南天寺石佛造像和摩崖石刻	全国重点文物保护单位	南宋
江西	赣州	章贡通天岩石窟	全国重点文物保护单位	北宋
山东	济南	千佛崖摩崖造像	全国重点文物保护单位	唐
		东佛峪摩崖石刻造像	省级文物保护单位	东魏
		历下千佛山摩崖佛龛	省级文物保护单位	隋
		历城龙洞造像	省级文物保护单位	东魏
	潍坊	青州驼山石窟（含云门山石窟及石刻）	全国重点文物保护单位	北周
	济宁	曲阜九龙山摩崖造像	省级文物保护单位	唐

续表

所在省市区	所在地	石窟（造像）名称	保护级别	始凿朝代
河南	鹤壁	鹤山五岩寺石窟	省级文物保护单位	东魏
		淇县青岩石窟	省级文物保护单位	宋
		淇县前嘴石窟	省级文物保护单位	东魏
		淇县朝阳寺石窟	省级文物保护单位	东魏
		浚县浮丘山千佛寺石窟	全国重点文物保护单位	唐
		浚县大伾山大佛	全国重点文物保护单位	北齐
	洛阳	龙门石窟	全国重点文物保护单位	北魏
		孟津万佛山石窟	全国重点文物保护单位	北魏
		孟津谢家庄石窟	省级文物保护单位	北魏
		偃师水泉石窟	全国重点文物保护单位	北魏
		新安西沃石窟	省级文物保护单位	北魏
		嵩县铺沟石窟	省级文物保护单位	北魏
		宜阳虎头寺石窟	省级文物保护单位	北魏
	安阳	灵泉寺石窟	全国重点文物保护单位	东魏
		小南海石窟	全国重点文物保护单位	北齐
		林州洪谷寺塔与千佛洞石窟	全国重点文物保护单位	北齐
		汤阴赵窑石佛	省级文物保护单位	宋
	郑州	巩义大力山石窟	全国重点文物保护单位	北魏
		荥阳王宗店石窟	县级文物保护单位	北齐
		荥阳邢河石窟	市级文物保护单位	北齐
	三门峡	渑池鸿庆寺石窟	全国重点文物保护单位	北魏
广西	桂林	西山摩崖造像	省级文物保护单位	唐
		伏波山还珠洞摩崖造像	省级文物保护单位	唐
		叠彩山风洞摩崖造像	省级文物保护单位	宋
		骝马山摩崖造像	市级文物保护单位	唐
		龙隐岩、龙隐洞摩崖石刻	省级文物保护单位	唐
重庆	大足	北山石窟	全国重点文物保护单位	唐
		宝顶山石窟	全国重点文物保护单位	南宋
		石篆山石窟	省级文物保护单位	北宋
		合川涞滩摩崖造像	省级文物保护单位	南宋
	潼南	大佛寺摩崖造像	全国重点文物保护单位	唐

续表

所在省市区	所在地	石窟（造像）名称	保护级别	始凿朝代
四川	内江	市中翔龙山摩崖造像	全国重点文物保护单位	唐
		圣水寺摩崖造像	全国重点文物保护单位	唐
		东林寺摩崖造像	区级文物保护单位	唐
		资中西岩摩崖造像	省级文物保护单位	唐
		资中重龙山摩崖造像	省级文物保护单位	唐
	资阳	安岳卧佛院石窟	全国重点文物保护单位	唐
		安岳华严洞石窟	全国重点文物保护单位	宋
		安岳毗卢洞石窟	全国重点文物保护单位	北宋
		安岳千佛寨石窟	全国重点文物保护单位	唐
		安岳茗山寺摩崖造像	全国重点文物保护单位	北宋
		安岳圆觉洞石窟	全国重点文物保护单位	五代
		安岳孔雀洞摩崖造像	全国重点文物保护单位	宋
		安岳玄妙观摩崖造像群	全国重点文物保护单位	唐
	成都	邛崃石窟（含石笋山摩崖造像、磐陀寺摩崖造像、花置寺摩崖造像）	全国重点文物保护单位	唐
		蒲江石窟飞仙阁摩崖造像	全国重点文物保护单位	南北朝
	巴中	南龛摩崖造像（含水宁寺石窟）	全国重点文物保护单位	唐
		通江千佛岩石窟	全国重点文物保护单位	唐
	广安	冲相寺摩崖造像	全国重点文物保护单位	隋
	广元	千佛崖石窟	全国重点文物保护单位	北魏
		皇泽寺石窟	全国重点文物保护单位	北魏
	绵阳	梓潼卧龙山千佛岩石窟	全国重点文物保护单位	唐
		三台大佛寺摩崖造像	县级文物保护单位	元
	南充	阆中大像山摩崖造像	全国重点文物保护单位	唐
		南部禹迹山摩崖造像	全国重点文物保护单位	唐
	乐山	乐山大佛	全国重点文物保护单位	唐
		夹江千佛岩石窟	全国重点文物保护单位	隋
	自贡	荣县大佛石窟	全国重点文物保护单位	唐
		荣县龙洞石刻	县级文物保护单位	唐
	眉山	仁寿牛角寨石窟	全国重点文物保护单位	唐

续表

所在省市区	所在地	石窟（造像）名称	保护级别	始凿朝代
云南	大理	剑川石钟山石窟	全国重点文物保护单位	南诏
西藏	阿里	皮央和东嘎遗址（含札达东嘎石窟、皮央石窟）	全国重点文物保护单位	后弘期
		日土丁穹拉康石窟	省级文物保护单位	后弘期
	拉萨	药王山摩崖造像	全国重点文物保护单位	后弘期
		药王山查拉路甫石窟	全国重点文物保护单位	前弘期
		查叶巴石窟寺	省级文物保护单位	后弘期
	日喀则	岗巴乃甲切木石窟	全国重点文物保护单位	前弘期
		满则村摩崖造像	省级文物保护单位	前弘期
		恰姆石窟寺	省级文物保护单位	后弘期
	山南	门塘·得乌琼石刻	全国重点文物保护单位	前弘期
		琼结青瓦达孜山石窟	省级文物保护单位	后弘期
		查央宗摩崖造像	省级文物保护单位	后弘期
		宗工布石窟及摩崖造像	省级文物保护单位	后弘期
	昌都	察雅仁达摩崖造像	省级文物保护单位	前弘期
	林芝	工布第穆萨摩崖刻石	省级文物保护单位	前弘期
陕西	延安	清凉山万佛洞石窟	全国重点文物保护单位	北宋
		志丹城台石窟	全国重点文物保护单位	北宋
		黄陵万安禅院千佛寺石窟	全国重点文物保护单位	北宋
		黄陵香坊石窟	省级文物保护单位	北魏
		富县阁子头寺石窟	省级文物保护单位	北宋
		富县石泓寺石窟	全国重点文物保护单位	金
		子长钟山石窟	全国重点文物保护单位	北宋
		黄龙小寺庄石窟	省级文物保护单位	北宋
		洛川仙官寺石窟	省级文物保护单位	唐
	铜川	宜君石窟群（含福地石窟、花石崖石窟、秦家河摩崖造像、牛家庄石窟、后桥石窟、沟门摩崖造像、苜蓿坬摩崖造像、苜蓿沟石窟、焦寨石窟、半截沟摩崖造像、石窑摩崖造像、官地坪摩崖造像、淌泥河摩崖造像）	全国重点文物保护单位	北朝

续表

所在省市区	所在地	石窟（造像）名称	保护级别	始凿朝代
陕西	铜川	耀州药王山摩崖造像	全国重点文物保护单位	隋
	宝鸡	麟游慈善寺石窟	全国重点文物保护单位	唐
		麟游石鼓峡石窟	省级文物保护单位	唐
		麟游狮子口石窟		唐
		麟游麟溪桥摩崖造像	省级文物保护单位	唐
		岐山北魏窟龛群		北魏
	榆林	横山接引寺摩崖造像	省级文物保护单位	北魏
		神木虎头峁伏智寺石窟	省级文物保护单位	北周
		神木高家堡万佛洞石窟	省级文物保护单位	明
		佳县玉泉寺石窟	省级文物保护单位	隋
	咸阳	彬州大佛寺石窟	全国重点文物保护单位	唐
		旬邑马家河石窟	省级文物保护单位	唐
		淳化金川湾石窟	全国重点文物保护单位	唐
甘肃	酒泉	文殊山石窟	全国重点文物保护单位	北凉
		安西（瓜州）榆林窟	全国重点文物保护单位	唐
		瓜州东千佛洞	全国重点文物保护单位	西夏
		玉门昌马石窟	全国重点文物保护单位	五代
		敦煌西千佛洞	全国重点文物保护单位	北魏
		敦煌莫高窟	全国重点文物保护单位	前秦
		肃北五个庙石窟	省级文物保护单位	北魏
	庆阳	北石窟寺	全国重点文物保护单位	北魏
		石空寺石窟	全国重点文物保护单位	宋
		合水莲花寺石窟	省级文物保护单位	唐
		合水张家沟门石窟	省级文物保护单位	北魏
		合水保全寺石窟	省级文物保护单位	北魏
		合水李家庄石窟	省级文物保护单位	金
		合水莲花寺石窟	省级文物保护单位	唐
		合水安定寺石窟	省级文物保护单位	金
		镇原玉山寺石窟	省级文物保护单位	宋、金
	平凉	泾川南石窟寺	全国重点文物保护单位	北魏
		泾川王母宫石窟	全国重点文物保护单位	北魏
		华亭石拱寺石窟	省级文物保护单位	北魏
		庄浪云崖寺石窟	全国重点文物保护单位	北魏

续表

所在省市区	所在地	石窟（造像）名称	保护级别	始凿朝代
甘肃	天水	麦积山石窟	全国重点文物保护单位	后秦
		武山水帘洞石窟群（含水帘洞、拉梢寺、千佛洞、显圣池）	全国重点文物保护单位	北周
		甘谷华盖寺石窟	省级文物保护单位	元
	张掖	肃南金塔寺石窟	全国重点文物保护单位	北凉
		肃南马蹄寺石窟	全国重点文物保护单位	北魏
	白银	靖远法泉寺石窟	省级文物保护单位	北魏
		靖远寺儿湾石窟	省级文物保护单位	唐
	武威	天梯山石窟	全国重点文物保护单位	北凉
	临夏	永靖炳灵寺石窟	全国重点文物保护单位	西秦
宁夏	固原	须弥山石窟	全国重点文物保护单位	北魏
	中卫	中宁石空寺石窟	县级文物保护单位	明
新疆	吐鲁番	鄯善吐峪沟石窟	全国重点文物保护单位	南北朝
		鄯善忙得古力石窟	县级文物保护单位	晋
		柏孜克里克石窟	全国重点文物保护单位	南北朝
		胜金口石窟	全国重点文物保护单位	唐
		伯西哈石窟	全国重点文物保护单位	唐
		七康湖石窟	县级文物保护单位	南北朝?
		大桃儿沟石窟	省级文物保护单位	宋元
		小桃儿沟石窟	省级文物保护单位	元
		雅尔湖石窟	全国重点文物保护单位	唐
	阿克苏	库车库木吐喇石窟	全国重点文物保护单位	南北朝
		库车克孜尔尕哈石窟	全国重点文物保护单位	北朝
		库车玛扎伯哈石窟	全国重点文物保护单位	唐
		库车森木塞姆石窟	全国重点文物保护单位	晋
		阿艾石窟	全国重点文物保护单位	唐
		拜城克孜尔石窟	全国重点文物保护单位	西晋
		拜城台台尔石窟	全国重点文物保护单位	唐
		新和托乎拉克埃肯石窟	全国重点文物保护单位	唐
	喀什	三仙洞	省级文物保护单位	南北朝
	巴音郭楞	焉耆七个星石窟	全国重点文物保护单位	南北朝

注：保护级别缺省者为未定级或待考证。

中国石窟分布图

乌鲁木齐
拜城
库车
焉耆
吐鲁番
鄯善
喀什
图木舒克
和田
日土
阿里地区
札达
日喀则
拉萨
昌都
敦煌
瓜州
肃北
玉门
酒泉
黑水城
张掖
武威
西宁
永靖
兰州
中宁
固原
庆阳
武山
天水
泾川
旬邑
彬州
麟游
耀州
宜君
黄陵
富县
洛川
黄龙
延安
子长
榆林
鄂尔多斯
呼和浩特
大同
北京
天津
石家庄
太原
左权
涉县
邯郸
平顺
安阳
浚县
新安
渑池
巩义
郑州
洛阳
西安
济南
青州
曲阜
徐州
连云港
赤峰
义县
沈阳
长春
哈尔滨
长山群岛
渤海
黄海
广元
巴中
绵阳
成都
夹江
仁寿
乐山
安岳
大足
重庆
荣县
剑川
昆明
贵阳
南宁
桂林
长沙
武汉
南昌
赣州
合肥
南京
苏州
上海
余杭
杭州
新昌
舟山群岛
东海
福州
永泰
福清
晋江
泉州
台北
台湾岛
彭湖列岛
钓鱼岛
赤尾屿
兰屿
广州
香港
澳门
东沙群岛
海口
海南岛
南海
图例
北京 首都
天津 省级行政中心
大同 石窟地点
国界
未定
省、自治区、直辖市界
特别行政区界
1∶16 000 000
审图号：GS（2021）7943号
南宁
广州
澳门
香港
台湾岛
海口
东沙群岛
海南岛
三亚
西沙群岛
永兴岛
三沙
南
海
中沙群岛
黄岩岛
诸
群
岛
曾母暗沙
南海诸岛
1:32 000 000